蛻變：國立臺灣圖書館故事

發展．茁壯期

宋建成——著

華文創

料豐富　本書運用大量的檔案文書，橫跨自 1914 年以來約

0 年的國立臺灣圖書館營運史。

錄翔實　全面敘述國立臺灣圖書館既有的公共圖書館服務及

特色服務，寫盡國立臺灣圖書館時代變換，是一部有關臺灣

共圖書館事業史的專著。

前　言

　　2014 年 8 月 9 日中華郵政公司特發行「國立臺灣圖書館百年紀念」郵票乙枚，以紀念該館開館 100 年。倏忽又將迎接 2024 年該館 110 年館慶。

　　國立臺灣圖書館歷史悠久，文化資產豐富，特別是蒐藏臺灣研究文獻，饒富學術研究價值，為臺灣學研究資源的重鎮。依據該館的發展歷程及設立機關，可分為日本殖民統治時期及臺灣光復後時期兩個階段。前者為該館的開創期——臺灣總督府圖書館（1914－1945）；後者依其發展特色，可細分為重建期——臺灣省圖書館（1945－1947）、成長期——臺灣省立臺北圖書館（1947－1973）、發展期——國立中央圖書館臺灣分館（1973－2012）、茁壯期——國立臺灣圖書館（2013 年以後）等，共 5 個時期，至今已有超過百年以上的歷史。該館館舍先後座落於臺北市博愛路（原臺北書院町）（1914－1945）、館前路襄陽路口臺灣省博物館（1945－1961）、新生南路八德路口（1963－2004）及新北市中和 4 號公園現址（2004 年以後）等 4 處。該館始終係由政府機關設立，以社會大眾為主要服務對象的公共圖書館。該館每逢改制，不僅是名稱的改變，更是體質的轉變。

開創期——臺灣總督府圖書館（1914－1945）

　　論及臺灣具有近代圖書館性質的公共圖書館，當始於日本殖民統治時期。1901 年（日明治 34）1 月由官民發起在臺北城內書院街淡水館（原清季登瀛書院，淡水館遭拆除後，興建為臺北偕行社，作為陸軍軍官俱樂部。今為長沙街一段 27 號，臺北地方法院寶慶院區；2022 年 7 月 27 日國民法官法庭在院區揭幕）設置的私立臺灣文庫，是臺灣圖書館事業的濫觴。同年 12 月臺灣文庫附屬於社團法人臺灣協會臺灣支部。1907 年（明 40）該支部改稱為東洋協會臺灣支部。繼之，1909 年（明 42）10 月（日）

石坂莊作（1870－1940）在基隆義重橋畔開辦私立石坂文庫。惟兩館均以經費拮据，難以維持，先後宣告休館。

1914 年（大 3）4 月 14 日，臺灣總督府應東洋協會臺灣支部長內田嘉吉的建議，設立了臺灣總督府圖書館（簡稱「府圖書館」），是為臺灣當時唯一的官立圖書館，開創了臺灣公共圖書館事業的經營與發展。同年 8 月 6 日總督府任命視學官隈本繁吉（1873－1952）為臺灣總督府圖書館長。案隈本繁吉是日據時期臺灣教育史上最重要的學務官僚，統轄全島殖民地教育行政事務長達 9 年（1911.02－1920.05＝明 44－大 9）之久。9 月 12 日隈本繁吉聘請日本東京帝國圖書館司書官太田為三郎（1864－1936）任「圖書館事務囑託」〔顧問〕。同年 11 月 2 日在臺北城外艋舺（萬華）清水祖師廟內設立臨時事務所，以隈本、太田兩氏為中心籌備開館事宜。

1915 年（大 4）6 月 14 日，自城外艋舺遷入城內書院街原彩票局，同年 8 月 9 日正式開館，從此府圖書館就成為臺灣最大最重要的圖書館。府圖書館隸屬於臺灣總督府，其設立宗旨係在「掌理圖書之蒐集保存及供眾閱覽有關事務」。具有一方面為「供眾閱覽」的通俗圖書館（公共圖書館），一方面為「專門目的」的參考圖書館的雙重功能。1916 年（大 5）7 月 1 日設置兒童閱覽室，自是逐漸發展，使當初規劃的「參考圖書館」的性質變少，而演變成為「通俗圖書館」。

太田為三郎任「圖書館事務囑託」之後，1916 年（大 5）5 月 16 日接任了第 2 任府圖書館長，至 1921 年（大 10）7 月 8 日退官回日本。太田氏在府圖書館任內，憑藉著帝國圖書館服務的經驗，在圖書的蒐集、整理、目錄編纂、設備家具配備等方面的經營，奠定了府圖書館的基礎。特別是重視蒐集清代有關臺灣文獻，並將「臺灣關係資料」納入所編《臺灣總督府圖書館和漢圖書分類法》的分類體系特歸為一類。即有關臺灣資料置分類法「總類」，以「070」為其專屬分類號，以便於將與臺灣有關資料，集中在一起。1926 年（大 15）6 月曾編印《臺灣總督府圖書館和漢圖書分類目錄・臺灣之部（1925＝大 14 年末現在）》乙冊。這個政策由後續並河直

廣、若槻道隆、山中樵等館長遵循持續發展。尤其是山中樵自 1927 年（昭
2）至 1945 年（昭 20）止，擔任館長 18 年，廣為蒐集臺灣資料並編製館藏
目錄、展覽目錄，使臺灣資料成為該館的重要收藏。

並河館長任內，1922 年（大 11）實施圖書外借服務，並開辦圖書巡迴
書庫。1923 年（大 12）開辦「第 1 回圖書館講習會」，辦理圖書館人員在職
訓練，培育地方圖書館服務人員。1924 年（大 13）開設圖書相談部（參考
諮詢服務）。推出種種新猷，開展了近代公共圖書館的閱覽服務。

1920 年（大 9）臺灣分設 5 州 2 廳（後改為 3 廳直至日本戰敗投降）。
總督府為普設圖書館，1923 年（大 12）4 月頒布《公立私立圖書館規則》，
使設置公共圖書館有了法源，1927 年（昭 2）12 月經「全島圖書館協議會」
府圖書館提案，成立了「臺灣圖書館協會」，推動設立圖書館，各地方公共
圖書館紛紛相繼成立。1933 年（昭 8）7 月（日）文部省公布《圖書館令施
行細則》，其中明定推行「中央圖書館」制度。1937 年（昭 12）府圖書館被
指定為臺灣全島公共圖書館的中央圖書館，使得府圖書館擁有全島地方公
共圖書館設立指導、圖書館業務的聯繫和協調等方面的權限，確定了該館
居臺灣公共圖書館界的領導地位。據統計截至 1943 年（昭 18）止，全島公
共圖書館已有官立府圖書館 1 所、地方公立圖書館（州廳、市街庄）89 所、
私立圖書館 4 所，共 94 所。除官立及少數州廳市立圖書館如臺中州立圖書
館、新竹州立圖書館、臺南市立臺南圖書館的館舍稍具規模外，一般街庄
立圖書館均屬小型閱覽室。至 1943 年，除府圖書館外，「各館藏書自數百冊
至萬餘冊不等，總藏書量在 32 萬冊左右（曾堃賢）」，通常在提供閱覽服務
和開辦巡迴書庫上可稍見成效。

1935 年（昭 10）7 月原總督府官房外事課、調查課合併並擴大為外事
部，作為南進政策的中樞機關。外事部為了要明瞭南方（華南及南洋）一
帶的政治、經濟、文化等情事，於 1940 年（昭 15）9 月 6 日成立財團法人
南方資料館，設立的最主要目的，即蒐集整理南方有關的圖書資料及南方
調查研究。

　　1944 年（昭 19）之後，戰局轉趨激烈，府圖書館、南方資料館，開始將館藏圖書資料疏散。雖然以美國為首的同盟國（Allies of World War II）最後取消登陸臺灣的計畫，但是為了掩護菲律賓登陸作戰，仍以空軍對臺灣發動空襲。其中，1945 年 5 月 6 日盟軍飛機大舉轟炸，在總督府後面的建築被炸得體無完膚，府圖書館也被夷為平地。處開創期的府圖書館頓時失去了館舍，無「家」可歸。不久，同年 8 月 6 日及 9 日美國分別在日本廣島和長崎投下原子彈，8 月 15 日日本正式宣布接受「波茨坦宣言」無條件投降，10 月 25 日臺灣結束了日本的統治。臺灣光復初期，由於飽受戰火蹂躪，呈現滿目瘡痍，百業待舉的荒涼景象。臺灣公共圖書館事業重建之路，十分艱難，端賴政府的規劃，以恢復因戰爭受損的圖書館機能。

重建期——臺灣省圖書館（1945－1947）

　　光復初期，依「臺灣省接管計畫綱要」，各級圖書館的設置、地點與經費，接管後以不變動為原則。1945 年 11 月 1 日臺灣全省接管工作開始，啟動了臺灣公共圖書館的重建期。臺灣省行政長官公署（「長官公署」）接收總督府圖書館，並合併南方資料館，成立臺灣省圖書館，直隸長官公署。爰於是日上午 9 時，長官公署派范壽康與山中樵在原臺灣總督府博物館內一樓府圖書館臨時辦公室，辦理府圖書館交接事宜。山中氏已備妥「日本臺灣總督府圖書館移交清冊」，共有 5 號，第 1 號〈職員名錄〉；第 2 號〈財產目錄〉；第 3 號〈會計帳據清冊〉；第 4 號〈公用財產目錄〉；第 5 號〈工作報告〉。「移交人臺灣總督府圖書館長山中樵、接收人臺灣省圖書館館長范壽康」。

　　原府圖書館館址雖遭炸燬，但主要藏書因疏散分散市郊各處而保存，若鳩工建造，實非一時所能濟事，臺灣省圖書館爰暫借臺灣省博物館（館前路襄陽路口，臺北公園，俗稱新公園內）1 樓為館址。1946 年 2 月 5 日長官公署公布《臺灣省圖書館組織規程》，首條揭示：「臺灣省行政長官公署，為儲集各種圖書及地方文獻，供眾閱觀，並輔助各種社會教育事業起見，特設臺灣省圖書館」，確立臺灣省圖書館定位為公共圖書館。另接收南

方資料館，臺灣省圖書館爰附設南方資料研究室，「掌理國內南部及南洋一帶資料之蒐集保存及研究事項」，因原圓山町館舍另有他用，臺灣省圖書館簽奉長官公署撥給明石町臺灣省人壽保險股份有限公司（原千代田生命保險相互會社）房屋作為南方資料館館藏皮藏所。臺灣省圖書館納入社會教育體系，於 1946 年 4 月 1 日開館，從戰火肆虐的衰退中逐步重建。

　　臺灣省圖書館接收府圖書館、南方資料館、臺灣省拓殖株式會社等舊藏，約 23 萬餘冊，其原所採用分編方法，因館藏多，人力和館舍不足，無力變更，原則上一仍其舊。爰將疏散書籍，選擇急用實用者，陸續運回，加以整理。其中中文圖書原依《臺灣總督府和漢圖書分類法》日、中文書籍混合編排歸類的書，先行分開，改編分類號，供眾閱覽。因為借居博物館一樓，空間有限，不能容納全部藏書，時書庫所藏者約 8 萬餘冊，所以大部分未能提供閱覽的舊籍分別寄存在臺北許多地方。另因所藏中文圖書少，時臺灣出版中文書幾無，該館爰特別撥購書經費，赴上海採購中文圖書，以充館藏，便利流通。除提供閱覽服務外，開辦巡迴文庫，把書籍巡迴到臺北市各處，使沒有機會來到該館的讀者，也有閱讀該館圖書的機會。

　　1945 年 12 月初全臺共設 8 縣 9 省轄市及 2 縣轄市。長官公署教育處接收臺中州立圖書館成立臺灣省立臺中圖書館。縣市圖書館的設置，依據 1946 年 10 月的調查報告：臺北縣、新竹縣、臺中縣、澎湖縣、臺北市、基隆市、彰化市、嘉義市、臺南市及屏東市等 10 縣市先後成立圖書館；臺南、高雄、花蓮 3 縣暫附設於民眾教育館。「縣市立圖書館在光復初期，因戰事破壞，瘡痍未復，經費困難，無暇顧及，再以藏書多屬日文，不合需要，未能流通，而多陷於停頓，直至各縣市政府改組成立後始逐漸恢復（臺灣省文獻委員會編纂組）。」

　　臺灣公共圖書館事業得重頭開始，另行規劃。值政府財政困難，又逢通貨膨脹，採取改革幣制、整頓稅收、籌募公款、發行獎券，力求增加財源。戰後百廢待舉，亟需購置中文圖書，但缺乏經費。接收後又面臨欠缺

專人管理，亟需延攬任用，但囿於人員編制過小。重建過程，備至辛勞。

成長期——臺灣省立臺北圖書館（1947－1973）

1947 年 5 月 16 日，臺灣省政府（「省府」）成立，長官公署同日撤銷。長官公署教育處即改組為臺灣省政府教育廳（「教育廳」）。1947 年 8 月 9 日臺灣省圖書館改隸省府教育廳，更名為臺灣省立臺北圖書館（「省北館」）。1948 年 12 月 31 日省府公布《臺灣省立臺北圖書館組織規程》，首條揭櫫：「臺灣省政府為儲存各種圖書及地方文獻供眾閱覽，並輔助各種社會教育事業起見，特設臺灣省立臺北圖書館，隸屬於本府教育廳」。

當時隸屬於教育廳的省立圖書館還有原有的臺灣省立臺中圖書館。至縣市立圖書館，1949 年秋，17 縣市僅臺中市、臺南縣、臺東縣尚無設置縣市立圖書館。1950 年 8 月重新劃分臺灣省行政區域為 5 省轄市 16 縣，除了臺中市及雲林縣、臺南縣、臺東縣外，都已完成設置縣市立圖書館。

時省北館發起並協助中國圖書館學會成立。1953 年 5 月臺灣圖書館界人士舉行座談會，出席者有省北館館長吳克剛等 12 個單位代表，咸感中華圖書館協會會務停頓，會員星散，無法恢復，決議重新組織圖書館協會。同年 11 月 12 日中國圖書館學會舉行成立大會，「以宏揚中華文化，研究圖書館學術，團結圖書館從業人員，發展圖書館事業為宗旨」，以省北館為會址。省北館並協助學會舉辦圖書館工作人員講習班，辦理圖書館人員在職訓練。

然而對省北館而言，萬事莫如興建館舍急。該館以所借博物館館舍場地有限，難以開展業務由，多次呈請省府核撥館舍未果。1961 年初，適省立博物館年久漏雨，省府核撥專款翻修，省北館為配合工程進行勢必遷出。館長王省吾爰再向教育廳呈請另撥專款籌建新館，教育廳廳長劉真准由省北館另建新館舍。因省北館原有基地已被國防部強行借用，無法使用，經商得省立臺北工業專科學校校長張丹同意該校中正路（今八德路）新生南路空地興建館舍，並呈報教育廳核准。新館舍因經費的關係，採分年分層興建並啟用。1962 年 3 月省北館新生南路新廈開工，同年 10 月第 1

層完工，1963 年 2 月 1 日隨即正式開放 1 樓，供眾使用。1968 年 12 月 25
日舉行新廈落成典禮。

　　案該館遷館前曾編印書本式目錄，如《臺灣資料文獻目錄》、《臺灣省
立臺北圖書館南方資料研究室西文圖書目錄》等。迄 1968 年 12 月 25 日省
北館舉行新廈落成典禮，終於有了屬於該館所有的獨立館舍，舊籍臺灣資
料、南洋資料等特藏資料運回集中典藏，開始整理。省北館館長袁金書於
1972 年撰〈從本館創建的經過談未來的展望〉乙文稱：「臺灣資料與南洋
資料的整理，為本館近年來的兩件大事」，「工作直到 1971 年底方始完成」。
經整理後，舊籍臺灣資料共有 9,840 冊（複本不計）。計有中文 440 冊，日
文 9,265 冊，西文 135 冊。舊籍南洋資料共有 41,013 冊，其中中文 3,424
冊，日文 15,060 冊，西文 22,529 冊。該館編印《臺灣省立臺北圖書館特藏
資料研究室西文圖書目錄》乙冊。並擬繼續編印南洋資料中的日文目錄及
重編臺灣資料文獻目錄。

　　省北館業務趨向正常途徑成長，提供閱覽和各種推廣及輔導服務。惟
自 1967 年 7 月臺北市改制院轄市之後，臺灣省議會（「省議會」）省議員曾
多有建議省北館遷徙省垣。終於 1972 年 6 月省議會審議臺灣省 1973 年度地
方總預算案歲出部分，對省北館附帶決議：「請教育廳於本年底（12 月）以
前，提出省立臺北圖書館遷移於本省地區之妥善而可行之具體計劃，否則
不得動支下半年度預算」。1972 年 8 月省府首長會議決議：「呈報行政院核
定省北館移撥教育部接辦，改為國立臺灣圖書館，人員財產併同移轉」，經
1972 年 9 月省議會審議通過。

發展期——國立中央圖書館臺灣分館（1973－2012）

　　教育部鑒於省北館館藏發展的的歷史及價值，為保持該館原有特性與
完整，並兼顧及臺北市已有國立中央圖書館，似不必再另設一所國立圖書
館；且機關的成立，預算的編列都必須有法源，教育部為「遷就事實」，特
依《國立中央圖書館組織條例》第 8 條：「國立中央圖書館得在各地設立分
館」的規定，省北館改為國立中央圖書館臺灣分館。行政院 1973 年 3 月採

納教育部意見，核定省北館准自 1973 年 7 月 1 日起，改為國立中央圖書館臺灣分館（「臺灣分館」）。同年 8 月 10 日行政院核定、8 月 29 日教育部公布《國立中央圖書館臺灣分館暫行組織規程》，首條明定：「國立中央圖書館為發展臺灣地區圖書館事業，特設國立中央圖書館臺灣分館」。

迨 1973 年 10 月 22 日上午 10 時，辦理省北館轉移中央圖書館手續，假該館新生南路 4 樓中正廳舉行，省北館改隸乙事於是拍板定案。1985 年 10 月 23 日始由總統令公布《國立中央圖書館臺灣分館組織條例》，完成該館組織法的立法程序。首條明定：「本條例依國立中央圖書館組織條例第 8 條規定制定之。」

臺灣分館館舍接收原省北館 4 層樓的建築，經衡量安全、安靜、舒適、動線順暢等原則，重新配置使用。各樓除辦公室外，1 樓，兒童閱覽室、期刊室；2 樓，普通閱覽室（供自修室之用）、第一閱覽室（又稱普通開架閱覽室；原女青年閱覽室）、參考室；3 樓，普通閱覽室（後改為臺灣資料室）、民俗器物室；4 樓，盲人資料中心、中正廳等，並改造書庫典藏環境。

技術服務方面：改進圖書分類編目作業流程，製作各種卡片目錄；集中排架特藏臺灣文獻，將前府圖書館暨南方資料館所移藏臺灣文獻資料，皆完成編目、建卡、排架（分設專區、集中典藏、繕製標示）作業；編輯各種書本式目錄，將館藏特藏資料及臺灣光復以後的各種出版物，編印目錄，作為檢索利用的參考工具書。

讀者服務方面：設置各閱覽室提供閱覽服務；陸續制定各種閱覽規則，俾作為服務讀者有所遵循的準則，並加強特藏資料服務；1984 年 5 月起廢止「辦理借書保證金制度」，讀者申請借書證均免收保證金，可無償借閱圖書；置參考諮詢組（後改名參考服務組），是為國內圖書館界第一個設置專責參考服務的業務單位，其主要業務係館員以親身服務協助讀者找尋他們所需要的知識。

推廣及輔導服務方面：1975 年 7 月成立「盲人讀物資料中心」，經多年

的經營，逐漸成為以製作、出版及供應盲人讀物為主要業務，兼辦全國視障者圖書借閱、諮詢、多元終身學習課程等服務的全國性視障資料中心；肩負著輔導全國公共圖書館的任務，每年辦理或委託各個文化局或文化中心針對從業人員的需要辦理各項研習課程，並辦理學會暑期圖書館工作人員研習會；推廣社會教育，落實終身學習，自 1990 年上半年開辦「終身學習研習班」（原稱「民俗技藝學習研習班」、「成人社教研習班」）；為培養讀書習慣，達成「以書會友、以友輔仁」及「終身教育、書香社會」的理想，成立「書友會」，1996 年 6 月開始公開召募，規劃辦理讀書會等活動。

　　圖書館自動化作業方面：1991 年在 3 樓設電腦室，購入軟硬體設備，使用 DYNIX 整合性圖書館自動化系統。1992 年 5 月底編目子系統正式啓用。1993 年 6 月中申請電信局專線連接教育部電算中心「臺灣學術網路」（TANet）及實施全館乙太網路佈線工程，隨後加入「全國圖書資訊網路系統」（NBInet）。1994 年 7 月在 2 樓設置線上目錄檢索區，供讀者檢索利用，完成圖書館自動化作業系統。1995 年全面停止紙本借書證，改用磁卡借書證，電腦流通作業取代人工作業。1997 年 10 月啓用全球資訊網站（http：//www.ncltb.edu.tw）。

　　臺灣分館自改制以來，館務蒸蒸日上，不斷地發展，藏書總量也急遽增加，館舍不敷使用。1989 年 4 月館長孫德彪研擬臺灣分館遷建與改制整體發展規畫草案，報奉 1990 年 2 月教育部核復「國立中央圖書館臺灣分館」未來改制名稱以「國立臺灣圖書館」為原則，並同意原規畫草案名稱改為「國立臺灣圖書館整體發展規劃草案」。

　　館長林文睿主政，1992 年 8 月教育部核定「國立中央圖書館臺灣分館遷建籌備委員會設置要點」，成立「遷建籌備委員會」，由次長李建興擔任召集人，完成遷建，將同時改制為「國立臺灣圖書館」。臺灣分館亦以任務編組方式，由館內各單位主管及業務承辦相關同人組成工作小組。經臺北縣中和市公所同意無償撥用 4 號公園中段 4 公頃土地作為遷建新館基地之需，報奉 1993 年 10 月行政院核定。1999 年 2 月行政院復核定所提「國立

中央圖書館臺灣分館遷建工程基本設計報告（含總建築經費）。2000 年 3 月舉行新館建築動土儀式。2004 年 10 月 1 日新生南路館舍舉行閉館典禮，暫停對外讀者服務。

2004 年 10 月 18 日館長廖又生接篆視事，是日起開始搬遷至新館。經積極協調地方，完成遷館中和，同年 12 月 20 日臺灣分館在新館舉辦開幕啓用典禮，展開營運。新館總樓板面積約 60,500 平方公尺（18,000 坪），成為全臺灣空間最大的公共圖書館，但編制人員仍為 52 人，是編制人力最少的國立（公共）圖書館。

臺灣分館遷中和新館啓用後，在安定環境裏發展，除了一般公共圖書館業務外，更推出新興業務，館務興隆，開創該館史上承先啓後的時代。

臺灣分館開始實施開架閱覽制，各閱覽區陳列之圖書資訊，閱覽人可自行取用。為便利閱覽人利用圖書資訊，設置下列閱覽區：1.親子資料中心；2.視障資料中心；3.資訊檢索區；4.期刊區；5.視聽區；6.中外文圖書區；7.參考書區；8.臺灣學研究中心；9.自修室等，提供圖書資料借閱、參考諮詢服務、網路資訊服務、微縮資料閱覽、視障資料的借閱、特藏資料借閱、重製館藏資料等各項服務。

該館為強化學術研究功能並深化分齡分眾服務，相繼於 2007 年 3 月 21 日成立「臺灣學研究中心」；2007 年 6 月 27 日成立「臺灣圖書醫院」；2007 年 7 月因應將原盲人讀物資料中心重新定位，擴大功能為「視障資料中心」，推動「臺灣視障中心中程發展計畫（2007.07－2009.12）」；2008 年 12 月「親子資料中心」空間改造工程後啓用；2009 年 7 月 17 日啓用「樂齡資源區」；2010 年 11 月 19 日設置「多元文化資源區」，2012 年 2 月 19 日成立「青少年悅讀區」，以滿足多元讀者的閱讀需求。該館體質蛻變，奠定了臺灣學研究中心業務發展及提供分齡分眾和特色服務的基礎，開展了邁向全國性服務的大道。尤其所推出的特色服務新猷，特予以翔實紀錄，重其實務，俾作為圖書館界的工作典範。

臺灣分館同人念茲在茲的改制更名，自 1997 年 6 月奉行政院核定遷建

與改制並行原則以來，卻始終受阻於政府組織改造工程的延宕，使得臺灣分館意欲完成改制的路，被迫擱置。

　　根據 2004 年 6 月公布《中央行政機關組織基準法》（《基準法》），規範了中央行政機關組織架構、內部單位設立的原則、層級、名稱等。依據該《基準法》規定：「機構」是「機關依組織法規將其部分權限及職掌劃出，以達成其設立目的之組織」及「機關於組織法規規定之權限、職掌範圍內，得設附屬之實（試）驗、檢驗、研究、文教、醫療、社福、矯正、收容、訓練等機構」，明定了中央行政機關（部會）設置附屬機構的定義和法源。

　　2010 年 8 月教育部將「教育部組織法修正草案」、部屬 2 個機關（中小學學前教育署、體育署）、9 個機構組織法草案及 1 個行政法人設置條例草案，提行政院審議。國家圖書館（原中央圖書館）、國立中央圖書館臺灣分館、國立臺中圖書館回復規劃為教育部附屬的 3 級機構，並將臺灣分館更名為國立臺灣圖書館、國中圖更名為國立公共資訊圖書館。行政院於 2011 年 1 月通過「教育部組織法修正草案」及部屬 10 個機關（構）組織法草案等 11 案，送請立法院審議。經完成立法程序，2012 年 2 月 3 日總統令制定公布《國家圖書館組織法》（全 6 條）、《國立臺灣圖書館組織法》（全 6 條）、《國立公共資訊圖書館組織法》（全 5 條），行政院定自 2013 年 1 月 1 日施行。

茁壯期——國立臺灣圖書館（2013 年以後）

　　2013 年 1 月 1 日臺灣分館改制更名為國立臺灣圖書館（「國臺圖」）、1 月 2 日下午 2 時舉行新館揭牌典禮。依據《國立臺灣圖書館組織法》第 1 條：「教育部為辦理圖書資訊之蒐集、整理、保存、利用、推廣與臺灣學資料之研究與推廣，特設國立臺灣圖書館」，明定了國臺圖的設立目的及隸屬關係。並為配合政府組織改造，國臺圖接管陽明山中山樓管理所。

　　時任教育部部長蔣偉寧曾提到：「2013 年組織改造之後，教育部管轄下的 3 所國立圖書館各有分工，不只扮演著輔助地方圖書館更新再造的角

色，透過整合機制，3 所國立圖書館有效分工及合宜的規劃與分配圖書資源，對於全國館藏的完備有加乘之效，讓地方公共圖書館透過 3 所國立圖書館的輔導與協助，得以永續發展與經營，並提升臺灣圖書館事業的蓬勃發展」。

國臺圖在承接既有的基礎下，持續強化特色服務，如臺灣學研究中心、視障資料中心、臺灣圖書醫院服務，並揭示了 4 項「發展願景」：1.建構兼具公共圖書館與研究圖書館雙重服務功能的國立圖書館，推動社會教育與發展臺灣學研究；2.建立豐富特色館藏與發揮圖書維護專業，滿足讀者閱讀需求與提升閱讀風氣；3.提供分齡分眾服務與重視弱勢族羣資訊需求，營造無障礙閱讀環境與強化終身學習；4.展現圖書館專業形象，引領全國公共圖書館事業持續創新發展與邁向永續經營。

2012 年 5 月 20 日臺灣圖書館接管陽明山中山樓，即研擬「活化陽明山中山樓古蹟方案」，初擬 11 項活化策略，以達成「活化資產 增加收益」的發展願景。持續辦理古蹟、珍貴動產維護，活化空間，提供教育場域，開放參觀解說導覽，及各種展演活動。

自該館奉教育部核定成立「臺灣學研究中心」以來，即以厚實的臺灣研究館藏資源，徵集並整合國內外臺灣研究文獻資源，建構「臺灣學數位圖書館」，進行館藏文獻史料的研究與出版，加強與各學術研究機構的合作，支援臺灣史課程教學服務為目標。復奉教育部指示於 2021 年 3 月 26 日成立「本土教育資源中心」。另教育部以該館自 1975 年 7 月起即成立「盲人讀物資料中心」，為服務視障讀者的先驅，隨著其定位和功能的演進，逐漸蛻變為「視障資料中心」，長久以來對視障讀者服務不遺餘力，爰於 2011 年 12 月 26 日及 2014 年 11 月 21 日先後指定該館為「視覺功能障礙者電子化圖書資源利用專責圖書館」及「身心障礙者數位化圖書資源利用的專責圖書館」，負責推動及落實視覺功能障礙者電子化圖書資源和身心障礙者數位化圖書資源的利用。除此之外，該館「臺灣圖書醫院」持續推動圖書文獻保健觀念及醫療修護技術，對於古籍及特藏資料的保護與修護獨具特色。

2013 年 2 月 28 日該館出版《我與圖書館的故事：國立臺灣圖書館更名紀念專輯》，部長蔣偉寧特為序：（略以）

> 國立臺灣圖書館於 2013 年 1 月 1 日改制更名，除了歡欣外，更覺得國立臺灣圖書館所肩負的使命任重道遠。（中略）國立臺灣圖書館遷至中和新館已 8 年多，館務運轉穩定發展，館藏也日益豐富，對於閱讀活動的推廣，更是積極而多元，近年來更朝分齡分眾的客製化服務邁進，讓愈來愈多的人，喜歡閱讀，愛上圖書館。在此時歡慶更名的時刻，期待國立臺灣圖書館能更上一層樓，透過「臺灣學研究中心」、「臺灣圖書醫院」、「視障資料中心」3 大特色，不僅成為臺灣重要的知識寶庫外，更能與國際接軌，傲視全球。

2015 年 2 月修正公布了《圖書館法》。有關出版品送存部分，增列「中央主管機關應鼓勵出版人將其出版品送存各國立圖書館」法條，按此規定，教育部應推動出版人將其出版品送存國立臺灣圖書館及國立公共資訊圖書館。另依據 2013 年 12 月文化部訂定《政府出版品管理要點》，國臺圖為文化部選定的「完整寄存圖書館」，政府機關出版品出版後至少寄存乙份予國臺圖，供公民眾免費閱覽使用。

行政院為提升政府機關服務品質及效能，扣緊社會趨勢，以人為本，提供創新優質服務措施，即時滿足民眾的需求，樹立標竿學習楷模，於 2008 年開創設置「政府服務品質獎」，及至 2018 年改稱「政府服務獎」，每年辦理迄今，該獎是政府機關推動政府服務的最高榮譽。國臺圖先後於 2015 年 6 月榮獲第 7 屆「政府服務品質獎（第一線服務類）」及 2021 年 12 月以「點燃希望的愛閱能手」計畫，規劃及提供身心障礙者、樂齡族群、矯正機構收容者、新住民族群適性服務，榮獲第 4 屆「政府服務獎（社會關懷服務獎項）」殊榮。

2019 年 4 月行政院宣布為了使著作人及出版者享有更合理的權利保障

並鼓勵創新，將試行「公共出借權」（Public Lending Right）制度。由文化部規劃「設計方案」，教育部執行試辦。國臺圖與國立公共資訊圖書館奉教育部交辦，以兩館為試辦場域，自 2020 年 1 月 1 日至 2022 年 12 月 31 日止，試辦民眾向圖書館借閱書籍，以兩館的借閱資料計算補償金，由教育部編列經費，支應補貼著作人與出版者。

2022 年 9 月 12 日該館舉行卸新任館長交接典禮，教育部長潘文忠監交，完成卸任館長李秀鳳與新任館長曹翠英的交接。潘部長表示：（國立教育廣播電臺）

> 國臺圖是臺灣歷史最悠久、藏書最豐富的圖書館，除了既有公共圖書館社會教育的營運目標，也兼具促進學術研究的研究型圖書館職責，過去完成多項重要成果，未來期許善用位處於 4 號公園的在地資源，兼管陽明山中山樓的古蹟維護工作，發揮公共圖書館以及研究型圖書館的任務。

國臺圖自創立迄今，雖然迭經更名及改隸，但是始終是以服務社會大眾、充實館藏、保存地方文獻、促進學術研究為職責的公共圖書館，功能定位明確。以建構豐富多元的館藏，特別是有關臺灣學的圖書文獻力求完整蒐藏，提供圖書資訊服務，推廣終身學習及辦理閱讀等文教活動，同時支援臺灣學學術研究、教學、推廣服務為發展目標，企盼教育部持續支持使成為公共圖書館經營的典範，帶領臺灣公共圖書館事業邁向終身教育更長遠的目標。

此外，國臺圖歷經百年演進，各時期都因應需要，被賦予了全國性的任務，提供了特色服務，如曾為臺灣公共圖書館的中央圖書館、發起並協助中國圖書館學會成立並培訓圖書館在職人員、設置「臺灣學研究中心」、成立「臺灣圖書醫院」、並為《身心障礙者數位化圖書資源利用辦法》的專責圖書館、全國出版品送存機關等。然而自 1951 年 8 月以來編制員額總數始終維持在 52 人，迄 2012 年 12 月也只增加專任 2 人，並未隨著館舍及業

務的成長而擴大編制。綜觀上開各項任務及營運，參酌《圖書館法》第4條的規定及圖書館學學理，已具有部分國家圖書館的基本功能。若就該館特色服務——臺灣學研究、身心障礙者服務、臺灣圖書醫院等，進一步賦予國立公共圖書館兼國家圖書館功能，從而配合業務的需要，為求永續經營與發展，進行相關組織變革，修正國臺圖《組織法》及其《處務規程》部分條文與編制表，使具有一定的人力規模，經營目標為將該館除使臺灣學研究中心成為國內外臺灣學研究資源的重鎮之外，並發展成為全國身心障礙資源中心、國家圖書文獻維護中心，與國家圖書館分工及合作，共謀全國圖書館事業的發展，為臺灣圖書館史增添新頁。

撫今追昔，臺灣圖書館歷經成長、發展、茁壯的過程，期盼持續努力，日新又新，由茁壯期而進入飛躍期，欣欣向榮。

本書旨在回顧國臺圖自1914年至2022年的發展，依1973年7月為斷，析為兩冊，以記錄故實為主，藉由本書回首過往該館館員的辛勤付出所留下的記錄，為來日規劃圖書館服務發展的願景提供藍圖。內容中有標黑體字體及〔 〕符號者，係筆者的淺見及注解。攸關該館經營史料浩如煙海，爬梳匪易，舛誤疏漏之處諒必不少，尚祈各方先進指正為禱。

本書封面設計圖樣係取材於國立臺灣圖書館珍藏的《六十七兩采風圖合卷》，用以彰顯該館臺灣文獻的蒐藏及其學術研究價值。感謝國臺圖提供該《合卷》的數位影像圖，並同意授權利用。

本圖卷原件係1921年該館臺灣總督府圖書館時期，由館長太田為三郎購自東京南陽堂書店；為清乾隆年間，戶科給事中出任巡視臺灣監察御史六十七（字居魯，滿籍）使臺期間（1744－1747）命工繪製當時臺灣平埔族人文的風俗及物產情況，分風俗圖和風物圖。1934年館長山中樵撰〈六十七と兩采風圖〉乙文，認為風俗圖採自《番社采風圖》，風物圖則採自《臺海采風圖》，爰定名兩采風圖合卷。並經山中的考證，風俗圖每幅有了題目（圖名）和題詞，包括描繪原住民維生方式的捕鹿、種芋、耕種、刈禾、舂米、糖廍圖，生活風俗習慣的織布、乘屋、渡溪、迎婦、布牀圖，

及對外防範的瞭望圖。風物圖描寫臺灣特產花卉、蔬果、魚蟲。1998 年，杜正勝編，《景印解說番社采風圖》，以為該圖卷「因畫境寫實，深具史料價值，頗可推考臺灣歷史初期（約 1600－1750）平埔族之社會面貌與文化特徵，有助於臺灣歷史，尤其是平埔族史之研究甚大。」

　　本書採用了〈乘屋〉圖像。平埔族人將造屋稱為乘屋，造屋是部落中的大事。造屋時間多在豐年收成之後，也可隨時乘造；子女嫁娶時，大多需要另造新屋。平埔族房屋一般奠高地基，依據本圖係採土臺屋營造方式，築土基高 5 或 6 尺（清制量地尺，1 尺＝34.5 公分）。造屋時全社壯丁通力合作，他們先以竹木做成屋頂以及斜枋（屋頂的支撐面），接着編織竹子做成牆壁，然後在屋頂上蓋上茅草，最後在土基上豎立大的木基柱，合眾人之力將兩片屋頂舉升置於基柱上，組合起來成為一個房屋。正門前置一塊凹鑿的木板為階梯，以便拾級入出。房屋的形狀就像一個翻覆過來的船。這是難得一見的平埔族造屋圖樣，是一種已消失的土臺屋式的民居建築。

目　次

表目次

第一章　發展期──國立中央圖書館臺灣分館（1973.07－2012.12）

前　言

　　1966 年 12 月底，行政院召開第 1000 次院務會議，擬改制臺北市為直轄市（舊稱「院轄市」，自 1994 年 7 月 29 日公布《直轄市自治法》後，正式改稱「直轄市」）。1967 年 7 月 1 日在中山堂堡壘廳內，市長高玉樹將省轄市的印信交還給省府委員李立柏，結束了臺北市政府和臺灣省政府的隸屬關係，隨即移中正廳舉行「臺北市改制直轄市政府臨時市議會成立暨市長議長就職典禮」，改制後首任市長、議長分為高玉樹、張祥傳。這天臺北市正式升格為直轄市，開創臺北市政邁向新的里程碑。

　　案 1945 年 12 月 6 日公布《臺灣省省轄市組織暫行規程》（全 49 條），首條明定臺北市為省轄市，並設松山、大安、古亭、雙園、龍山、城中、建成、延平、大同、中山等 10 區；改制為直轄市，又將原屬臺北縣的景美、木柵、南港、內湖等 4 鄉鎮，及原屬於陽明山管理局的士林、北投等 2 鎮劃入臺北市，遂由原有 10 個行政區增加到 16 個。

　　臺北市改制之後，臺灣省省議員曾多有建議臺灣省立臺北圖書館（「省北館」）遷徙省垣。1971 年 1 月 7 日臺灣省政府（「省府」）提議將臺灣省仍留在臺北市的部分機關學校，包括省北館在內，擬請由中央各有關主管部會接辦或轉交臺北市辦理。學術界頗為關切本項議題。1972 年 6 月 20 日臺灣省議會（「省議會」）審議臺灣省 1973 年度地方總預算案，有關省北館部分，作出附帶決議：「請教育廳於本年底以前，提出省北館遷移於本省地區

的妥善而可行之具體計劃，否則不得動支下半年度預算」。1972 年 8 月 7 日省府首長會議第 292 次會議，省府主席謝東閔裁示：建議行政院將省北館移撥教育部接辦，改為國立臺灣圖書館，並函請省議會審議。1972 年 9 月 26 日省議會審議，決議通過。行政院 1973 年 3 月 12 日採納教育部意見，核定省北館准自 1973 年 7 月起，改為國立中央圖書館臺灣分館。1973 年 10 月 22 日上午 10 時，辦理省北館轉移國立中央圖書館手續，假該館新生南路 4 樓中正廳舉行。

一、改制經過與接收

臺灣省議會倡議

　　臺北市改制之後，省議會召開大會時，省議員要求省北館遷徙省垣建議多起。1969 年 7 月 15 日下午省議會第 4 屆第 3 次大會第 24 次會議進行教育廳「口頭質詢及答覆」。省議員謝清雲（1915－1972）質詢「關於省立臺北圖書館遷移及設立的問題」：

> 省立臺北圖書館有沒有遷移的計劃？省立臺北圖書館的房子蓋得很堂皇，裡面的書籍也很多，現在臺北市改制了以後，這些寶貴的書籍是擺在臺北市，當然學問是沒有省境，沒有國境，不過我們是希望我們臺灣省能夠充分地利用。因此請教廳長，我們有沒有遷移的計劃？當然是遷移到我們臺灣省境內，如果要遷移，可將其館舍及土地賣給臺北市，可在他處興建一個標準的省立圖書館。

教育廳廳長潘振球答覆：「省立圖書館，臺北的圖書館因有甚多寶貴資料，為省有財產，也可以說為省文化財產，我們為保存省有寶貝起見，臺北市

要我們賣給它，我們不會很輕易的同意。現在我們只有充實臺中圖書館，預備以 3,000 餘萬元於臺中市公園旁購買一塊土地，新興建一規模較大的圖書館，將原來的圖書館讓售合作金庫，這樣我們有一理想的文化中心，將來可研究一切，尤其南洋的資料，在國際都有名的。南洋的資料，我們臺北圖書館的資料很豐富。」

省議員陳根塗（1922－1995）針對「省立臺北圖書館問題」也提出質詢：

> 本席在財政委員會審查貴廳預算時發現臺北市已改為院轄市，而臺北省立工專、護專、師專、博物館、圖書館等仍留在臺北市，以上各學校機關預算約 8、9 千萬元。貴廳是否考慮將上述機關學校歸屬為臺北市，以便節省本省經費，財政廳長同意本席意見，未讅廳長意見如何？

廳長潘振球答覆：「目前留在臺北市省立圖書館、博物館，此兩機構均有歷史性價值，又是博物館可以象徵性的，代表臺灣文物。至於省立工專、護專等，省市投考子弟均予招收，以上各機關學校暫不考慮移轉臺北市。」

省議員張富質詢：「剛才余陳議員〔查余陳月瑛並無本項質詢，或係陳根塗議員之誤〕提到在臺北市的文化機構遷移或送與臺北市，他說得很有道理，希望教育廳考慮把這些機構送給臺北市或者讓售，把每年 8 千餘萬經費充實本省各級學校及文化機構。我個人認為我們一年化〔花〕8 千多萬，臺北市比我們富裕，對這方面應該自己設法才對。希望對這個問題能早日研究解決。」（以上，臺灣省議會秘書處，1969.10.28）

1969 年 7 月 28 日省議會第 4 屆第 3 次大會第 31 次會議「總質詢：口頭質詢及答覆」，省議員葉黃鵲喜質詢「關於省立圖書館問題」：（臺灣省議會秘書處，1969）

目前臺灣省立圖書館尚設在臺北市的中正路，即工專附近，雖然省立圖書館設在臺北市內，並非不可，但據本席所知，臺北市自改制院轄市後，在古亭區有一處圖書總館外，各區均設有分館，藏書亦極豐富。反觀中部地區，除了臺中市有一處圖書館外，其他各縣市都沒有一處比較完善的圖書館，因此本席建議主席，是否將臺北市的省立圖書館移來中部，以利中部智識份子的閱覽書籍，促進研究學術機會，請問主席高見如何？

省府主席陳大慶〔1969.07.05 起任職〕答覆：「貴議員建議將省立圖書館遷移臺中一節，當交本府教育廳來研究。」在省議會第 3 次臨時會大會第 1 次會議「總質詢：書面質詢及答覆」，省府答覆省議員賴榮松質詢，「出售省立臺北圖書館改設省轄區內，以限於各種因素，尚待從長研議」。(臺灣省議會秘書處，1969；1969.09.23)

臺灣省政府研議

　　1971 年 1 月 7 日省府曾為加強監督指揮功能，提高行政效率，並減輕臺灣省財政負擔起見，將臺灣省仍留在臺北市的部分機關學校，包括省北館在內，擬請由中央各有關主管部會接辦或轉交臺北市辦理乙節，呈請行政院核示。在該移撥案中列有「處理意見」有二：1.該館位於臺北市內，脫離本省行政區域，宜由中央辦理或撥歸臺北市接辦，並由中央或臺北市於 1972 年度編列預算支應；2.除與本省有關的重要圖籍資料由本省保留外，其餘現有人員公用財產等擬隨同業務劃撥。

　　此項消息傳出後，陶希聖函陳教育廳，以為省北館所藏清代臺灣府及日據時期總督府暨南洋部分圖書資料，具有本省歷史價值與研究南洋問題的參考，無論隸屬省府或改隸中央均不予分散為宜。同時，省北館館長袁金書也力爭保持該館的完整，並縷陳 4 點意見，略以：1.重要資料的移轉問題：包括日據時期的特殊資料、南洋資料、大陸各省方誌與臺灣資料等；2.北部地區圖書巡迴問題；3.各縣市公私立圖書館輔導問題；4.館內外意見的

反應，說明該館應單獨設立，須防止移交時可能發生的糾紛及安定現有人員工作情緒等。

　　1972 年 6 月 20 日省議會第 4 屆第 9 次大會第 7 次會議，審議臺灣省 1973 年度地方總預算案（第 2 讀會）歲出部分全會審查意見：（臺灣省議會秘書處，1972.07.04）

　　　省立臺北圖書館附帶決議：請教育廳於本年底（12 月）以前，提
　　　出省立臺北圖書館遷移於本省地區之妥善而可行之具體計劃，否
　　　則不得動支下半年度預算。並請政府先調用臺北圖書館人員於臺
　　　中圖書館，以免浪費人力。

　　1972 年 8 月 7 日省府首長會議第 292 次會議，教育廳提案：「提為省府 61.7.18 主一字第 77393 號令為省議會審查本年度地方總預算對臺北圖書館附帶決議，檢附省立圖書館遷移案節略，擬具處理意見報備裁示，以憑辦理由」。

　　本案「處理意見」有三：1.呈報行政院核定省北館移撥教育部接辦，改為國立臺灣圖書館，人員財產（除與本省有關之重要資料交給臺中圖書館保管外）併同移轉；2.倘教育部接辦有困難時，請教育部呈請行政院令臺北市接管（註明：與本省有關之重要資料交給臺中圖書館保管），或改隸於省立臺北工專而為該校附設圖書館；3.與省立臺中圖書館合併改稱臺灣省立圖書館，將省北館所有圖籍資料搬遷臺中，人員編制經費暫予保管歸併，集中臺中圖書館辦公，出缺不再遞補，至於臺北之房地產將由有關單位專案研究處理。經主席裁示：「本案照該廳所提處理意見第 1 項辦理。建議行政院將省北館移撥教育部接辦，改為國立臺灣圖書館，並函請省議會審議。」（臺灣省政府首長會議，1972.08.07）

　　1972 年 9 月 4 日省府委員會議第 1163 次會議提案：「教育廳簽為省議會審查本年度地方總預算對臺北圖書館附帶決議，擬建議行政院將省北館

移撥教育部接辦，改為國立臺灣圖書館一案，提請府會討論案」。本案所擬辦法有二：1.為使省北館保存的重要圖書資料不予分散，並維持該館體制上的完整，擬建議行政院將省北館移撥教育部接辦，改為國立臺灣圖書館，人員財產併同業務移轉，請中央編列 1974 年度預算支應，本省預算維持至 1973 年度為止；2.本案擬提經府會通過後，函請省議會審核，並請同意支用 1973 年度預算。（臺灣省政府委員會議，1972.09.04）

教育部接辦

　　1972 年 9 月 16 日省府以府教五字第 106554 號函省議會「為貴會審查本年度地方總預算，對臺北圖書館之附帶決議研擬處理辦法，函請審議見復。」1972 年 9 月 26 日省議會第 4 屆第 10 次臨時大會第 4 次會議，將該案納入「省府提議案」予以審議。茲摘錄該案內容二、三如下：（臺灣省議會秘書處，〔1972〕；國史館臺灣文獻館，「臺灣省議會史料總庫」）

　　二、查省立臺北圖書館於去年初，本府為加強監督指揮功能，提高行政效率，並減輕本府財政負荷，曾擬將本省仍留在臺北市之部分機關學校，包括該館在內，呈報行政院請中央接辦或轉交臺北市辦理，後因種種原因，復經本府決議：「保留暫不移轉」。

　　三、茲准前由〔案由〕，經本府研擬處理辦法二項：

　　（一）為使省立臺北圖書館保存之重要圖書資料不予分散，並維持該館體制上之完整，擬建議行政院將省立臺北圖書館移撥教育部接辦，改為國立臺灣圖書館，人員財產併同業務移轉，請由中央編列 1974 年度預算支應，本省預算維持至 1973 年度為止。

　　（二）本案擬提經府會通過後，函請省議會審議，並請同意繼續支用 1973 年度預算。

　　上述處理辦法二項，業已提經本府第 1163 次委員會議議決：「通過，送請省議會審議」紀錄在卷。

本案省議會審查意見：「應予同意」，大會決議：「照審查意見通過。」1973
年 4 月 14 日省府教五字第 25964 號令（副本）教育廳：

> 奉行政院 1973 年 3 月 12 日臺 62 教字第 2189 號函以根據本府建
> 議，並採納教育部意見，臺灣省立臺北圖書館准自 1973 年 7 月
> 起，改為國立中央圖書館臺灣分館，及保持其業務性，將來大陸
> 光復時，此一分館仍留置於臺灣，屆時可再考慮另行改其名稱為
> 國立臺灣分館。

1973 年 9 月 21 日省府（62）府人丙字第 98173 號令，「轉發《國立中央圖
書館臺灣分館暫行組織規程》暨《國立中央圖書館臺灣分館暫行編制表》
並廢止《臺灣省立臺北圖書館組織規程》」。（臺灣省政府令，1973.09.21）

　　1973 年 10 月 20 日教育部臺 62 社字第 26789 號函致省府及教育廳（副
本）：

> 茲定於 10 月 22 日上午 10 時，辦理臺灣省立臺北圖書館轉移國立
> 中央圖書館手續。當由原任省立臺北圖書館館長袁金書代表臺灣
> 省政府移交，教育部派中央圖書館館長諸家駿接收，並由中央圖
> 書館採訪組主任胡安彝辦理經接手續。教育部派社會教育司司長
> 謝又華，臺灣省政府派教育廳主任秘書轟鐘杉監交，自同日起，
> 現任館長胡安彝負責兼理館務。

爰於 10 月 22 日上午 10 時，於新生南路該館 4 樓中正廳舉行省北館移交中
央圖書館手續。中央圖書館當天派採訪組主任胡安彝收受大印，於是改隸
拍板定案。下午即由胡安彝召開首次館務會報。1974 年 3 月 14 日教育部核
定館長胡安彝一職，自 1974 年 1 月 1 日起生效。

教育部接辦原委

1976 年 10 月 6 日、13 日立法院第 1 屆第 58 會期法制、教育兩委員會第 1、2 次聯席會議審查「國立中央圖書館臺灣分館組織條例（草案）」，主席立法委員張子揚，審查會依照程序先請行政院說明，教育部部長蔣彥是因先前往出席中常會，俟中常會散會之後，馬上就過來。爰由次長朱匯森代表行政院來作一說明：（立法院秘書處，1977.01.12）

臺灣省政府於 1972 年為精簡機構，節省開支，建議行政院將設置於臺北市內之臺灣省立臺北圖書館由中央接管改為國立圖書館。因鑒於該館係日治時期之原日本臺灣總督府圖書館，其所儲藏圖書資料，均富政治、經濟、軍事價值，尤其以南洋資料更具價值，必須保持其原有特性與完整，且兼顧及臺北地區已有國立中央圖書館，目前似不必再另設一所國立圖書館，但為保持該館原有特性與完整計，特依《國立中央圖書館組織條例》第 8 條：「國立中央圖書館得在各地設立分館」之規定，將臺灣省立臺北圖書館，改為國立中央圖書館臺灣分館，並經行政院于 1973 年先行核定《國立中央圖書館臺灣分館暫行組織規程》據以試辦。若以試辦情形良好，爰依《中央法規標準法》之規定，訂定該分館組織條例（草案）一種，以完成立法程序。

立法委員先後有張希哲、白如初、張金鑑、何適、鄧翔宇、吳延環、魏佩蘭、趙文藝、王大任（書面意見）、李曜林、李季春等發言。其中，有關本法的「名稱」問題，及本法改稱「通則」建議，教育部部長蔣彥士先後答覆：

為什麼稱「國立中央圖書館臺灣分館」？因為當時臺灣省政府為了精簡機構，且臺灣省政府也不在臺北市，因此臺北市改制之後

想將原省立臺北圖書館交給中央，這是 1972 年的事情。當時，行
政院曾考慮過，如果改為「國立臺灣圖書館」，那在臺北市就有
兩個國立圖書館，於是就定名為「國立中央圖書館臺灣分館」，
這個分館並不是併在中央圖書館裏面去。在臺灣省立臺北圖書館
裏面，有許多是日據時代留下來的資料，如日本人在南洋收集的
資料，在該館可以說是獨一無二，皆具有其特性，我們不願想將
這些資料放在旁的地方去，我們的考慮是這樣，等將來回大陸之
後，再改為「國立圖書館」也可以，至少目前不適於在臺北市同
時有兩個國立圖書館，在定名的時候，本人曾參加討論過的。

（前略）惟事實上我們現在完全是遷就事實，將來亦不會在各地
設立分館。因為原有的省立臺北圖書館規模很大，資料很豐富，
同時本人也報告過，在臺北一地不宜有兩個國立圖書館，故稱為
國立中央圖書館臺灣分館，完全是遷就事實，將來不會再設分
館，似不必為一個臺灣分館制定一個通則。同時圖書館的規模大
小不一，縱然制定一定通則，我想也不會具體的，所以，為了遷
就事實，我們希望有一個組織條例即可。

次長朱匯森，也針對「當初何以不將原省立臺北圖書館改為市立圖書館」
提出說明：（立法院秘書處，1977.01.01）

教育部當時曾多方面的考慮將原省立臺北圖書館，改為市立圖書
館的問題，惟我們當時基於下列 3 因素，而未改為市立圖書館。
（一）臺北市改制後，並非市區內所有省屬機構，一律改為市屬
機構。所以，在臺北市還有省屬的學校。（二）臺北市已有一個
市立圖書館，下設 7 個分館，有獨立的組織，如果再增設一個市立

圖書館，在職掌上將難劃分。（三）當時的省政府亦有意將省立
臺北圖書館搬走，在這種情形之下，我們才採用此方式。

及至 1976 年 12 月 11 日立法院第 1 屆第 58 會期教育委員會第 7 次會議，部
長蔣彥士報告「國立編譯館、國立中央圖書館、國立教育資料館工作概
況」。蔣部長答覆魏佩蘭委員質詢有關「臺灣分館如果使其獨立，隸屬于省
政府，對於該館前途有利抑有弊？吾人站在維護該館價值起見，不願使此
一度藏豐富之圖書館由於隸屬或獨立關係蒙受到不利的因素」乙節：（立法
院秘書處，1977.02.02）

關於中央圖書館，臺灣分館的問題，是行政院考慮到，將來中央
圖書館遷回大陸後，臺灣分館仍可繼續若干中央圖書館的工作，
如蒐集和保管有關資料等，同時可以在各省設立分館，基於此項
政策性之考慮，所以將臺灣圖書館改為中央圖書館臺灣分館。

2005 年 7 月，時任職國立中央圖書館臺灣分館館長廖又生，撰〈「國立
中央圖書館臺灣分館」概念誤用之始：袁金書館長時期〉乙文，述省立臺
北圖書館改制緣起，略以：

1968 年臺北市改制為院轄市，臺灣省政府要求省立臺北圖書館必
須遷館於省治轄區，1972 年至 1973 年間，此種遷館輿論喧囂塵
上，臺北學術界極為關注，畢竟本館典藏臺灣資料、南方資料是
國人研究臺灣問題所需，故就讀者立場自然不願省立臺北圖書館
遷居省垣等方案，袁〔金書〕氏四處奔走，準備說帖上陳省主席
謝東閔、教育部長蔣彥士，建請相關當局改隸中央，更名為「國
立臺灣圖書館」，以保持特藏資料的完整性，並提高行政體制層
級，且可擴展學術研究參考服務，但教育部（中略）以當時國立

中央圖書館接管，1973 年 7 月 1 日在臺復館不久的國立中央圖書館正式整併本館成其分館。

時任國立中央圖書館臺灣分館秘書工作、原省北館人員（曾任韓寶鑑館長機要秘書）翟人倫，撰〈改制一年來的國立中央圖書館臺灣分館〉，提到：臺灣省議會曾有要求省北館遷徙省垣建議，「經研商遷館臺中或移轉臺北市府，唯該兩機關僅接納館藏，而不納編制員工，雖當時館長袁金書鍥而不捨，力挽狂瀾，只勉強保住現職員工繼續留臺北的工作權利而已。」

案省立臺北圖書館員工大都渴望留任臺北操持館務，館長袁金書四處奔走，僅為改名及留在臺北上班，未及時將新年度概算送立法院或臺灣省議會審議，省北館的經營及人員薪資即將斷炊。上開「省府提議案」已議決，「請由中央編列 1974 年度預算支應，本省預算維持至 1973 年度為止」。中央鑒於省屬機關陸續遷往省治中興新村或臺中，各界人士都期待省北館留在臺北，以便於利用其館藏和服務，最後決定由教育部接管，新年度概算也就由教育部提送立法院審議。機關的成立，預算的編列都必須有法源，教育部為「遷就事實」，因《國立中央圖書館組織條例》中提到可設立分館，抗戰時期曾成立重慶分館，爰將省北館改稱國立中央圖書館臺灣分館，將其年度概算編列於中央圖書館內，以解其燃眉之急。

二、組織和人員

（一）組織

1973 年 7 月 1 日省立臺北圖書館奉令改名為國立中央圖書館臺灣分館（「臺灣分館」），同年 8 月 10 日行政院核定、8 月 29 日教育部公布《國立

中央圖書館臺灣分館暫行組織規程》（全 12 條）。1974 年 3 月 14 日教育部
63 人字第 6320 號函核定館長胡安彝一職，自 1974 年 1 月 1 日起生效。胡
安彝繼任為第 13 任館長。1974 年 7 月 1 日奉核定該館自該年 7 月起實施職
位分類制。1986 年朱大松館長任內，修訂該館「職位說明書」，使編制員額
可歸系納編。

　　按該《暫行組織規程》明定：「國立中央圖書館為發展臺灣地區圖書館
事業，特設國立中央圖書館臺灣分館」，設採編組、典藏閱覽組、參考諮詢
組、推廣服務組、總務組等 5 組。置分館長 1 人，「受國立中央圖書館館長
之指揮監督，綜理館務。」並置「組主任、編纂、編輯、助理編輯、幹
事、助理幹事、書記」及會計員、人事管理員。「為謀事業之發展，得聘請
專家學者組織各種委員會」，「委員為無給職」。「本分館辦事細則報請國立
中央圖書館核定，並轉報教育部備案。」茲列臺灣分館編制表，見表 1：

表 1　國立中央圖書館臺灣分館編制表（核定本）

單位：人

職　　　　稱	職　　　　等	員額	備　　　　註
分館長	第 8 至第 11 職等	1	
組主任	聘任	4	比照大專院校教員聘用辦法聘任
組主任	第 6 至第 8 職等	1	總務組主任
編纂	聘任	3	比照大專院校教員聘用辦法聘任
編輯	聘任	4	〞〞
助理編輯	聘任	2	〞〞
幹事	第 1 至第 5 職等	10	
助理幹事	第 1 至第 5 職等	14	

職　　　　稱	職　　　　　等	員額	備　　　　註
書記	第 1 至第 3 職等	11	
會計員	第 5 至第 7 職等	1	
人事管理員	第 5 至第 7 職等	1	
合計		52	

資料來源：〈轉發《國立中央圖書館臺灣分館暫行組織規程》暨編制表〉，《省政府公報》62 秋 75（1973.09.26），頁 6。

　　1985 年 10 月 23 日始由總統公布《國立中央圖書館臺灣分館組織條例》（全 12 條），完成該館組織法的立法程序。首條明定：「本條例依國立中央圖書館組織條例第 8 條規定制定之。」臺灣分館掌理各種圖書的蒐集、編藏、考訂、展覽、研究等業務及輔導臺灣地區圖書館事業的發展事宜，設採編組、閱覽典藏組、參考服務組、推廣輔導組、總務組等 5 組，其職掌如下：

　　1.採編組：掌理圖書徵集、選購、登記、分類、編目及交換事項。
　　2.閱覽典藏組：掌理金石、輿圖、文獻、圖書、資料的庋藏、互借、圖書資料陳列、閱覽、出借及閱讀指導等事項。
　　3.參考服務組：掌理對讀者提供國內外各種參考諮詢的答覆及編製各種專題目錄等事項。
　　4.推廣輔導組：掌理調查、統計、研究、視察、輔導、推廣及館際聯繫等事項。
　　5.總務組：掌理文書、庶務、財務管理、出納及不屬其他各組的事項。
　　該分館置分館長 1 人，職位列第 9 至第 11 職等，「受國立中央圖書館館長之指揮、監督，綜理分館館務。」「置組主任 5 人，編纂 1 至 3 人，編輯 6 人至 10 人，職位列第 6 至第 8 職等；助理編輯 8 人至 12 人，職位列第 6 等或第 7 職等；幹事 6 人至 8 人，職位列第 3 至第 5 職等，其中 3 人得列第 6 職等；書記 7 人至 11 人，職位列第 1 至第 3 職等。前項人員除總務主任、

幹事、書記外，必要時得依教育人員任用條例規定聘任之。」另置會計員 1
人、人事管理員 1 人，職位列第 5 至第 7 職等。本《條例》所定各職稱人
員，除聘任人員外，其職位的職系依公務職位分類法及職系說明書，就圖
書管理、文書、事務管理、出納、中文打字、會計、人事行政及其他有關
職系選用之。旋於 1986 年 2 月 5 日行政院臺 75 人政貳字第 1300 號令修正
該館員額編制，如表 2。

表2　國立中央圖書館臺灣分館員額編制表

單位：人

職　　別	職　　等	編制員額	修正員額①	目前員額
分館長	第 11 職等	1	1	1
組主任	第 8 職等	4（聘任）	4	4
組主任	第 8 職等	1	1	1
編纂	第 8 職等	3（聘任）	3	3
編輯	第 8 職等	4（聘任）	2	10
	第 7 職等		8	
助理編輯	第 7 職等	2（聘任）	2	12
	第 6 職等		10	
幹事	第 6 職等		2	4
	第 5 職等	10	3	4
	第 4 職等		3	
助理幹事	第 5 職等	2	0	0
	第 4 職等	12	0	
書記	第 3 職等	7	7	11
	第 2 職等	4	4	

職　　　別	職　　　等	編 制 員 額	修正員額①	目前員額
	第 1 職等	0	0	
人事管理員	第 7 職等		1	1
	第 6 職等	1		
	第 5 職等			
主計員	第 7 職等		1	1
	第 6 職等	1		
	第 5 職等			
合計		52	52	52

附　　註：①1986 年 2 月 5 日臺 75 人政貳字第 1300 號令修正。

資料來源：蘇俊豪，〈本館的組織與編制〉，載於：《臺灣圖書館為民服務白皮
書》（臺北縣中和市，國立中央圖書館臺灣分館，2006.08），頁 59。

臺灣學研究中心

　　1993 年 11 月 22 日臺灣分館臺灣資料中心成立，採任務編組方式，致力於館藏臺灣資料的保存、發展與利用。2003 年教育部核定臺灣分館推動臺灣學研究中心設置先導計畫。2007 年 3 月奉核定成立「臺灣學研究中心」，其目標在：1.整合國內臺灣研究文獻資源；2.建構「臺灣學數位圖書館」；3.加強與各學術研究機構的合作；4.支援臺灣史課程教學服務等，期成為兼顧資料典藏、學術研究及支援教學的平臺。

（二）人員

　　在國立中央圖書館臺灣分館時期，歷經 9 任館長，先後為胡安彝（任期：1973.10.22－1978.08.14）、劉昌博（1978.11.12－1985.06.25）、朱大松

（1985.06.25－1988.07.06）、孫德彪（1988.07.06－1992.07.10）、林文睿
（1992.07.10－2004.10.16）、廖又生（2004.10.18－2006.09.30）、蘇德祥
（2006.12.20－2007.09.17）、黃雯玲（2007.09.17－2012.08.13）、陳雪玉
（2012.08.13－2015.02.10）。

館長簡歷

胡安彝（1917－1978） 畢業於四川成都光華大學分校中文系。1973 年
10 月 22 日接任臺灣分館館長，原任中央圖書館採訪組主任。胡館長於 1961
年自軍役請退，任中國文化學院圖書館副主任。1967 年 10 月進入中央圖書
館，歷任編輯、編纂、組主任等職。1973 年 11 月 1 日胡館長邀中央圖書館
編輯鄭恒雄、章以鼎分別擔任臺灣分館採編組主任，典藏閱覽組主任到
職。1976 年 5 月臺灣分館首任參考諮詢組主任宋建成到職，由中央圖書館
出版品國際交換處編輯借調。胡館長任職 5 年間，開創新局，「強化行政體
制與有效運用人力，改善閱讀環境推展服務」（章以鼎），惜蒼天不佑，
1978 年 8 月 14 日於任內辭世。由章以鼎主任奉派為代理館長（1978.08－
1978.11）。

劉昌博 1945 年 9 月進入政大政治系就讀，1949 年 6 月畢業。現代文學
作家，筆名莫珍莉、莫珍妮。1968 年進入教育部，歷任秘書、新聞發言
人、文化局第二處處長、專門委員等職。1978 年 11 月 12 日調任臺灣分館館
長，1985 年 6 月 24 日調任教育部秘書、督學。茲因推廣服務組主任王炬
（1911－2003；字子和，原任臺灣省國語推行委員會，亦為太極拳名家）
退休，參考諮詢組主任宋建成曾短暫兼該組主任。1981 年 3 月章以鼎、宋
建成分別擔任推廣服務組、典藏閱覽組主任。時典藏閱覽組有幹事高碧
烈、邱輝塘，助理幹事劉新華、游金珠、袁為祥、蔡愛嬌、陳美鳳、黃月
桂、簡家幸、顧寶銘、余琳黛，書記周雲卿、許瑞蓮、王冬慈、張聰敏。
劉金狗主任雖已退休，仍每天來館整理館藏舊籍文獻。1984 年 9 月 16 日宋
建成主任調回中央圖書館擔任總務組主任，負責中山南路新館遷建工程，
由高碧烈任典藏閱覽組代理主任職務至 1987 年 2 月退休。

　　朱大松　1945 年 8 月進入政大法律系就讀，1949 年 6 月畢業。曾任行政院編審，考選部科長，1961 年 4 月轉任教育部科長，先後任秘書、兼教育部僑民教育委員會主任委員、兼教育部法規委員會主任委員等職，1985 年 6 月 25 日接任臺灣分館館長，1988 年 7 月 6 日調任教育部秘書。退休後擔任私立健行工專（今健行科技大學，在桃園市中壢區）校長（第 4 任，1991－1993）。

　　孫德彪　畢業於省立臺中師專、淡江中文系，臺師大教育研究所碩士。散文暨專欄作家，筆名孫虹。1968 年 5 月任教育部文化局辦事員、科長、專門委員等職，1978 年 3 月調任教育部教研會秘書、專門委員，副司長等職。1888 年 7 月 6 日接任臺灣分館館長，任內即已開始進行臺灣分館遷建與改制規畫。1992 年 7 月 10 日調任教育部督學。

　　林文睿（1949－2020）　畢業於世新圖資科、中興大學法律學系，臺大圖書館學研究所碩士。曾任教育部專員、科長，人事行政局科長、專門委員等職。1992 年 7 月 10 日接任臺灣分館館長，直到 2004 年 10 月 16 日退休。主持館務邁 12 年，除了負責該館的經營外，並在遷建新館方面完成了中和新館的土地取得、規劃設計、發包施工、驗收完工、取得使用執照等，備至辛勞。

　　廖又生　獲有國防管理學院法律所碩士、交大管理科學研究所碩士、臺大圖書館學研究所碩士、臺大管理學院商學研究所博士學位。首屆博士級高考一級行政科優等第一名及格。先後任世新圖書館館長、中央圖書館採訪組主任、陽明大學圖書館館長、陽明大學醫務管理研究所所長。2004 年 10 月 18 日教育部借調接任臺灣分館館長。廖館長兩年後借調期滿，2006 年 9 月 30 日歸建陽明大學。任職期間積極協調地方，完成遷館中和，啟用新館，展開營運。10 月 1 日教育部核派督學王國隆兼任代理館長。

　　蘇德祥　畢業於臺南師專、臺師大教育系及臺大國家發展研究所。原任嘉義縣政府教育局局長，2006 年 12 月 20 日接任臺灣分館館長。旋，2007 年 9 月 17 日蘇德祥升教育部中教司司長，教育部核派原任教育部高教司副

司長黃雯玲接任。

　　黃雯玲 畢業於臺大圖書館學系，臺師大教育研究所碩士。歷任教育部秘書室科長、高教司專門委員等職。2007 年 9 月 17 日接任臺灣分館館長，任職 6 年間，教育部報奉行政院核定臺灣分館規劃為教育部附屬三級機構將更名為國立臺灣圖書館，推展分齡分眾服務，並奠定了臺灣學研究中心業務發展的基礎。2012 年 8 月 13 日黃雯玲接任教育部高教司長，教育部核派督學陳雪玉接任。

　　陳雪玉 政大教育學系畢業、政大教育學系碩士、博士。曾任教育部社教司科長、專門委員、副司長、督學兼任教育部國語會秘書等職。2012 年 8 月 13 日接任臺灣分館館長。

菁英培育計畫

　　遷中和新館之初，2005 年 8 月 2 日總務主任馬祖瑞和人事室主任蘇俊豪依據《公務人員進修法》第 13 條及《教育人員任用條例》第 14 條草擬「國立中央圖書館臺灣分館菁英培育計畫」。同年 9 月 9 日經館務會議通過施行。本計畫內容包括：1.計畫依據；2.計畫目的；3.培育對象；4.培育方式；5.培育項目；6.培育人數；7.實施原則；8.獎勵措施；9.申請程序；10.實施條款等 10 大項目。本計畫目的係因應該館改制以提升人力素質，加強服務效能，並培養館員日新又新追求卓越的需要，提供該館人員專業再教育的機會。

　　時該館「任用人員、聘任人員（2005 年該館編制員額為 52 人，但正式預算員額修正為 46 人）、技工、工友與駐警共 72 人」，「從 2004 年 10 月迄 2005 年 9 月該館菁英培育計畫正式施行起，甫滿搬遷新館一年之際，該館正式編制人員因響應『五五專案』（任職 25 年，年滿 55 歲自願退休加發 5 個基數退休金）、信仰理由、照顧家庭、育嬰理家、榮陞他處等因素，退休或轉換職場者共有 13 人，在館長廖又生『內升與外補雙軌並行』的甄補管道之下，現有 72 人中，具備教授資格者有 2 人，擁有博士學位者有 3 人，另有經營管理碩士學位者有 6 人，圖書資訊學碩士專業文憑具備者有 11

人，高考及格者有 9 人，整體人力素質正在蛻變當中，假以時日透過菁英培育計畫應可將現職人員透過『取得學位』及『著作升等』兩種方式從根本上改造現行人力的素質結構。（林芊慧）」

三、經費

　　教育部所屬社教機構在 2006 年度以前，全部採公務預算制度。鑒於仰賴政府公務機關預算編列支應，相關支出常因法律及義務性支出的增加而產生排擠效果，而國立機構公務機關預算難有成長空間，無法支應經營規模擴充，社教發展趨勢等衍生的經費需求。該部為促進所屬社教館所開源的潛力，且順利推動館務活動，乃於 2006 年 5 月 30 日報奉行政院函復同意設立「國立社教機構作業基金」，期透過企業的經營方式，促進社教館所的行政與營運效率。教育部成立「國立社教機構作業基金」附屬單位預算，將所屬館所逐步納入本附屬單位預算的分預算運作。教育部訂定《國立社教機構作業基金收支保管及運用辦法》（全 11 條），報奉行政院 2007 年 3 月 12 日訂定發布。本「基金」未設置管理委員會，其管理運用業務由本基金項下設置各國立社教機構作業基金的基金主持人統籌綜理，並由各基金相關單位配合辦理。依該《辦法》「國立社教機構作業基金」項下分國立自然科學博物館作業基金、國立科學工藝博物館作業基金、國立海洋生物博物館作業基金等 3 個基金。翌年該《辦法》再報奉行政院 2008 年 2 月 26 日修正發布，此次修法主要係新增國立中央圖書館臺灣分館作業基金，2008 年 1 月 1 日施行。

　　依該《辦法》臺灣分館作業基金來源：1.政府循預算程序的撥款；2.銷售收入及資料使用費；3.場地設備管理、推廣教育及建教合作收入；4.受贈收入；5.孳息收入；6.其他有關收入。用途：1.書刊採編、閱覽及研究支出；2.推廣教育及建教合作支出；3.銷售支出；4.管理及總務支出；5.其他

有關支出。本基金年度決算如有賸餘，得循預算程序撥充基金或以未分配
賸餘處理。

　　教育部為期本基金的收支、保管及運用於辦理會計事務處理有所依
據，爰依據《會計法》及該《辦法》等規定，訂定《國立社教機構作業基
金會計制度》，2009 年 5 月 22 日經行政院主計處核定施行。並為因應所屬
機構發展趨勢，優化財務經營管理的能力，提升既有作業基金法源位階，
使現行作業基金更具彈性運用空間，並強化國家教育研究院教研機構智庫
功能，自 2009 年起進行「教育部所屬機構作業基金設置條例（草案）」的法
制作業。

　　依據立法院「國立社教機構作業基金 2010 年度預算評估報告」，臺灣分
館部分：「國立中央圖書館已更名為國家圖書館，故該館名稱顯已失據並易
造成混淆，宜速修訂組織條例，以符法制。」「自籌經費主要來自業務外收
入，該館宜積極有效充分運用場地資源以增裕營收。」復依該基金「2011
年度預算評估報告」綜合部分條陳：「社教機構作業基金設立迄今 5 年，惟
仍持續發生短絀，財務狀況明顯已趨惡化，完全未達設立之目的，主管機
關應檢討提出改善之道。」

　　臺灣分館自 2008 年度起，配合教育部上開「作業基金」的政策，開始
實施作業基金。實施以來，財務運作，年年發生短絀，依「國立中央圖書
館臺灣分館作業基金收支餘絀決算表（2008－2012 年度）」，如表 3 所列，
平均每年短絀 4.97 千萬元。復依「國立中央圖書館臺灣分館作業基金餘絀
撥補決算表（2008－2012 年度）」（表 4），自 2008 年至 2011 年，前 4 年即
短絀累計達 2.04 億元。2012 年度短絀 43,718 千元，累計 5 年達 2.48 億元，
雖動用公積金 6.8 千萬元填補，仍累計待填補短絀 1.79 億元。

表3　國立中央圖書館臺灣分館作業基金收支餘絀決算表（2008－2012年度）

單位：千元

項　　目	2008年度	2009年度	2010年度	2011年度	2012年度
業務收入	136,841	165,255	154,600	156,262	156,190
業務成本與費用	218,331	235,718	242,295	226,589	227,088
業務賸餘（短絀）	-81,490	-70,462	-92,694	-70,326	-70,897
業務外收入	33,574	26,011	26,277	24,682	27,309
業務外費用	0	350	0	181	130
業務外賸餘（短絀）	33,574	25,660	26,277	24,501	27,179
本期賸餘（短絀）	-47,915	-44,802	-66,417	-45,835	-43,718

說　　明：1.業務收入：係勞務收入（服務收入）、教學收入（建教合作收入、推廣教育收入）、其他業務收入（社教機構發展補助收入、其他補助收入、雜項業務收入）。

2.業務成本與費用：係勞務成本（服務成本）、教學成本（建教合作成本、推廣教育成本）、管理及總務費用（管理費用及及總務費用）。

3.業務外收入：係財務收入（利息收入）、其他業務外收入（資產收入及權利金收入、違規罰款收入、受贈收入等）。

4.業務外費用：係其他業務外費用（雜項費用）等。

資料來源：〈國立臺灣圖書館作業基金收支餘絀決算表〉，載於：國立臺灣圖書館網站，《預算、決算及會計月報》，上網日期：2021.10.01. http://www.ntl.edu.tw/np.asp?cyNode=17888&mp=1

表4　國立中央圖書館臺灣分館作業基金餘絀撥補決算表（2008－2012年度）

單位：千元

項　　目	2008年度	2009年度	2010年度	2011年度	2012年度
短絀之部	47,915	92,717	159,134	204,960	248,678
本期短絀	47,915	44,802	66,417	45,825	43,718
前期待填補的短絀	0	47,915	92,717	159,134	204,960
填補之部	0	0	0	0	68,889
撥用公積	0	0	0	0	68,889
待填補的短絀	47,915	92,717	159,134	204,960	179,789

資料來源：〈國立臺灣圖書館作業基金餘絀撥補決算表〉，載於：國立臺灣圖書館網站，《預算、決算及會計月報》，上網日期：2021.10.01.

http://www.ntl.edu.tw/np.asp?cyNode=17888&mp=1

　　再依「國立中央圖書館臺灣分館作業基金其他業務收入決算表（2008－2012年度）」，如表5所列，該館「業務收入」中，以社教機構發展補助收入、其他補助收入為大宗，均係來自政府經費補助款，占「業務收入」比率，2009年高達98.01%之多，其他各年也在95%以上。

表5　國立中央圖書館臺灣分館作業基金其他業務收入補助金收入部分
　　　佔業務收入總金額比一覽表（2008－2012年度）

單位：千元

項　　目	2008年度	2009年度	2010年度	2011年度	2012年度
業務收入總金額	136,841	165,255	154,600	156,262	156,190

項　　　　目	2008 年度	2009 年度	2010 年度	2011 年度	2012 年度
其他業務收入補助收入金額	134,029	161,967	149,259	149,872	151,717
社教機構發展補助收入	106,720	111,720	121,790	119,461	124,529
其他補助收入	27,309	50,247	27,469	30,411	27,188
佔業務收入總金額比（％）	97.95	98.01	96.55	95.91	97.14

說　　明：業務收入：係勞務收入（服務收入）、教學收入（建教合作收入、推廣教育收入）、其他業務收入（社教機構發展補助收入、其他補助收入、雜項業務收入）。

資料來源：〈國立臺灣圖書館收支餘絀決算表〉，載於：國立臺灣圖書館網站，《預算、決算及會計月報》，上網日期：2021.10.01.
http://www.ntl.edu.tw/np.asp?cyNode=17888&mp=1

四、館舍建築

原省北館館舍調整配置

　　臺灣分館館舍接收原省北館 4 層樓的建築重新配置使用。「根據安全、安靜、舒適、動線順暢等幾大原則，全面調整各閱覽室，改善環境設備，加強服務功能。（章以鼎）」各樓除辦公室外，1 樓，兒童閱覽室、期刊室；2 樓，普通閱覽室（供自修室之用）、第一閱覽室（又稱普通開架閱覽室；原女青年閱覽室）、參考室；3 樓，普通閱覽室（後改為臺灣資料室）、民俗器物室；4 樓，盲人資料中心、中正廳等。

其中，2 樓第一閱覽室與出納（流通）櫃臺毗鄰在一起，櫃臺隔牆後方為典藏閱覽組辦公室，右方則是進入書庫的主要走道。

1975、1976 年間改造書庫典藏環境。原書庫共 1 至 4 樓，為增加典藏空間，將 1 樓書庫用鐵板隔開為 2 層，規劃為第 1 層西文書庫，第 2 層中文書庫；2 樓為中文書庫；3 樓為臺灣資料、東南亞資料、期刊合訂本、線裝書庫；4 樓為日文舊籍及報紙合訂本。並打通書庫各樓層，增建鐵梯（內梯）以利上下貫通，便利出納人員找書及上下架。為防止圖書西曬及落塵，封閉西向鄰近新生南路光華陸橋（陸橋今已拆除）的全部窗牆，採磚牆外牆；為防止電線走火，預防蟲害及鼠患，拆除書庫內天花板。1979 年加裝抽風機，1983 年進行書庫排風管及輸配電線工程，以加速空氣流動，消除書庫污濁及悶熱的氣味。

整修舊有館舍

該館館舍自 1962 年建造以來，到了 1989 年，已使用了 28 年之久。時有藏書近 60 萬冊，又因擴大服務讀者，業務日益擴增，現有館舍不敷使用情況日益嚴重。加以建築老舊，牆壁龜裂，時有滲水現象，以致溼氣過重，對於典藏文物圖書影響甚鉅。各樓天花板木框已遭白蟻嚴重腐蝕，時修時壞，已不堪修補。雖已充份利用各樓走廊空間，但仍無法因應業務需要。館長孫德彪特於 1989 年 2 月 13 日教育部第 151 次主管會議時提出報告，奉部長裁示辦理整修工程。本工程委請前線設計公司規劃設計，其項目包括：1.整體外觀工程（外牆貼以防水性較佳的二丁掛壁磚，並配合整修相關工程）；2.天花板工程；3.地板工程；4.壁面處理工程；5.木作工程。自1990 年 9 月 1 日至 12 月 30 日止，由武光企業公司施工。除了袪除了以往的潮濕、狹隘與不便，換來的是寬敞、明亮與潔淨的嶄新氣象。並增加了可使用面積 540 平方公尺，分別是 1 樓展示空間 96 平方公尺、辦公室面積230 平方公尺、頂樓儲藏面積 150 平方公尺、頂樓迴廊休閒空間 64 平方公尺。增闢展示廳，可供各種書畫、藝術作品的展覽；及視聽室，設於 4 樓中正廳後方，除可供簡報用外，並定時播映各種社教影片（帶）。（羅經貴）

館長孫德彪提到：他在該館服務期間，完成該館前市有綠地認養，拓寬館前庭院，擴充讀者寧靜的綠色空間；整修館舍，調整樓層規畫充分利用空間；新闢 1 樓大廳展示場地，以推動社教藝文活動。（孫德彪）

遷建與改制規劃

自該館於 1973 年改隸中央以來，館藏圖書資料及業務不斷發展。由 1967 年時省北館藏書總數 313,992 冊，到 1984 年藏書已達 493,725 冊，另有兒童讀物 30,772 冊，及盲人資料點字圖書 4,972 冊、有聲圖書 8,994 捲，書庫藏書已達飽和狀態。該館在省屬時期，僅設有普通閱覽室〔供自修室之用〕兩間，參考資料室、兒童閱覽室、期刊室各乙間，改隸中央後，先後增闢第一閱覽室（開架閱覽室）、民俗器物室、盲人資料中心，擴大裝訂室，館舍早已不敷使用。

館長朱大松時，1985 年 11 月 22 日教育部部長李煥蒞臨臺灣分館巡視，對該館業務現況及館舍不敷應用情形，獲致充分瞭解後，當經指示：可洽請臺北市政府劃撥適用土地重建新館，必要時現館舍可交市府使用等語。時依照該館今後發展情況，需用土地約 4 千坪。經 1985 年 12 月 17 日攜帶請劃撥土地興建新館節略文件，與臺北市政府秘書長馬鎮方面洽，1986 年 3 月 6 日臺北市政府地政處、財政局、工務局、都市計畫處、土地重劃大隊、都市計畫委員會及財政部國有財產局等單位，就該館新館址問題，廣泛交換意見，僉認以臺北市新生南路信義路交叉處 7 號公園預定地國際學舍接網球場一隅〔網球場、小花園、籃球場，對面是小美冰淇淋（今愛菲爾大廈）〕，劃撥新館，最為適宜。臺灣分館爰以此地區土地為爭取目標，但並未成功。

案 1932 年原總督府規劃 7 號公園預定地，但遲遲並未開發。政府遷臺後將這裏安置了軍事機構、眷村、國際學舍、體育館、觀音像等設施，但在 1956 年公布的臺北市都市計畫又延續 7 號公園規劃，並要求盡速興建。1989 年民間訴求「保留臺北市的最後之肺—— 一座完整的

7 號公園」。終於在 1992 年 4 月 1 日住戶拆遷開始，正式動工興建公園。1994 年 3 月 29 日定名「大安森林公園」，正式開放。

1989 年 4 月館長孫德彪另行進行研擬臺灣分館遷建與改制整體發展規畫草案，報奉 1990 年 2 月 14 日教育部臺（79）社字第 6242 號函，核復「國立中央圖書館臺灣分館」未來改制名稱以「國立臺灣圖書館」為原則，並同意原規畫草案名稱改為「國立臺灣圖書館整體發展規劃草案」。臺灣分館爰據以修正規劃草案，復經 1990 年 3 月 10 日和 3 月 30 日審議委員會第 2 次、第 3 次（由臺師大教授王振鵠主持）審議會議，將審議完成的「國立臺灣圖書館整體發展規劃草案」報請教育部審核。本草案分前言、發展規劃依據、發展規劃目標、發展規劃步驟及執行現況、發展規劃內容、結語 6 部分。其中第 5 部分再細分為發展功能、經營特色、組織結構與人力需求、新館土地需求及規劃、經營效益、經費需求預估等 6 部分。經營特色定為「未來發展以臺灣資料、南洋資料、日文舊籍、亞洲研究資料暨盲人資料等發展為主體，並對一般讀者提供服務。」（林明地）經 1990 年 6 月 27 日教育部召開決策審核會議審核，由次長趙金祁主持，結果同意原則通過，將報請部長核定。

館長林文睿主政，1992 年 8 月 17 日教育部核定「國立中央圖書館臺灣分館遷建籌備委員會設置要點」，成立「遷建籌備委員會」，由次長李建興擔任召集人，置委員 9 至 15 人，其中圖書館學者專家包括王振鵠、沈寶環、胡述兆、曾濟羣、謝金菊等，完成遷建，將同時改制為「國立臺灣圖書館」。臺灣分館亦以任務編組方式，由館內各單位主管及業務承辦相關同人組成工作小組。委員會的任務在有關遷建業務的規劃、審議、諮詢，工作小組則辦理行政、研究規劃及工務等經常性業務。遷建籌備委員會確立先完成土地撥用，再進行遷館規劃的原則。（林文睿）

覓地撥用

遷館用地意欲無償取得是非常不容易的事。館方早在 1986 年間，即分

別就位於臺北市轄區內的信義計劃區、7 號公園預定地、中山學園、松山菸廠等覓地興建新館，展開洽商與評估。「最初臺北市規畫忠孝東路國父紀念館北側中山學園計畫中，曾列有國立歷史博物館與臺灣分館用地，但此規畫用地屬臺灣省公賣局所有，經省市及有關單位多次協商會議，均停擺在省產搬遷，新置產房、設備、用地、宿舍住戶安置等補償問題無法解決，評估其 3、5 年內難以出現解決希望，乃毅然決定另覓他地。承臺北縣縣長林豐正大力支持，在板橋、中和選擇遷館用地（孫德彪）。」1989 年 7 月開始與臺北縣政府研商於中和市興建新館的可行性。其間，1990 年 8 月 22 日因高雄市政府教育局來函願提供該市經國文化園區（原內惟埤美術公園）作為興建新館基地，教育部乃邀請圖書館界學者專家王振鵠、沈寶環、胡述兆、李德竹、黃世雄、盧荷生及社教司三科科長陳益興等前往實地勘察評估。及至 1992 年 4 月 23 日館方邀請教育部、中和市公所有關人員、學者專家前往中和 4 號公園預定地會勘該館未來用地，終於在 1992 年 11 月中和市同意將 4 號公園撥予臺灣分館管理使用，1993 年 10 月 16 日獲得行政院核定臺北縣中和市 4 號公園土地無償撥用（部分土地屬於國有財產局及縣府所有）。1993 年底完成撥用手續，經洽中和市地政事務所辦理土地管理機關變更登記並領得所有權狀。案中和市提供位於「潭墘的 4 號公園（1997 年12 月定名為「中和公園」，2005 年 8 月更名為「八二三紀念公園」）內中段，基地計 4 公頃，連同公園面積共 11.78 公頃，呈長方形，基地鄰接中和市中安街、安樂路、安平路、宜安路。1993 年 6 月 23 日委託天杉科技工程顧問公司負責規劃設計。同年 12 月 27 日假教育部 216 會議室向部長郭為藩舉行規劃簡報，然後郭部長率同各遷建委員及相關人員至中和遷建用地現場踏勘。1994 年元月臺灣分館整體規劃報告書陳送教育部核轉行政院。

惟行政院文建會計畫籌設的民族音樂中心，復考慮興建於同一公園基地內，為整體規劃，1994 年經教育部、文建會分別召開兩單位用地整體規劃協調會議。再經行政院於 1995 年 1 月 27 日邀集相關單位協商，決議：1.臺灣分館與民族音樂中心併排興建，並與公園景觀、社區需求作整體規

劃；2.臺灣分館在總經費 29 億元以下重新規劃；3.文建會同意將民族音樂中心的籌設委由教育部併同臺灣分館整體規劃；4.民族音樂中心採公設民營，完工後委託財團法人經營，若臺北縣政府不同意辦理撥用，該中心擬另覓地興建。

1996 年，教育部再度陳送臺灣分館整體規劃報告書至行政院，奉 1997 年 6 月 16 日行政院臺八十六教字第 24623 號函核准在案。1998 年 4 月行政院核定「籌設民族音樂中心計畫」，假中和市錦和社區運動公園內興建。1999 年 2 月 3 日行政院臺八十八教字第 05026 號函核定所提「國立中央圖書館臺灣分館遷建工程基本設計報告（含總建築經費）」。2000 年 1 月 31 日臺灣分館遷建工程取得建築執照，遷建新館於臺北縣中和市「中和公園」（中安街 85 號）。

至於民族音樂中心，2000 年 6 月 15 日文建會因配合組織精簡及資源整合的政策，向行政院提交修正計畫，修正該中心功能定位，暫停新建工程。2002 年併入國立傳統藝術中心，定名為「民族音樂研究所」。2003 年 10 月 29 日於臺北市杭州北路 26 號成立「國立傳統藝術中心民族音樂館」，正式對外營運。2008 年 3 月 6 日更名為「臺灣音樂中心」。2012 年 5 月 20 日文建會升格為文化部，再改名「臺灣音樂館」。2017 年 2 月 15 日進駐臺北市士林臺灣戲曲中心。

新館遷建規劃

根據林文睿所撰，〈國立臺灣圖書館規劃特色〉、〈公元二〇〇〇年國立臺灣圖書館規劃之新展望〉及〈建構跨世紀數位公共圖書館——以國立臺灣圖書館新館建築為例〉等文，新館遷建規劃主要內容：1.任務與功能；2.組織與規模；3.分區計畫；4.藏書量與讀者席位；5.空間需求與計畫；6.環境考慮；7.外觀設計；8.彈性運用；9.標準設備；10.無障礙空間；11.安全系統；12.明確指示〔指標系統〕。茲擇要如下：

1.任務：（1）配合國家整體社會教育發展需求，加強臺灣地區社會教育功能，推動終身教育，以實現提升國民文化素質為目標；（2）成立臺灣文

獻中心，以重視臺灣歷史文化傳承，更能增進與我國傳統歷史文化關係的研究與認同；（3）以南洋資料與日文舊籍為基礎，發展為亞洲研究資料中心，成為我國研究亞洲資料的重鎮，對國家貿易、僑務、國際事件均極具價值。

　　2.功能：（1）一般功能：為配合國家社會教育發展趨勢，推動終身教育理念，為社會大眾提供閱覽、參考服務並加強社教推廣服務，以提升國民文化品質；（2）研究功能：為加強臺灣文獻資料、南洋資料的蒐集、整理、典藏及研究，為學者與研究人員提供服務；（3）輔導功能：為促進臺灣地區公共圖書館業務，支援館際合作，與社會教育推廣服務；（4）特定功能：加強盲胞點字讀物製作，流通服務，並增加點字教材的供應，以落實政府照顧視障同胞的福利政策。

　　3.服務範圍：（1）學術研究服務：提供各項文獻資料，以便學者研究，提升學術水準；（2）讀者服務：全館除特藏資料外，大部分圖書可經出納手續借閱回家，並透過各項資訊工具，提供不同對象的服務，另設有研究室，供單獨研究所需；（3）推廣服務：設置臺灣展覽室、民眾藝廊及民眾社教場所及輔導臺灣地區公共圖書館發展，另提供視障生點字教材及有聲服務。

　　4.組織與規模：為配合未來發展與改制需要，擬設置採訪、編目、閱覽、參考、推廣、資訊、總務等7組及臺灣資料中心、亞洲資料中心、盲人資料中心等 3 中心，並設人事、會計、政風等 3 室。館員數擬最高達 191 人。

　　5.分區計畫：新館建築規劃為 5 個分區：（1）盲人資料服務區；（2）資料處理區；（3）閱覽及參考區；（4）行政管理區；（5）公共活動服務區（含公共服務區、演講廳、展示廳、地下停車場、餐廳等）。

　　6.藏書量與讀者席位：為因應上述任務與功能實際需要，經以 30 年為發展目標，初步決定以 150 萬冊為藏書目標。館藏發展採「不變成長〔零成長〕」（steady state）方式，即強調採購（acquisition）、清除（weeding）及維

護（preservation）三者同等重要，以保持圖書館青春、活力的保健。讀者席位 1,800 席。

工程開工

　　新館工程為凃秀瑋建築師設計監造，德寶營造股份有限公司承造。2000 年 3 月 17 日舉行新館建築動土儀式，教育部部長楊朝祥、立法委員趙永清、韓國瑜、羅明才、臺北縣縣長蘇貞昌、中和市市長呂芳煙、永和市市長林德福等多名雙和地方人士到場。

　　案新館建築，1.基地原貌：地勢平坦，有數株中型榕樹及少量植被。2.基地面積：4.000865 公頃。3.總樓地板面積：約 60,500 平方公尺（18,000 坪），其中地面部分，約 30,000 平方公尺。4.開挖面積：14,087.70 平方公尺，開挖深度約 16 公尺。5.建築結構：建物樓高 7 層（鋼構造），地下 3 層（鋼筋混凝土構造），地面以上高度約為 45 公尺。6.外牆：花崗石及玻璃帷幕牆。7.景觀工程：植栽、水景、步道。

館舍空間規劃與配置

　　新館各樓層服務空間可分為讀者閱覽區、文教活動區、行政管理區 3 區，並兼及主要出入口、景觀園區景觀園，簡述如次：（張博雅）

1.讀者閱覽區

　　1 樓：流通櫃臺、期刊室、親子資料室、視障資料中心、影印室、資訊檢索區、新書展示區、簡報室、哺乳室、醫療室、圓形服務臺。

　　2 樓：參考室、館史展示區、本館出版品展示區、電腦教室、親子資料室、影印室、資訊檢索區、微縮影閱讀區、服務臺。

　　3 樓：中文圖書（600－900 類）、自修室、市民教室、影印室、資訊檢索區、服務臺。

　　4 樓：中文圖書（000－500 類）、雙和藝廊、影印室、資訊檢索區、服務臺。

　　5 樓：期刊合訂本、善本圖書、外文圖書、大陸簡體字圖書、影印室、

資訊檢索區、服務臺。

　　6 樓：臺灣資料中心、視聽資料區、影印室、資訊檢索區、微縮影閱讀區、服務臺。

　　地下 1 樓：書店、餐廳、寶環國際會議廳（追念對臺灣圖書館學一代宗師沈寶環教授；525 席次）、親子資料室、視障資料中心、地下停車場。

　　地下 2 樓：寶環國際會議廳、湘雲庭（寄予沈夫人最崇高的敬意）、地下停車場。

　　地下 3 樓：停車場。

2.文教活動區

　　1 樓：簡報室。2 樓：館史展示區、電腦教室。3 樓：市民教室。4 樓：雙和藝廊。地下 1 樓、地下 2 樓、地下 3 樓：委外經營書店、餐廳、寶環國際會議廳、湘雲庭、地下停車場。

3.行政管理區

　　辦公區：為配合讀者閱覽區的設置，俾便提供即時服務，1 樓為採訪編目組及期刊室工作區，2 樓為參考服務組，3、5、6 樓為閱覽典藏組，4 樓為推廣輔導組，7 樓則為館長室、顧問室、秘書室、總務組、人事室、主計室、會議室等行政辦公區。

　　閉架書庫：地下 1 樓、地下 2 樓及 4 樓的密集書庫，放置過期報紙裝訂本及縮印本、舊編圖書及其他不適合開架閱覽的資料；5 樓為珍善本書庫，放置線裝書及其他珍貴舊籍資料。

　　除酸機械室：引進德國萊比錫保存學院研發的除酸技術，購置採 Battelle 法大量除酸設備系統，主要功能係改善圖書文物紙質酸化情形，加強其保存年限。

　　計畫展示室：位於 7 樓，展示內容為該館組織編制、整體發展目標、近中長程施政目標等。

　　瑜園：位於 7 樓的屋頂花園。以該館經營圖書館，在軟硬體支援及讀者服務的品質，或有美中不足之處，惟賴全體同人仍不斷自我期許，創新求

變，以最專業熱忱的工作態度為民服務，期以「瑕不掩瑜」的寓意，使社
會大眾肯定該館同人的努力。

樂學室：位於 7 樓的員工康樂室，為館員舒展身心、溝通交流的園地。
館員就工作或服務所需知與技能，務必積極進修，時時學習，處處學習，
鼓勵同人在職進修，「樂於學習」。

4.主要出入口

新館 4 個主要出入口，配合該館發展歷程及圖書館事業變遷軌跡，館方
特地依館址先後在博愛路、館前路、新生南路、中和市，分別命名為博愛
門、館前門、新生門、中和門。

5.景觀園區

「館外有活水、勵學、勵志、創意等戶外廣場，另有靜思長廊、樂山
區、樂水區等休閒空間。」（廖又生）公園景觀園區命名的意涵，大體而
言，可概說該館提供源源不斷的圖書資訊，期能勉勵向學、激勵志節及啓
發創意，亦建置靜思沈潛的空間俾供利用，希冀效法仁者樂山、智者樂水
的學養，成為蘊涵智慧、仁德厚重的人。

破冰之旅

新館「及至興工完成，地方新地標出現的同時，許多新問題也衍生出
來，可歸納為 4 大部分：回饋問題、交通問題、景觀問題、公園管理維護問
題」。（羅經貴）回饋問題：新館地下停車場應有優惠市民停車方案、八二
三紀念館及里民活動中心的設置使用；交通問題：中安街 80 巷、168 巷旁 8
米巷道、中和路 400 巷巷道打通及停車場管理辦法等；景觀問題：假山景
觀、親水池安全、垃圾處理場衛生、藝術路燈等；公園管理維護問題：管
理區域及權責劃分、公園維護及植栽養護、經費編列等。為了解決上開問
題，中和市公所還特別召開「國立中央圖書館臺灣分館遷建工程中和市協
商會報」，先後開了 7 次協商會議。同時臺北縣政府、教育部部長、社教司
司長、雙和地區立法委員與地方民代也多次介入，或視察、或協調，幾經
努力，大部分問題都獲得解決，但部分問題牽涉法令、權責、經費預算編

列，實無法立刻解決或獲得答案，也因此激怒了市公所及代表會，認為館方無誠意解決，於是市民代表會於 2004 年 8 月 6 日召開的第 7 屆第 11 次臨時大會通過決議，要求市公所執行圍籬及提起訴訟，市公所據以實行，於是該年 8 月 20 日以鐵柵欄將原撥用的 4 公頃範圍外的「越界建築」團團圍住，包括公園、車道、建築物，同時於 10 月 27 日向板橋地方法院提起侵佔之訴，意欲迫使館方讓步或遂其條件。「事非經過不知難，由於市公所的圍籬與訴訟措施，一方面固使館方難堪，同時影響將屆完工階段的工程進度；另一方面教育部訂下的 12 月 20 日落成啓用限期又迫在眉睫，雙方關係可說陷入緊張。」（羅經貴）

　　適館長林文睿於 2004 年 10 月 16 日退休，廖又生於 10 月 18 日接篆視事。廖館長經中和市公所建設課長李漪萍、市長室機要秘書李財坤安排，於 10 月 19 日即前往市公所拜會市長呂芳煙及公所同人，館方同時尚有推廣組主任羅經貴、編纂蔡美蒨作陪。就重要問題進行初步溝通，雙方相談甚歡，言明一切重新開始、從心做起，以追求市民最大福祉為雙贏策略，事情終於獲得轉機，市長並邀約館長蒞臨代表會演說。

　　2004 年 10 月 27 日廖館長率推廣組主任兼發言人羅經貴、參考組主任謝慶昧、蔡美蒨，首先到景平路中和市行政大樓市長辦公室拜會呂市長、副市長劉聰助，然後前往 5 樓出席市民代表會第 7 屆第 11 次臨時大會。在代表會秘書羅昭華引介，主席許進勝特別安排廖館長進行 30 分鐘演講。廖館長以「透過社會有機聯結的概念，從史實、事實及著實（reality）3 個層面，說明國立臺灣圖書館與中和市是榮辱與共、休戚相關的共生體，期待兩者不分彼此，追求互信互諒的雙贏新境界」，針對「現階段鄉親要求本館回饋事項」就目前館方執行情形一一作了說明，並談及圖書館在搬遷開幕啓用後，該館將發揮公共圖書館機能，可有效回饋地方尤多，舉其犖犖大者 7 大項。（廖又生）這次演講「締造了『美好的第一類接觸』，是為一次『破冰之旅』。獲得所方及代表會的諒解與肯定，也因而獲得善意的回應，同時為了積極促使館方早日搬遷、早日開放，所方同意於 12 月 2 日撤除圍

籬，同時進行撤回告訴，終於雲開見青天，一切在極為和平與和諧狀態下進行。當然，部分尚未獲得解決的問題，仍持續在溝通，再尋求突破。（羅經貴）」

館舍搬遷

2003 年 10 月 23 日起成立搬遷小組，召開小組會議計 20 次，討論搬遷事宜及統計搬遷品項與數量。2004 年 3 月 13 日至 21 日假中和公園舉辦「新館景觀區開放典禮暨遊園會」慶祝活動，內容包括書展、音樂會及親子園遊會等活動。2004 年 9 月 15 日臺灣分館取得新館使用執照，9 月 16 日臺電正式送電。

2004 年 10 月 1 日新生南路館舍舉行閉館典禮，暫停對外讀者服務，並在外牆製作大型直式廣告「本館自十月一日起閉館進行搬遷至北縣中和新館」，館外牌樓懸掛橫式紅布條「本館即將於年底搬遷至臺北縣中和市中安街八十五號新址。」10 月 18 日起開始搬遷至新館，並包括臺北縣新店市檳榔路 72 巷 28 號新店閱覽室及中和市中興街 200 號中和閱覽室在內的一切該館圖書及財產，「大致可分為圖書資料、公文檔案、辦公用品、視聽資料（包含微縮微捲資料）、地圖字畫捲軸裱框等資料、報紙合訂本、民俗器物、各類家具設備、電腦相關設備、事務機器設備等 10 個類型。每一類型都須逐一進行總清查，包括數量、位置和尺寸等資料，皆要作詳細的清查與登記。對於逾使用年限且已不堪用者則辦理報廢等相關作業（曾添福）。」

圖書資料部分，「圖書約 70 萬冊、線裝書 74,535 冊、期刊合訂本 67,308 冊、現行期刊 2,524 種、報紙合訂本 12,300 餘冊」「配合館方整體時程，有 3 大作業：1.全面進行全館圖書安全磁條施工事宜；2.進行特藏資料與一般中文圖書盤點作業；3.圖書搬運計畫與新館圖書典藏規劃整體作業（余慧賢）。」

該館的閱覽服務多年來皆為閉架流通，新館為開架的閱覽環境，首要工作在設置圖書安全系統並搭配電子偵測門的門禁管理系統，俾有效掌握

流通業務，館員能夠較輕鬆地執行圖書借還作業，節省管理人力而提供讀者更優質的服務。爰安裝電子通道門共 6 座，有 3 通道及 2 通道兩款。並在圖書資料黏貼安全磁條，計用掉磁條「圖書 853,500 條、CD 9,200 條、錄音（影）帶 800 條。」

　　因為遷新館前是採閉架經營，流通的圖書皆由館員整理上架歸架，所以排架整齊圖書狀況良好，但是典藏的書庫因為館舍無法擴建而藏書逐年增加，因此部分藏書移架多次或分散在幾個地點存放，整合不易。「這也是本館自日據時期創立以來，各項閱覽典藏業務的一次大整合。」「本館館藏共有 118 種館藏類型（Material Type），50 種館藏現況（Process Status），在典藏管理上衍生許多困擾，加上同一館藏類型因典藏空間分散，時間已遠，人事更迭，有些資料的典藏情形易被遺忘，在整體計畫上實屬困難。」閱覽組為配合遷館作業，進行館藏盤點工作，由於館藏數量與種類繁多，且已多年未清理盤點（上次紀錄為 1976 年〔7 月 22 日開始〕），估計有相當多的館藏與書目紀錄需要修正或增補，不易於短時間內完成，爰選擇館藏特藏資料如舊編仿杜威分類法書籍、線裝書、中日文臺灣資料等及借閱量最大的兒童圖書、中文圖書先進行盤點與整理。自 2002 年 10 月開始進行盤點，至 2004 年 10 月計盤點 324,458 冊，10 月 1 日起休館，10 月 11 日搬遷，來不及盤點的圖書及待查修正補正書目紀錄的圖書都要打包入遷新館。

　　書庫搬遷除將所有圖書資料分類、清查、登記，接着下架、裝箱、打包（依圖書分類號做區隔，每組分類號依打包次序注明流水號）、黏貼表單、清點。而新館是採開架閱覽，還得先將新館也事先完成圖書排架的規劃，各樓層、各區域、各個書架先做圖書置放配置圖。執行搬運，一般書籍皆以打包機搭配瓦楞紙保護兩側打包，兒童書、線裝書、古文書、卷軸、臺灣資料及其他特藏資料則以裝箱方式運送（不同顏色的打包帶區分圖書資料的樓層；不同顏色的打包貼紙則區分所有物品的基本位置）。搬運公司依照標示搬運、複點、定位、核對、更正，待館方將運送清單核對無

誤後再由搬運公司剪開打包帶或拆箱、上架，這幾近完工階段，最後再予以整理、善後。同人停止休假，晚上加班，全力以赴，於 2004 年 11 月 11 日完成搬遷及復原安置等事宜。（余慧賢）

啓用典禮

2004 年 12 月 20 日臺灣分館在新館舉辦開幕啓用典禮。是日晨 7 時，全體員工齊聚館舍前面勵志廣場的升旗臺，由館長廖又生主持，司儀林明和，歷時 21 分鐘，完成簡單隆重的升旗典禮。國旗、中和市旗及該館館旗徐徐升起。賡續進行「書香飄飄來中和 歡喜入厝慶落成 阮是恁ㄟ好厝邊」系列活動。落成啓用典禮由醒獅踩街隊伍繞場慶賀揭開序幕（醒獅破煞納喜氣），秀朗國小合唱團（樂音飄飄賀入厝）、中和國中管樂團（管樂迎賓奏歡曲）及秀朗國小合唱團（吟詩合唱報佳音）、鴻勝舞獅迎貴賓表演。由行政院院長游錫堃、教育部部長杜正勝、臺北縣代理縣長林錫耀、中和市市長呂芳煙、館長廖又生共同主持剪綵儀式，開館導覽，隨即「慶入厝呷湯圓」贈食活動及茶會，多位立法委員、地方人士及各界學者專家均出席盛會，賓客盈門。晚上 7 時舉行新館啓用音樂會，直至晚上 9 時止。廖館長稱：「誠可謂本館自總督府圖書館創建 90 年來最為熱鬧的一天。」

五、發展願景與目標

2004 年 12 月臺灣分館中和新館正式開幕啓用。館長廖又生將未來的新館定位為一座具有「人文與科技的融合」、「軟體與硬體的充實」、「本土與國際的並重」、「服務與研究的兼顧」的獨立型國立圖書館，謹以該 4 項指標為治館的基調。並以 4 項指標「保存文化」、「教育讀者」、「提供資訊」、「倡導休閒」作為達成營運目標的方法，以迎接該館躍進階段（The Progression Stage）的來臨。

2006 年 8 月該館編印《臺灣圖書館為民服務白皮書》，勾勒該館的願景

（Vision）與使命（Mission）。該館提出願景：1.人文與科技的融合；2.硬體與軟體的充實；3.本土與國際的並重；4.服務與研究的兼顧。使命：1.保存文化；2.教育讀者；3.提供資訊；4.倡導休閒。（羅經貴、楊時榮）

六、圖書的蒐集保存

館藏發展政策

　　臺灣分館改制之初，1976 年 12 月，採編組主任鄭恒雄撰〈國立中央圖書館臺灣分館的採訪工作〉，全篇分組織概況、採訪政策、採訪作業、採訪統計。〔可視為採訪工作手冊〕。

　　1997 年 3 月該館鑒於已規劃遷建新館，為配合未來業務擴張，並使館藏發展有所依循，爰經採編組編輯，該館館藏發展委員會審訂，出版了《國立中央圖書館臺灣分館館藏發展政策》（全 35 頁），俾供實施館藏發展業務參考。本《政策》的內容共分 7 部分，1.前言；2.本館簡介；3.目標與任務；4.館藏概況；5.館藏特色；6.館藏發展政策；7.館藏發展政策的制定與修正。其中，在〈館藏特色〉，臚列臺灣文獻、東南亞與其他亞洲資料、線裝書、1949 年以前出版的書刊、日文舊籍、兒童圖書、盲人資料、民俗器物等 8 種。〈館藏發展政策〉，又細分：1.館藏範圍；2.館藏範圍不納入者；3.館藏資料形式；4.館藏深淺程度；5.館藏資料採訪；6.圖書交換；7.圖書贈送；8.館藏複本原則；9.館藏淘汰；10.館際合作。

　　其後，館長蘇德祥主政，臺灣分館為配合遷館及實際發展需要，強化館藏功能，再訂定《國立中央圖書館臺灣分館館藏發展政策》。採編組組主任羅經貴及各組同人，為編修該採訪政策，前後召開 16 次會議，並邀請館外學者審議修訂，及該館圖書館事業發展委員會討論通過後定案，並於2007 年 5 月印行，作為該館各類館藏資源在有限經費下均衡成長的準則。

　　本《政策》的內容共分9部分，1.前言；2.本館簡介；3.館藏概述；4.館

藏發展原則；5.館藏資料選擇；6.館藏資料採訪；7.館藏管理與維護；8.館
藏推廣與行銷；9.館藏發展政策的制定與修正。在〈本館簡介〉揭示了該館
〈願景、目標與與策略〉，首先敘述：

> 在重視本土研究的風氣下，「臺灣研究」成為各學術領域中不可
> 或缺的研究課題。本館為進一步推動臺灣研究，將積極拓展臺灣
> 資料、親子資料及視障資料3個館藏特色，尤以臺灣研究作為首要
> 事業中心發展，除作為國內臺灣研究文獻資料重要的典藏單位
> 外，進一步希望能發揮學術推廣與支援教學功能，推動臺灣文獻
> 資料的研究與教學，成為兼具公共圖書館與研究圖書館雙重服務
> 功能角色的國立圖書館。

　　該館提出願景有4：1.人文與科技融合；2.硬體與軟體充實；3.本土與國
際接軌；4.服務與研究兼顧。擬定館務發展的 6 大目標：1.保存文化；2.充
實設備；3.服務讀者；4.研究發展；5.合作交流；6.行銷推廣，每個目標都
訂有 4－5 項策略，共計 37 項策略。〈館藏概述〉裏，揭示了該館館藏特色
為1.臺灣文獻資料；2.視障資料；3. 親子資料；4.東南亞與其他亞洲資料。
　　該館館藏發展政策的制定，以期達成下列目的：1.強化館藏的建置與發
展特色；2.有效合理分配購書經費，促進館藏均衡發展；3.確立館藏發展的
工作準則與外界溝通的工具；4.充分掌握讀者需求，提供完善資訊服務；5.
促進館際合作與資源共享。

> 本《館藏發展政策》的〈館藏推廣與行銷〉章，包括館藏查詢、書展
> 及講座、讀書會、「圖書資訊利用教育」課程、獎勵研究等 5 節，頗有
> 創意，特別是將館藏發展政策與服務讀者和研究發展的目標相結合，
> 用以滿足讀者資訊的需求，提升國民生活品質，並加強支援學術研
> 究，推動研究工作。

七、圖書的整理

（一）圖書分類編目

改制臺灣分館有關圖書整理的主要工作分列如下：

1.改進圖書分類編目作業流程。 1973 年，改制之初，原有中外文編目人員少，致新到圖書無法即時完成分編，迅速提供讀者閱覽。爰向輔仁大學圖書館學系夜間部選用 3、4 名四年級學生來館參與編目工作，一可加速新書編目，供讀者早日利用，二可增加學生實際編目經驗。原有省北館分編圖書採分工制，從登錄、分類、編目等流程到入庫，人各一事，其中只須有一人工作停滯不前，則整個進度會受到影響，因之改為除登錄外，其餘工作採行分編一貫制，加速新到圖書及改隸前待編圖書的分編作業。

2.製作各種卡片目錄。 中外文圖書卡片目錄，分新編及舊編兩部分。中文部分均製有分類目錄、書名目錄、著者目錄。新編西文圖書製有分類目錄、書名目錄、著者目錄及標題目錄。舊編日文圖書製有分類目錄。該館為方便讀者查詢，特製「中國圖書分類法類目索引」卡片目錄乙種，可供從類目得知分類號，俾查分類目錄。1984 年 3 月起圖書編目採用《中國編目規則》，其卡片大小與著錄項目與舊有格式大致相同，僅先後次序稍異。

3.分贈各館目錄卡片。 為輔導全省公共圖書館編目，自 1975 年 12 月起將該館每週新分編的中文圖書目錄卡片，分寄全省各館暨駐韓大使館附設中正圖書館，平均每月達 7,000 張，以作分編及採購參考。自 1979 年 5 月起，納入中央圖書館《中華民國出版圖書目錄》月刊內，不再寄贈目錄卡片。

4.成立目錄中心。 該館由於舊編圖書與新編圖書所使用的分類法不同，讀者查目錄片往往不能一索即得，加之目錄櫃分散四處，讀者使用引以為苦。自 1974 年 1 月成立目錄中心，將供讀者使用目錄櫃全部集中出納臺之傍，目錄櫃上方置「圖書目錄片使用方法簡介」，用以指引讀者。

　　5.集中排架特藏臺灣文獻。將前府圖書館暨南方資料館所移藏臺灣文獻資料，皆完成編目、建卡、排架（分設專區、集中典藏、繕製標示）作業，同時開放流通閱覽及辦理入庫查閱使用。（羅經貴）為利檢索，1980 年6 月又出版書本式《日文臺灣資料目錄》乙冊，依所冠館長劉昌博〈序〉載：「共著錄 6,665 件」，除此之外全書並無其他著錄數據資訊。1990 年該館羅經貴依據該《目錄》所著錄圖書予以分類統計，筆者試予表格化並加總，「共著錄 6,439 種 11,360 冊件」，如表 6。此項數字與劉〈序〉所載，略有些微差異。筆者查該《目錄》「附有關參考圖書」，或為羅氏所未錄，經筆者計數共收錄有 40 種 72 冊，若加入彙總，合計得 6,479 種 11,432 冊件，與劉〈序〉相較，仍差 186 件。

表 6　國立中央圖書館臺灣分館館藏舊籍臺灣資料分類統計表

單位：種／冊件

綱目別	種數	冊件數	綱目中藏書最多，次多，三多的細目
臺灣總類	188	264	臺灣（總類），書目
哲學宗教	76	79	迷信、卜筮，基督教，其他雜教
教育	836	1,483	小學校、公學校及高山族教育，社會教育師範、專科、職教及特殊教育
文學語學	249	264	詩文集，文學雜書，會話
歷史地誌	783	1,124	歷史，名勝、指南、圖集，傳記
政治經濟社會	1,347	2,686	法規、行政、司法制度，經濟、土地、彩票，財政、租稅、公賣
理學醫學	675	819	高山族（人類學的），醫事、衛生，地質及古生物
工程軍事	307	423	礦業軍事築港，運河，開鑿工程
藝術	44	65	音樂，書畫、印譜，運動

綱目別	種數	冊件數	綱目中藏書最多，次多，三多的細目
產業	1,610	2,790	農業林業、畜牧，產業（總類）
雜誌報紙	324	1,363	
合計	6,439	11,360	

說　　明：複本不計。

資料來源：根據羅經貴，〈國立中央圖書館臺灣分館臺灣文獻蒐藏報告〉，載
　　　　　於：臺灣分館編，《臺灣文獻資料合作發展研討會——各單位館藏
　　　　　報告彙編議報告》（臺北，該館，1990.11），頁 107－109。依據國立
　　　　　中央圖書館臺灣分館閱覽典藏組、劉金狗編，《國立中央圖書館臺
　　　　　灣分館日文臺灣資料目錄》（臺北：該館：1980.06）。

（二）編輯各種目錄

　　臺灣分館館藏包括：1.特藏資料，即日據時期前總督府圖書館和南方資
料館舊藏，可分為臺灣資料、南洋資料、一般舊藏等 3 大部分；及 2.臺灣光
復以後的各種出版物，陸續加以整理，編印目錄，作為檢索利用的參考工
具書。茲臚列主要者如下：

臺灣資料目錄索引

Taiwan Branch of the National Central Library. *Catalogue of Materials in Western
　　Language Relating to Taiwan in the Taiwan Branch Library, National Central
　　Library.*（國立中央圖書館臺灣分館西文臺灣資料目錄）（Taipei：The
　　Library，1976.03）。

本目錄由劉金狗編，輯錄 1973 年以前歷年典藏的西文臺灣資料彙編成目
共約 2,000 種（複本不計）。包括館藏圖書、期刊論文、小冊子、地圖
等。一般圖書有討論臺灣者，亦予裁篇別出。按分類排列，書末附著者

索引。

國立中央圖書館臺灣分館閱覽典藏組；劉金狗編，《國立中央圖書館臺灣分館日文臺灣資料目錄》（臺北：該館：1980.06）。

本目錄所收錄的臺灣資料，以該館特藏為主。參酌 1958 年 6 月編印的《臺灣資料文獻目錄》重行編製，除增編外，並將東南亞資料室〔原南方資料館〕中有關臺灣文獻者抽檢編入，兼及日本所發行的雜誌或研究報告中，可採作研究臺灣文獻參考者，亦一併列入，但複本概不列入。本目錄收編圖書、學報、雜誌、小冊子等，共著錄 6,665 件。收錄期限，大抵皆屬臺灣光復以前出版者。光復以後出版者亦有，如（日）山中正編，《木山人山中樵の追想（圖書館と共に三十六年）》（東京：山中浩發行，1979.09）。本目錄為分類索引，係依據原有臺灣資料分類表編排，各以分類號碼次序排列；由日本發行的書刊中及東南亞資料室所檢出者，分別附於同類資料之後。末附（篇）名索引。另於 2000 年 9 月發行重刊本。本目錄館長劉昌博特為〈序〉提到：

> 本書之編成，自排卡、增補，以至付印校勘，實賴本館前典藏閱覽組主任劉金狗先生一人全力為之。劉先生現已 78 高齡，仍能獨任艱鉅，令人欽佩，僅致由衷之謝忱。

國立中央圖書館臺灣分館參考服務組編，《國立中央圖書館臺灣分館館藏臺灣文獻期刊論文索引（清末至 1995 年）》8 冊（臺北：該館：1991－1999）。

本《索引》，自 1991 年起，就館藏臺灣文獻中文期刊 3,000 多種有關臺灣文獻的論文資料，陸續加以條析整編，分 31 大類排列，彙編成本索引。依收錄年代，計出版清末－1950（1995.06 出版）、1951－1960（1994.06）、1961－1970（1994）、1971－1980（1993）、1981－1985（1991.06）、1986－1990（1992.06）、1991－1993、1994－1995

（1999.06）。其後，不再發行紙本，改在該館網站「臺灣文獻期刊論文索引系統」，供眾利用。並透過教育部「臺灣學術網路」，提供讀者線上查詢。

國立中央圖書館臺灣分館閱覽典藏組編，《國立中央圖書館臺灣分館中文臺灣資料目錄》（臺北：該館，1993.10）。

收錄一般圖書、古文書、地圖、拓片等 8,062 種、約 25,000 冊。依照《中國圖書分類法》排列，以卡片式排印，並附有書名索引。

國立中央圖書館臺灣分館編，《館藏資料微捲目錄》（臺北：該館，1995.10）。

本目錄著錄的微捲資料以收藏臺灣資料為主，計 1,990 種。如《臺灣日日新報》、《臺灣新報》、《臺灣教育會雜誌》、《臺灣時報》、地圖及地圖集、臺灣各廳州市報、古文書、臺灣總督府府報、官報等。

國立中央圖書館臺灣分館編，《臺灣文獻書目解題》20 冊（臺北：該館，1987－1998）。

該館於 1987 年 4 月設「臺灣文獻書目解題編纂委員會」，邀聘館外臺灣史研究的學者專家曹永和、王世慶、吳文星、張炎憲、高志彬等 10 餘人參與。期彙集公私所藏者編為「總目」，擇其重要者分撰「解題」。自 1987 年 11 月起，本《解題》陸續出版，至 1998 年 1 月出齊，全套 20 冊。計有 1.方志類（主編：吳文星、高志彬）9 冊；2. 地圖類（施添福）3 冊；3.族譜類（黃文新）1 冊；4.傳記類（高志彬）4 冊；5.語言類（洪惟仁）1 冊；6.公報類（張炎憲、許雪姬）2 冊。2007 年 12 月建置資料庫，提供線上檢索，下載內容影像。

國立中央圖書館臺灣分館推廣服務組編，《臺灣文獻資料聯合目錄初稿》3 冊（臺北：該館，1991.06），紙本。第 1 冊著者索引，第 2、3 冊書名索引。

源起於 1991 年 1 月 31 日該館假日月潭教師會館舉行一連 3 天「臺灣文獻資料合作發展研討會」，與會人士認為要落實館際資源合作，亟應早日編

印臺灣文獻資料聯合目錄，爰邀集收錄 36 個單位所藏 1949 年以前出版的中、日、西文臺灣資料。原始收錄總筆數為 50,366 筆，合併後共有 33,445 筆。

惟因臺大圖書館將自行編印出版，未予計列。1988 年 11 月、1989 年 12 月、1992 年 5 月臺大農業經濟學系圖書館、人類學系圖書館、法學院曾分別編印舊藏日文臺灣資料目錄。1992 年臺大圖書館編，《臺灣大學舊藏日文臺灣資料目錄》（臺北：編者，1992.06）。1998 年 11 月人類系舊籍日文臺灣資料移總圖書館。2005 年張寶三主編，邱婉容、王春香編輯，《臺灣大學圖書館藏珍本東亞文獻目錄・日文臺灣資料篇》（東亞文明研究書目叢刊；1）（臺北：臺大出版中心，2005.09），著錄圖書 6,531 種，期刊 219 種，報紙 23 種。

2003 年 3 月 26 日臺灣分館召開「日文舊籍臺灣文獻聯合目錄建檔計畫工作會議」，2003 完成本聯合目錄系統，著錄共 33,445 筆，為一書目式索引資料庫，納入教育部附屬館所資料庫，透過「臺灣學術網路」（TANet），提供讀者線上查詢。2005 年 12 年又發行「國立臺灣圖書館日文舊籍臺灣文獻聯合目錄光碟」乙片。2008 年該館報奉教育部核定成立「臺灣學研究中心」，爰進行本系統的維護更新，擴充資料庫的內容，截止 2012 年計有各類型圖書館 42 個單位參加為合作館。

何培夫主編、林文睿監修，《臺灣地區現存碑碣圖誌》17 冊（臺北：國立中央圖書館臺灣分館，1992.06－1999.06）。

1990 館長孫德彪計畫蒐集臺灣碑碣史料，經由高志彬引介，8 月 29 日該館與成功大學歷史系（師生）合作，特委請該系教授何培夫擔任主持人，負責全臺碑碣的總調查、榻拓及整理。6 年後，何教授再向館方提出「採拓整理臺灣地區現存碑碣計畫」、「採拓整理金門馬祖地區現存碑碣計畫」獲得館長林文睿贊同與支持。本案自 1990 年 7 月至 1999 年 6 月，時間長達 9 年。採拓上起明鄭，下至 1981 年臺閩地區碑碣。舉凡明清與日據時期的碑碣皆採拓，臺灣光復以後的碑碣視與史事關係，重要者採

拓，餘予採錄。採拓了具有歷史意義的古今碑碣，臺灣地區裱褙 1,994
件，金馬地區96件（1碑拓本裱褙1件，1碑2石或多石拓本裱褙多件），
計 2,090 件；攝影存真的碑碣照片，用於出版為無法採拓的重要碑碣留下
影像者計臺灣地區，計 141 件；並且記錄未拓民國碑碣基本資料，僅紀錄
存目，亦未攝影存真，計 4,470 件。臺灣分館典藏所有拓本，用已保存臺
灣碑碣史料，同時編印本圖誌，用以流傳田野調查第一手資料。陸續出
版計：1-2.臺南縣篇；3.澎湖縣篇；4.嘉義縣市篇；5.臺南縣篇；6.高雄
市‧高雄縣篇；7.屏東縣‧臺東縣篇；8.雲林縣‧南投縣篇；9.彰化縣
篇；10.臺中縣‧花蓮縣篇；11.新竹縣市篇；12.苗栗縣篇；13.臺北市‧
桃園縣篇；14.臺北縣篇；15.宜蘭縣‧基隆市篇；16.補遺篇；17.金門馬
祖地區。

何培夫認為臺灣碑碣的特點：1.歲月久遠：2.文字互異；3.文書並茂；4.
建築映象；5.旌功頌德；6.殉難紀念；7.政經建設；8.開拓疆土；9.劃定界
址；10.社會檔案；11.宗教民俗；12.避邪逐厲；13.文教薪傳；14.慎終追
遠。

1995 年 2 月至 1999 年 8 月辦理「臺灣碑碣與生活特展」，分別在澎湖縣
（兩次）、南投縣、臺東縣、高雄市、高雄縣、臺南市、雲林縣、臺南
縣、嘉義市、彰化縣等縣市立文化心；彰化縣社區文化博物館；臺灣分
館中正廳（兩次）展出成果展。

2003 年 4 月國圖採用《圖誌》予以數位化，作為「臺灣記憶系統」網頁
的「碑碣拓片」單元，提供民眾線上檢索及瀏覽。

南洋資料目錄

國立中央圖書館臺灣分館採編組編，《東南亞資料目錄》（*Southeast Asia
Catalog*）（臺北：該館，1987.06）。

收錄自 1950 年至 1986 年 8 月該館所蒐集的中、日、西文東南亞圖書3,070
種。經前後主任鄭恒雄、梁津南策劃，同人陸修平、郭堯斌、周雅君負
責實際編務。

國立中央圖書館臺灣分館採編組編，《國立中央圖書館臺灣分館西文中國研
究資料目錄》（臺北：該館，1991.06）。

收錄館藏日據時期至 1990 年所蒐集西文中有關中國的圖書、地圖、縮影
片等，內容涵蓋各學科，包括英、法、德、西、荷、意等國文字，計有
2,208 種。主要參考《杜威十進分類法》排列，並附有書名及著者索引兩
種。

國立中央圖書館臺灣分館採編組編，《國立中央圖書館臺灣分館日文中國研
究資料目錄》（臺北：該館，1992.03）。

收錄館藏日據時期至 1991 年 6 月所蒐集日文中有關中國的圖書、地圖
等，內容涵蓋各學科，計有 3,818 種。

國立中央圖書館臺灣分館採編組編，《國立中央圖書館臺灣分館館藏外文期
刊目錄》（臺北：該館：1992.06）。

1990 年開始由前後組主任梁津南、王明生指導，助理編輯曾靖媛歷 2 年
完成。收錄該館自日據時期至 1991 年 12 月底陸續入藏者。除定期出版者
之外，其他連續性出版的學報、集刊、會報、議事錄、統計等均亦包括
在內，計有西文期刊 1,134 種、日文期刊 1,346 種，合計 2,480 種。末附
刊名索引，混合排列，安排順序依次為英文，依字母順序；日文平假名
或片假名，依 50 音順序；日文漢字依筆畫順序排列。

國立中央圖書館臺灣分館編，《館藏南洋資料目錄原南方資料館日文圖書》
（臺北：該館，1994.12）。

本書輯錄原「南方資料館」所藏日文資料，期間涵蓋明治、大正、昭和 3
個時期。書前有原「南方資料館資料分類基準表」，本《目錄》則有所調
整，大類及其下的類目也有不同。由該館閱覽組編輯潘淑慧，助理編輯
蔡燕青編輯，共著錄圖書 6,338 種、11,372 冊。

潘淑慧撰〈「南方資料館日文臺灣資料介紹」〉乙文，載：她自 1991 年 7
月來館服務，即投入日文「南方」資料的整編，截止 1994 年 3 月，共完
成建檔的日文圖書 6,336 種、11,361 冊。其中有關臺灣研究者共 433 種、

969 冊，並將目錄附載於該文之末，各書著錄作者、書名、出版年、出版地、出版者、面/冊數、分類號，以資流傳。案參考本書第 3 章「臺灣省立臺北圖書館」，載：1970 年 12 月該館經整理舊藏南洋資料，得藏書數為 41,013 冊，其中，日文圖書為 15,060 冊。

國立中央圖書館臺灣分館參考服務組編，《館藏琉球資料目錄》（臺北：該館，1989.12）。

收錄館藏有關琉球及中琉關係的中、日、西文（包括英、法、德、西、荷、意等多國語言）論著、期刊和報紙（收錄中文 96 種、日文 50 種、西文 1 種）論文、及圖書中部分述及的篇章。本書係應中琉學會理事長張希哲之請，由館長邀參考服務組主任邱煇塘與同人陸修平、郭堯斌、周雅君及閱覽典藏組高碧烈等，利用公餘時間，分別蒐集、整理，編輯成冊。書成贈送中琉協會 500 本，並開放各界索贈。

線裝書目錄

國立中央圖書館臺灣分館採編組編，《國立中央圖書館臺灣分館線裝書目錄》（臺北：該館，1991.06）。

本目錄收錄館藏善本書、普通本線裝書及近代發行的一般線裝書，包括接收日據時期舊藏、光復後該館續有採購及外界贈送者，經統整，改以「中國編目規則」編目，舊籍分類號仍舊，新購者依《中國圖書分類法》分類。凡古今刊本計有 6,405 部、7 萬餘冊。「其中明刊本 100 部；清刊本 800 部；稿本、清稿本與抄本 100 部；日本影印本或和刻本 200 部。另有方志 300 部（黃國正）。」編排方式參照《中國圖書分類法》按 10 大類排列，並附有書名及著者索引兩種。

該館新購者，如 1975 年底曾在坊間購得丁念先（1906－1969；擅長書畫，尤精於隸，逝世後所珍藏的文物碑帖流出）藏書乙批，多為書畫籍冊，包括明刊本 24 部及清刊本 52 部。

普通圖書目錄

國立中央圖書館臺灣分館編，《國立中央圖書館臺灣分館館藏中文圖書目
　錄：民國元年至三十八年》（臺北：該館：1982.06）。

該館前身臺灣省圖書館，為充實館藏，於臺省甫光復不久，即曾多次派
　員遠赴上海蒐購中國大陸出版的中文圖書，為館藏中文普通圖書奠定了
　基礎。為便利讀者查詢，爰編印本目錄。

本目錄所收圖書約 11,000 種，不含線裝書及期刊報紙，依賴永祥《中國
　圖書分類法》分類編排，再依該館索書號碼排比。著錄各書依序載編
　號、書名、編撰者、出版年（民國紀元）、出版地、出版者、面（冊）數
　及索書號碼。書末附書名索引。「本目錄自擬議編印以迄完成出版，費時
　一年又半，實賴本館典藏閱覽組主任宋建成主其事，私衷感佩。他如同
　人邱煇塘核對書籍的書目事項，顧寶銘抄繕卡片及校對，簡家幸協助校
　對，工讀生吳孟育、陳俐如排製卡片及核對書籍。」（館長劉昌博，
　〈序〉）

蔡盛琦提到這份目錄按理說可以反映 1945 到 1949 年間至上海所採購的中
　文圖書，但是以《圖書月刊》〈本館新到中文書目〉與之兩相對比，可以
　發現其中費孝通、沈鈞儒、錢鍾書、陳白塵、矛盾、巴金、沈從文的
　書，在該目錄中已找不到，這些書刊應是在查禁過程時已經下架，圖書
　消失。

國立中央圖書館臺灣分館編，《國立中央圖書館臺灣分館日文舊籍目錄》
　（臺北：該館，1984.05）。

1980 年該館特就光復之初向臺大日籍教授蒐購圖書近 4 萬冊〔若依「范
　吳交接」移交清冊」載：向臺大教授購入中西日文圖書 33,274 冊；日人
　伊藤、淺野贈書 1,682 冊，計 34,956 冊。另上開 1999 年 3 月合作典藏臺
　史所回溯編目建檔約有 2 萬冊〕，存放於新店書庫。1980 年將新店書庫改
　建為新店閱覽室，為整理該批舊藏，爰擬訂 3 年整理計畫，編列經費預
　算，分年執行。由典藏閱覽組主任宋建成主其事，其他參與本計畫工作

者有同人高碧烈、邱煇塘、前主任劉金狗，及肄讀大專圖書館學系科工讀同學陳素娥、劉小菁、楊雲華、王四妹、謝奕分等先後 16 人，從事協助整理、分編、上架，迄至 1983 年 12 月底重行裝訂分編上架者已達 26,054 冊，而於 1984 年 3 月底全部提前半年完成。茲為便利讀者利用，並編印本目錄。依賴永祥《中國圖書分類法》（增訂 6 版）分類編排，按王雲五《四角號碼法》定著者號。著錄各書依序載索書號碼、書名、編撰者、出版年（日本年代）、出版地、出版者、面（冊）數，並以索書號碼先後為序。書末附書名索引。全篇井然有序，一目了然。（館長劉昌博，〈序〉）

期刊目錄索引

國立中央圖書館臺灣分館採編組編，《國立中央圖書館臺灣分館館藏期刊報紙目錄（清末至 1949 年）》（臺北：該館：1975.02）。

國立中央圖書館臺灣分館採編組編，《國立中央圖書館臺灣分館藏中文期刊人文社會科學論文分類索引（清末至 1949 年）》（臺北：該館：1979.06）。採編組主任鄭恒雄於 1974 年 8 月在該館新店書庫看到一批中文舊期刊，都是 1949 年以前的出版品，多為 1970 年中央圖書館編「臺灣區公藏中文人文社會科學期刊聯合目錄」，所未收錄，於是雇用了淡江文理學院教育資料科學系的學生廖志賓、賴宗明、楊如意一同整理。這些期刊是光復初期與國內各圖書館交換或親赴內地採購所得。經初步整理後即運回新生南路本館存放，再繼續進行編目工作。1975 年初，先編印本《目錄》乙冊，共得期刊 889 種及報紙 76 種，共 965 種，按刊名筆劃排列。此批舊期刊具下列幾項特色：1.早期的政府公報；2.大陸時期的學報及學術期刊；3.教育學期刊；4.幾部特別的期刊；5. 許多期刊為臺灣地區惟一收藏，雖卷期不完整，但可與他館互補。（鄭恒雄）1979 年為便利檢索查詢，爰就上開《目錄》中選擇重要期刊 274 種，條其篇目（計 15,248 篇），編印本《索引》乙冊。

參考書指引

國立中央圖書館臺灣分館參考諮詢組編，《國立中央圖書館臺灣分館藏中外
　　文參考工具書選介》（臺北：該館：1979.06）。

該館參考諮詢組為便利讀者查詢資料，特將參考室所藏中外文參考工具
書作一選介。蒐錄截止 1979 年 6 月以前所藏中外文參考書目共計 2,109
種，按總類、人文學、社會科學、自然及應用科學、歷史及區域研究 5 大
類，分類排比，末附書名索引。因為 1945 年以前該館所收藏的圖書資
料，另已編有目錄可查，所以皆不包括在內。「本指引於 1978 年春著手進
行，組主任宋建成主其事，並與劉毓瑛分別負責撰寫中、外文參考書解
題。施劍鳴、王志超、邱煇塘、蔡重卿，或撰解題，或抄片，或校對，
亦多盡力不少（館長劉昌博，〈序〉）。」

國立中央圖書館臺灣分館參考服務組編，《中文參考圖書目錄》（臺北：該
　　館：1988.06）。

收錄 1949 年至 1987 年 2 月間的館藏中文參考書約 2,800 種，採原編目卡
片著錄。

視聽資料目錄

國立中央圖書館臺灣分館採編組編，《館藏視聽資料目錄（錄音帶篇）》（臺
　　北：該館：1997.06）。

收錄該館自 1990 年至 1996 年所購或接受贈送的錄影帶共 2,388 捲，採
「中國圖書分類法」，按索書號排列。

兒童圖書目錄

國立中央圖書館臺灣分館閱覽典藏組編，《全國兒童圖書目錄》（臺北：該
　　館，1977.06）。

本《目錄》係展覽目錄，收錄圖書以「1975 年全國優良兒童書刊為主」，
並將 1977 年 4 月 2 日至 10 日為慶祝兒童節舉辦的「優良兒童圖玩具展
覽」中的新出圖書，亦一併增補，收錄 4,638 種圖書。

國立中央圖書館臺灣分館閱覽典藏組編，《全國兒童圖書目錄續編》（臺北：國民黨中央文工會，1984.04）。

1984 年 5 月 3 日至 13 日為慶祝文藝節，國民黨中央文工會和臺灣分館合辦「全國兒童書展」，參加展出的廠商有 70 多家，並印行本目錄，收錄於 1976 年至 1984 年出版 4 千多種圖書。

國立中央圖書館臺灣分館採編組編，《全國兒童圖書目錄三編》（臺北：該館，1996.06）。

本《目錄》收錄於 1990 年至 1995 年出版 10,062 種圖書。均按卡片格式排印，採「國民學校圖書分類法」及「中文圖書編目簡則」分類編目，再按王雲五氏「四角號碼著者排列法」排列。分別著錄書名、編著者、出版項、頁數、高廣、價格等。同時在書碼前冠以各種符號，以識別書的性質，以利選購圖書的參考。（鄭恒雄）末附書名索引。

兒童讀物研究目錄

國立中央圖書館臺灣分館採編組編，《兒童讀物研究目錄》（臺北：該館，1987.11）。

分「兒童文學研究」及「兒童讀物研究」甲乙兩部分。收錄民國初以迄 1987 年 9 月止，凡散見於期刊報紙論文集及單行本等論著均予納入，計 3,196 篇，末附著者索引。為有關兒童文學的參考工具書。

盲人資料目錄

國立中央圖書館臺灣分館採編組編，《盲人讀物資料目錄》（臺北：該館，1987.11）。

收錄 1975 年〔7 月〕至 1987 年 8 月館藏，分點字資料及有聲圖書兩部分，凡 1,241 種。本目錄由主任梁津南策劃，張悅薌、李家駒負責編務。依《中國圖書分類法》分類，《中國編目規則》著錄，並注明所根據的紙本出版品翻點或轉錄。全書以目片格式排印，按索書號排列，末附題名索引。除文字版外，並有點字版式，以為視障者使用。

特殊資料目錄

Taiwan Branch of the National Central Library. *A Catalog of Kuang-Tung Land Records in the Taiwan Branch of the National Central Library.*（廣東省各縣土地調查冊目錄）（San Francisco：Chinese Materials Center，1975）.

　　1967 年美國哈佛大學哈佛燕京圖書館中文部主任吳文津來省北館參觀，發現有很多的廣東省土地調查冊（魚鱗冊），認為是很好的研究資料。1969 年 8 月哈佛燕京圖書館透過美國亞洲學術研究中心轉函省北館，委託該館整理上開資料及編製登錄卡片。1970 年報奉教育部核准照辦，爰於 1971 年 7 月完成登錄卡片，交由亞洲中心印製成本目錄。首冠 Roy Hofheinz, Jr. "The Kuang Tung Provincial Land Investigation Records an Preliminary Report"（廣東省各縣土地調查記錄的初步報告）乙文。臺灣分館收藏 1933－1938 年間該省各縣土地調查冊 3,330 冊。

國立中央圖書館臺灣分館推廣輔導組編，《國立中央圖書館臺灣分館珍藏民俗器物圖錄》10 冊（臺北：該館：1980－2001）。

　　本館收藏的民俗器物，係接收南方資料館館藏，為華南及東南亞各國的民間使用器物。究其內容，「遠自周代、秦漢、六朝、唐、宋、元、明、清，迄民國現代，總數都 3,400 多件，有佛像、銅器、鐵器、陶器、瓷器、玉器、漆器、竹雕、木器、牙雕、琺瑯品等，還有為數不少的勳章、紀念章、官印、璽印，均具有歷史考證價值。」（徐尚溫）改制中央後，在該館 3 樓成立民俗器物室，將該批器物經鑑定整理者，予以公開陳列，並將資料整理分類，分年分輯編印圖錄，以校實藏品，兼供研究者參考。

　　本《圖錄》，自 1980 年起，先後發行第 1 輯（1980.06）、第 2 輯（1984.06）、第 3 輯（1991）、第 4 輯（1993）、徽章篇（上）（1995.06）、（下）（1996.02）、古玉兵器篇（1997）、神像篇（1998.04）、石灣陶篇（1999.06）、臺灣古物篇（2001.10）。

（三）圖書館作業自動化

行政業務電腦化

　　教育部報奉行政院 1986 年 9 月 4 日臺七十五科字第 18658 號函核准，自 1988 會計年度起發展教育部附屬機構業務電腦化計畫。臺灣分館派採編組助理編輯蔡燕青為「該館電腦化業務協調負責人員」，負責全館業務電腦化工作執行。

　　軟體部分：行政業務電腦化系統由教育部電子計算機中心開發，移轉使用。包括：1.共同使用——來往單位通訊管理系統；2.總務組：財產管理系統、薪資管理系統、公文檔案管理系統、簽案追蹤管制系統、捷特打字排版系統等；3.人事室：差勤管理系統等；及 4.會計室：由行政院主計處開發的普通會計系統；提升該館行政效能（蔡燕青）。另配合行政院公共工程委員會開發的「政府機關招標資訊布告電腦化系統」（1999 年 5 月 27 日《政府採購法》正式施行後稱「政府採購資訊公告系統」）及隨後的政府採購領投標系統、電子型錄及詢報價系統、共同供應契約系統等，辦理網路政府採購事宜。

　　硬體部分：1.主機：移轉 386 個人電腦加 Novell 網路乙套（供會計系統使用）；2.個人電腦：加裝倚天中文系統的個人電腦 14 部；3.周邊設備：印表機 11 部，數據機 2 部。

圖書館業務自動化

　　1990 年該館開始測試圖書條碼，為圖書自動化作業預作準備。1991 年 4 月 16 日商議規劃自動化作業系統及其電腦購置事宜。5 月教育部電算中心協同臺灣分館自動化作業小組，進行整合性圖書館自動化系統軟硬體的選購評估工作。經過幾個月的觀摩與研討，在 3 樓設電腦室，於 1991 年底購入軟硬體設備。

　　硬體部分：1.主機：購置 IBM RISC System 6000/530 型，內裝 1.2GB 硬碟及 AIX 第 3 版作業系統；2.工作站：傳技中華 1 號工作站乙部；3.終端設

備：個人電腦加裝 CCCII 中文系統及模擬終端機共 10 部；4.周邊設備：印表機及條碼閱讀機各 6 部，數據機及光碟機各 2 部，HUB 4 部，不斷電系統、磁碟機及路由器各乙部。另盲人資料中心個人電腦加裝倚天中文系統 10 部，印表機 6 部。

軟體部分：1992 年 3 月購置 DYNIX 整合性圖書館自動化系統的編目、流通及公用目錄查詢子系統等 3 個模組、UniVerse 軟體；傳技中華一號編目系統及 OCLC CAT CD450 光碟編目系統。（蔡燕青）

臺灣分館經過一連串的教育訓練，參數設定及測試後，1992 年 5 月底編目子系統正式啟用。1993 年 6 月中完成申請電信局專線連接教育部電算中心「臺灣學術網路」（TANet）及實施全館乙太網路布線工程，有連接端點 62 個；隨後加入「全國圖書資訊網路系統」（NBInet），參與圖書館界合作編目，共享書目資源。1994 年 4 月 14 日圖書館自動化系統更新版本，用以排除千禧年問題（Y2K）用符作業需求，並安裝新購採訪作業子系統模組；同年 7 月 1 日在 2 樓設置線上目錄檢索區，有電腦終端機 3 部，供讀者檢索利用，完成圖書館自動化作業系統。1995 年全面停止紙本借書證，改用磁卡借書證，電腦流通作業取代人工作業。及至 2001 年 12 月底，該館線上編目，已有館藏圖書書目紀錄 34 萬 6 千餘筆，奠定了該館圖書館自動化作業的基礎。

更換圖書館自動化系統

2004 年遷新館時更換圖書館自動化系統為 ALEPH，該年 2 月 24 日為因應圖書自動化系統由 Dynix 轉換至 Aleph，成立「自動化系統轉換小組」。為使新系統運作順暢，2005 年 3 月 23 日成立「Aleph 圖書資訊系統營運管理小組」，4 月 27 日起至 9 月 29 日先後舉辦 5 次會議，如討論該小組工作方向及新舊系統平行作業；新舊系統資料代碼對應不到及線上公用目錄（Webopac）問題；流通櫃臺採平行作業及臺灣資料中心反應系統改善問題；流通政策與系統設定的流通參數調整、新書推薦功能畫面設計、書標列印問題；報告新書推薦功能改善情形、流通模組問題等事宜。5 月 18 日

至 7 月 28 日先後辦理 Aleph 圖書資訊系統教育訓練，如線上公用目錄、圖書盤點功能、管理模組及管理系統模組、流通政策設定及對各模組作業影響（2 次）、期刊模組功能、採訪模組功能等教育訓練。2016 年完成 Aleph 自動化系統書目與權威資料 CMARC 轉 MARC 21 計畫。

　　2007 年該館編審毛慶禎（輔仁大學圖書資訊學系所教授借調）和蘇倫伸參加 ExLibris 使用者國際組織（The International Group of ExLibris Users，IGeLU）在捷克布爾諾（Brno）舉行的第 2 屆年會。2018 年該館復派編審蘇倫伸和編輯陳恒毅於該年 8 月 20 日－23 日在捷克布拉格（Prague）舉行的第 13 屆年會。（蘇倫伸、陳恒毅）

網路布建

　　新館規劃資訊網路設備，館內網路採用高速傳輸的光纖網路，每秒可達 2GB 的傳送速率；館外通訊規劃 EI（2.048MB）線路 2 條及 ADSL 線路 1 條，對外頻寬約每秒 5MB，並可依據需求逐步擴充到 1GB 對外頻寬，以使館內資訊可以透過網際網路與世界接軌及分享。（蘇倫伸）

全球資訊網

　　1997 年 10 月 22 日啓用全球資訊網站（http：//www.ncltb.edu.tw）。網頁內容包括本館介紹、網路資源、活動看板、盲資天地、留學資訊、探索臺灣及終身學習等 7 大項。提供該館書目資料庫查詢系統（Webopac）、館刊（電子版）全文、全國視障網、生活臺語萬寶箱等資源。2005 年 1 月 10 日辦理該館網域名變更為 ntl.edu.tw。

（四）合作典藏

　　1999 年 3 月 17 日在中央研究院臺史所，由館長林文睿與中央研究院院長李遠哲雙方簽訂「合作典藏協議書」，將當時新店書庫所藏原總督府圖書館、南方資料館、臺灣光復後購藏帝大教授藏書等所藏舊籍資料合計約 18

萬冊，交予中研院合作典藏，寄存在中研院臺灣史研究所暫存使用（實際存放於史語所傅斯年圖書館管制書庫第 3 棟 3－5 樓）。臺灣分館期能達到改善典藏環境品質，紓解空間，及提高圖書使用率。「2000 年 9 月 8 日依中研院臺灣史研究所籌備處函，同意另外將放置新店閱覽室 1 樓書庫中的報紙裝訂本 1,066 冊，沿用前協議書，再次送往合作典藏（潘淑慧）。」可以說日文舊籍除了「070 類臺灣」約 19,924 冊外，大多寄存在中研院臺史所。中研院臺史所副研究員鍾淑敏，曾撰〈與臺灣分館一起成長〉，略以：

> 某次前往臺灣分館閱覽時，巧遇邱輝塘主任，邱主任談到曾經與暨南國際大學交涉合作典藏舊「南方資料館」圖書之事，但是大學圖書館對於戰前的這批舊資料興趣不大，於是事乃未成。邱主任的一番話讓我大為動心，於是將這個訊息帶回，我的同事周婉窈首先表示支持，在圖書委員會贊同下，籌備處主任劉翠溶院士以她異於常人的魄力與行動力落實此事。周婉窈則鉅細靡遺的規劃每個細節，務必使得搬遷、典藏、編目等各方面都毫無散失。中研院與臺灣分館的簽約儀式是 1999 年在臺史所的黃樓舊館。記得隔年的院區開放，在周婉窈策劃下，我們舉辦了一次與臺灣分館合作典藏的圖書資料展，規劃了巴達維亞城日記、華南銀行調查以及圖像資料等方面展示，由於 10 餘萬冊圖書的入藏，臺史所也因之增設了圖書館主任。爾後，這批圖書經過近 6 年的時間，終於完成電腦編目建檔。合作典藏的協定第 2 次更新簽訂，所借圖書雖大半歸還，而兩館之間則開啟了圖書互相調閱的新機制。而今，這批圖書在臺史所的管理下，部分珍貴資料已經進行數位化，而在臺史所 8 樓檔案館的閱覽室，也隨時可以看到讀者前來利用。雖然，我早已卸下管理的責任，然而，當年邱主任「要當一位善良的管理人」的話，卻仍然謹記在心，不敢絲毫怠慢。

　　這批舊籍資料由臺史所典藏、整編與開放閱覽。臺史所仍維持原有分類體系，並未改編，如總督府圖書館藏書（臺史所藏書代號 T1）依《臺灣總督府圖書館和漢圖書分類法》，南方資料館藏書（T2）依「南方資料館資料分類基準表」（南方資料館分類法），所編索書號分別典藏與排架。「戰後購藏帝大教授藏書」（T3）依賴永祥《中國圖書分類法》予以分類編目整理。

　　2004 年 12 月 20 日臺灣分館新館啓用，館長廖又生「經迭次與臺史所所長莊英章協商，並完成修正合約，明文約定分批送回」（廖又生）。2005 年 2 月 2 日莊所長與其他 8 位研究人員到館拜訪，洽商「合作典藏」續約事宜，2 月 11 日完成簽訂續約。確定了將取回上開日文舊籍，運回中和新館的原則。〔館長廖又生維護了館藏原有的特性與完整，功不可沒。〕

　　「2005 年 2 月合作典藏合約期滿，〔5 月 9 日〕臺史所歸還總督府圖書館日文藏書『0 總類』、『1 哲學類』、『3 文學類』共 23,290 冊；2006 年 6 月 20 日歸還 13,456 冊，包括總督府日文藏書『6 理學類』5,464 冊、『7 工學類』350 冊、總督府西文書『6 理學類』1,320 冊、『7 工學類』467 冊；南洋資料日文書『5 工業類』659 冊、『8 自然科學類』415 冊、南洋資料西文書『8 自然科學類』1,629 冊。〔兩批〕合計 36,746 冊。其他 14 萬 3 千多冊，因將『合作典藏協議書』有效期再延長 6 年，也就是到 2011 年 2 月 10 日以後，這批書才可能回館。」（潘淑慧）

　　復依中研院臺史所「臺灣研究古籍資料庫」網站稱：「1999 年由臺史所將『臺灣總督府圖書館』、『南方資料館』及戰後購自返日臺大教授藏書等日治時期舊籍文獻，運至中研院典藏、整編與開放閱覽。總督府圖書館藏書（其中屬 070 類的臺灣資料藏書，並未包含在合作典藏範圍）經回溯編目建檔約計 10 萬冊。藏書資料內容以 500 類（法制、經濟、社會、統計、殖民）為最大宗，其次是 300 類（文學）及 400 類（歷史類），八成以上是日文圖書。」「2004 年臺史所參與數位典藏國家型科技計畫，將前述珍貴歷史文獻陸續數位典藏及建置『臺灣研究古籍資料庫』並於 2005 年對外開

放。」影像則需申請帳號方可瀏覽。本資料庫具合集瀏覽（整合查詢）的
功能，可將總督府圖書館、南方資料館及購自臺大教授藏書、後藤文庫、
姉齒文庫及臺史所古籍合集瀏覽。」2011 年 4 月 15 日再改版上線，整合舊
系統，以書刊、期刊文獻、插圖資訊等使用介面等。

南方資料館藏書，經回溯編目建檔約計 3 萬冊。以「0 一般書〔總記〕」
最多，包含「050 類期刊雜誌」，「1 政治類」居次，第 3 是「7 歷史」。由於
館藏主要是蒐集南洋、華南圖書資料及南方調查研究，西文圖書超過 6 成。

「戰後購藏帝大教授藏書」，經臺史所回溯編目建檔約有 2 萬冊。「本批
館藏採用《中國圖書分類法》整編，內容以『5 社會科學』佔最大宗，日文
圖書為主約占九成五。」

臺史所本批合作典藏藏書代號 T1、T2，在臺灣分館均已以舊籍所編索
書號分別典藏與排架，T3 則也依索書號（賴永祥《中國圖書分類法》
分類，按王雲五《四角號碼法》定著者號）排架。臺史所本批合作典
藏舊籍的典藏和排架方式與臺灣分館相同。在上開本章〈（二）編輯各
種目錄〉節，臺灣分館 T2、T3 均已出版書本式目錄，供眾檢索。如
T2，《館藏南洋資料目錄原南方資料館日文圖書》（1994.12），省北館也
曾出版 Catalogue of Western Books on Southern Asia in the Provincial
Taipei Library.（《臺灣省立臺北圖書館南方資料研究室西文圖書目
錄》）（1961）及 Catalogue of the Western Books Kept in the
Research Department of Special Material Taiwan Provincial Taipei
Library.（《臺灣省立臺北圖書館特藏資研究室西文圖書目錄》）
（c1972.11）；T3，則有《國立中央圖書館臺灣分館日文舊籍目錄》
1984.05）。

2010 年 7 月 7 日臺史所於中研院臺史所檔案館（2009 年設置），在網站
〈新知動態〉發表：本合作典藏，「已全數回溯編目建入『中研院圖書館館
藏目錄』，由本館負責管理與調閱服務，歡迎各界利用。」（本書引用上網

日期：2021.06.03）

　　期間，2009 年 4 月 1 日館長黃雯玲率參考組主任蔡美蒨、推廣組編輯蘇倫伸至臺史所洽談合作典藏後續處理及相關合作事宜。

　　2009 年該館整理自中研院「合作典藏」移回臺灣分館圖書 3 萬冊，及與中研院臺史所「合作典藏」圖書的清查盤點整理工作 69,279 冊。（《2010 年圖書館年鑑・公共圖書館》）2010 年 10 月 27 日「戰後購藏帝大教授藏書」移回臺灣分館。同年 12 月 27 日再移回總督府圖書館及南方資料館藏西文舊籍。2012 年 2 月臺灣分館與中研院臺史所簽訂「第 2 次繼續合作典藏協議書」「合作典藏圖書館館際互借作業細則」，就雙方合作典藏書籍提供互借服務，以降低研究者於使用資料上兩地奔波的不便。

　　2016 年 3 月 24 日臺史所發表「臺史所與臺灣圖書館自 3 月 28 日起合作典藏舊籍停止調閱服務」，並稱：「本所為考量雙方典藏空間之妥適運用，預計將目前留存於本所約 5 萬冊日治時期舊籍提前歸還。歸還類別臺灣總督府圖書館藏書（T1）『2 教育類』、『4 歷史類』、『5 法制、經濟、社會、統計、殖民類』、『8 藝術類』、『9 產業、家政類』及南方資料館藏書（T2）『0 總記類』、『1 政治類』、『2 經濟類』、『3 殖民類』、『4 產業類』、『6 商業類』、『7 歷史類』、『9 雜類』。臺灣圖書館為移回整架及書目轉置，預計 7 月 1 日重新開放調整服務」。

自 1999 年至 2016 年臺灣分館與臺史所順利進行本項合作典藏計畫。不料，2012 年有圖書館學術刊物披載，論及臺灣現存日治時期圖書館舊藏概況乙文，指臺灣分館「早年因空間不足，除了設置臺灣資料室，典藏抽存自臺灣總督府圖書館舊藏中與臺灣相關的藏書外，大部分的舊藏仍散置各地封存，未能回溯編目與開放使用」云云。

察臺灣分館歷史悠久，該文所謂「早年」應係指該館於二次大戰館舍遭炸燬，始於 1945 年 11 月 1 日，該館前身臺灣省圖書館、省北館都借用臺灣省立博物館 1 樓營運，受限於空間狹小，寄人籬下，而截止於 1968 年 12 月 25 日省北館舉行新生南路新廈落成典禮之時。

該館自遷入新生南路新館，隨即集中特藏展開整理舊藏，除置有卡片目錄外，陸續編印各種書本式目錄不少，並無所述「舊藏仍散置各地封存，未能回溯編目與開放使用」情事。本書各章都有〈圖書的整理〉專節，本章還有〈特藏資料服務〉乙節，請逕閱參考。尤其該館改制為中央圖書館臺灣分館，處沒有電腦的年代，在人物力艱難之際，採人工方式編輯書本式目錄之勤，除舊籍外，亦兼及臺灣光復以後的出版品，並不遜於中央圖書館（今國家圖書館），便利讀者檢索，按目求書，利用館藏。

該館新生南路館舍建築是閉架閱覽的設計，即便如此，書庫裏日文舊籍在書架上依索書號碼整齊的排列着，1970 年代即開放研究人員及研究生出入書庫查詢資料，甚屬便利，隨時可以看到讀者出入書庫檢索圖書資料。

吳文星教授撰〈我一輩子的寶庫——國立臺灣圖書館〉乙文，回憶1976 年他唸臺師大歷史研究所，直接進入臺灣分館書庫找資料，每入寶庫不僅順利蒐得所需資料，且常有令人雀躍的發現和意外的收穫。正因如此，使得他的研究成果有了一些突破和新意。從此他走上臺灣研究的不歸路，也與臺灣分館結下不解之緣。

戴寶村教授〈臺灣分館引領臺灣史研究之路〉乙文，述 1970 年代他當研究生能直接進入書庫，才真的有壯遊書海的感覺。在書庫有一次曾赫然看到日本學者中村孝至認真的在翻閱資料，印象深刻。他在分館閱讀龐大數量的資料，不只完成碩士學位，也奠定往後研究臺灣海洋史的學術主軸。

鄭政誠教授〈史料的回應〉提到他撰寫「臨時臺灣舊慣調查會」博士論文課題，在臺灣資料室，當親眼目睹，閱覽該調查會的各種報告書與原件時，文獻資料呈現眼前的憾動，恐怕就是持續促發研究者繼續深究的動力。

臺灣分館早在 1999 年 3 月與中央研究院臺史所簽訂「合作典藏協議

書」以前，就一直是從事臺灣研究的學者專家的文獻寶庫。學者張炎憲，〈整理臺灣資料奉獻一生的劉金狗先生〉、〈臺灣分館與我〉曾分別談到，他去臺灣分館，除了閱讀之外，最令他喜愛的是藉機能見到劉金狗先生，從那兒挖點有關臺灣書籍的典故，聽他談起昔日圖書館的情景，以及當今臺灣資料整理維護問題。

沈寶環教授，〈無限的懷念，虔誠的祝福〉乙文，提到「臺灣分館有史以來，一直有一羣忠貞，優秀的同人『少說話，多做事』為圖書館服務，他們不僅勞『力』而且勞心，這是需要高度智慧和服務熱忱的。」

臺灣分館歷年來有無數的「善良的管理人」，謹守崗位，整理館藏，編輯目錄，並服務讀者。

八、閱覽及推廣服務（一）新生南路時期

（一）閱覽服務

制定閱覽規章

臺灣分館為服務讀者有所遵循的準則，陸續制定閱覽規則，如《國立中央圖書館臺灣分館閱覽證及借書證申請辦法》、《國立中央圖書館臺灣分館閱覽規則》、《國立中央圖書館臺灣分館借書辦法》、《國立中央圖書館臺灣分館第一閱覽室閱覽規則》、《國立中央圖書館臺灣分館參考室閱覽規則》、《國立中央圖書館臺灣分館期刊室閱覽規則》、《國立中央圖書館臺灣分館兒童閱覽室閱覽規則》、《國立中央圖書館臺灣分館兒童圖書出借辦法》、《國立中央圖書館臺灣分館研究小間申請借用辦法》、《本館讀者申請複印資料辦法》、《國立中央圖書館臺灣分館出入書庫管理辦法》、《國立中央圖書館臺灣分館機關團體借書辦法》、《國立中央圖書館臺灣分館圖書遺

失污損賠償辦法》、《國立中央圖書館臺灣分館盲人通訊借書辦法》、《國立中央圖書館臺灣分館民俗器物展覽室參觀規則》等多種。(國立中央圖書館臺灣分館典藏閱覽組)

　　1989 年 9 月修正上開 1.借書證申請辦法；2.借書辦法；3.兒童閱覽室閱覽規則；4.兒童圖書出借辦法；5.借書遺失污損賠償辦法等 5 種規章，報奉中央圖書館 79.4.14 臺（79）閱字第 295 號函同意備查。1990 年 1 月 1 日起讀者借書證的有效期限由 2 年延長為 3 年，並修正圖書借閱冊數，由原來中文為 2 冊，外文為 1 冊，提高為中文 3 冊，外文為 2 冊。

廢止「辦理借書保證金制度」

　　該館自前身臺灣省圖書館以來，就採行「辦理借書保證金制度」，於申請借書證時繳納，退還借書證時發還。自 1946 年出借圖書起，對久借不還者從未清理，以致散失於外的圖書，日有增加。該館除加強管理出借，逾期催還外，1974 年 5 月 16 日登報公告並再發函個別通知（共 3,202 件）：「凡自 1946 年 10 月 1 日起，至 1973 年 12 月 31 日止，曾向本館借書未還，亦未申請退還保證金者，限自本日起至 10 月 31 日止，來館還書並退還保證金。」1974 年 11 月 15 日該館以「1972 年度以前逾期未領保證金及未還外借書，經登報公告並個別通知催領期限屆滿」，爰專案報請教育部請准將未領保證金購書抵償。

　　1984 年 5 月 1 日起該館廢止「辦理借書保證金制度」，讀者申請借書證均免收保證金，可無償借閱圖書。並開始退還該館歷年所收保證金，除公告外，更在報紙刊登啓事。「該項保證金制度，從中文圖書 4 元，西文圖書 10 元起，逐步調高到中文 100 元，外文圖書 300 元，中外文圖書 400 元。取消保證金時，保證金累計約有 400 萬款項，專戶存在銀行保管。經逐年退還讀者，〔在 1990 年時〕還有約 100 萬元仍待退還（高碧烈、郭堯斌）」。最後，仍待退還而未領回的保證金繳交國庫。

　　1990 年 2 月 1 日教育部核准臺灣分館開架陳列的圖書暨讀者外借逾期未還的圖書損耗率，可以在千分之二範圍內依報銷規定自行核實報銷。

開放時間

　　該館每日開放時間為 9 時至 21 時，星期六至 17 時。每逢國定假日及每月月中（15 日）、月底（30 日或 31 日）為閉館日，整理內部，不對外開放；倘是日逢星期日，閉館日則提前一天實施（閱覽時間另在大門口公布）。

清點圖書

　　該館藏書根據登錄簿的統計，截至 1976 年 9 月總數達 394,115 冊（不含非書資料）。為使館藏有正確數字可尋，自 1976 年 7 月開始總清點，期 1977 年底完成。（上次清查紀錄為 1960 會計年度，館長王省吾任內，根據《臺灣省公務人員交代條例施行細則》的格式，編製首長圖書移交清冊）。

兒童閱覽室（1 樓）

　　1973 年 1 月 25 日立法院院會通過《兒童福利法》，該館改制即進行兒童閱覽室的擴充計畫，設在 1 樓，有 150 席，經重新佈置，內部佈置力求生動活潑，增加壁飾，於 1974 年 3 月 1 日正式開放，以全新面貌和小讀者見面。開架陳列兒童圖書經常保持 4,000 冊以上，為顧及遠道不便經常來館閱讀兒童起見，特又購 1 萬餘冊，辦理出借。置有分類及書名卡片，兒童可館內閱覽，或辦理借書證借出館外。由於損耗率極大，經常進行汰舊工作。每週三、六下午 3 時並舉辦講故事、唱遊、繪畫、介紹認識新事物等活動，並定期實施視聽資料播放。每年 10 月進行較大規模「認識圖書館」活動，除演示外，並引導小朋友參觀圖書館。1975 年再擴增空間，以增大典藏容量。1978 年兒童室圖書建立圖書登錄制度。

　　1990 年 6 月兒童閱覽室重新整修、裝潢並汰舊若干設備，7 月 11 日再度開放。提供新措施及服務，如新增書架，更換座椅，美化兒童閱讀環境；各類圖書標示更為明顯，並依低、中、高年級閱讀能力區分，希望有助於讀者找尋合適讀物閱讀；購置 28 吋高傳真雙語帶彩色電視機乙部，提供兒童觀賞錄影帶並推廣視聽教育；增加借書冊數，延長借閱期限，改變

現行借書程序。

1993 年 11 月 9 日至 1994 年 5 月 9 日試辦 16 歲以下讀者，持成人借書證至兒童室辦理兒童圖書外借閱覽。自該館公布《國立中央圖書館臺灣分館視聽資料借用及遺失污損賠償辦法》之後，兒童圖書所附「視聽資料」亦可隨書外借閱覽。

期刊閱覽室（1 樓）

期刊室亦設於 1 樓，與兒童閱覽室相對，有 52 席座位，開架陳列，供眾取閱當年新刊中外雜誌 864 種，包括中文 704 種，外文 160 種，及報紙 27 種（重要報紙每種各 5 份）。凡當年當月報刊均在該室取閱，至若已裝訂合訂本者，經編目後俱移 2 樓圖書出納臺流通。

普通閱覽室（2 樓）

320 席，讀者在此室可閱讀自行攜備的書籍，惟以學生為最多，供自修用。

第一閱覽室（2 樓）

1975 年 9 月 23 日於 2 樓增闢第一閱覽室（又稱普通開架閱覽室；原女青年閱覽室），有 46 席座位，與參考室毗鄰。開架陳列文史方面大部頭叢書、類書、冊數較多成套的一般書、方志，及新入藏的圖書等，讀者可逕行取閱。該室又與圖書出納臺和典藏閱覽組辦公室、書庫相連。書庫書架上整齊排列着圖書文獻。讀者調閱書庫圖書，可在該室館內閱覽。並置微捲閱讀機，備供閱讀該館自製館藏舊籍微縮資料，如《臺灣日日新報》等。

民俗器物室（3 樓）

臺灣分館館藏民俗器物，主要來源為接收原南方資料館收藏，大部分是華南、南洋民間習用器物。都凡 3,000 餘件，有石、銅、陶、瓷、玉、骨、竹、木諸品，遠起秦漢，近迄民國。該民俗器物先後輾轉在中和、新

店、木柵等地存藏，及至 1971 年始運回館中登錄整理。1973 年 5 月起延聘專家鑑定，1974 年 8 月 17 日選擇較完善者，於 3 樓成立民俗器物室，公開陳列，教育部部長蔣彥士親臨啓鑰，開放展出，並出版圖錄。

1996 年 9 月 13 日為提供國內公私立團體及民間私人收藏品合作展示展，訂定《國立中央圖書館臺灣分館民俗器物合作展示作業要點》（全 13 點）乙種，以活絡民俗器物展覽效果，並兼顧展品作業的實際需要及展品安全。合作展出包括展示者向該館提出申請，或該館邀請。展品範圍以中國傳統文化有關的各項民俗器物為原則。申請獲館方同意的展出者，依排定檔期按時展出。展品的佈置由展出者負責，館方協助，其佈置工作統於展出前一日完成，展品應於結束後 2 日內自行運回，並恢復現場原狀。展品展示期間，展示者應接收現場需要，派員維護作品及向觀眾解說。展品的包裝、運輸均由展示者負責辦理，其保險由館方辦理。該館邀請展示者，其佈展、卸展均依《國內出差旅費規則》薦任級標準酌予補助交通及食宿費用，惟以 3 人為限。展示器物於展示期間，不得從事商業行為。

2000 年為便於與館藏臺灣資料能相互參證，特別規畫陳列臺灣本土民俗器物常年展，展出內容包括食器、衣飾、枕、瓦飾、提籃、神像、玉兵器等。（孟文莉）

1999 年至 2003 年曾假 1 樓櫥窗辦理 12 場民俗器物特展，如原藝之美特展、鼻煙壺特展、泥人吳鬼怪藝術展、崔國雄石灣陶八十回顧展、李天祿傳統布袋戲文物展、金門風情——王明宗及謝華東陶藝展、臺灣古物餅模展、溫馨五月懷舊收藏展、軸頭展、鼻煙壺展、酒瓶展及在臺北市立師院「本土教育研討會」展出該館民俗器物 71 件。

2005 年 3 月 17 日召開「民俗器物移撥國立歷史博物館點交儀式會議」，3 月 22 日臺灣分館報奉教育部同意，移撥歷史博物館 3,829 件臺灣光復初期接收財團法人南方資料館館藏及其後陸續收藏民俗器物。適臺灣分館 90 週年館慶、國立歷史博物館 50 週年館慶，爰共同舉辦「博物館與圖書館的對話研討會」。12 月移撥。

視聽資料室（3樓）

該館原先收藏視聽資料，囿於無場地、器材，不能提供服務。直到1991年1月4日設團體欣賞視聽室始展開服務。孫德彪館長任內，在4樓中正廳的後方，設計隔出大約可容納30人的小空間，並購置Espirit三槍投影機暨銀幕、環繞音響等視聽器材作為視聽資料團體欣賞室。除了一般民眾外，也着重兒童室的視聽節目，安排在每週三下午及週六、日上映。其後，林文睿館長將原本3樓民俗器物室的一角，改設成可供個人欣賞的視聽座6座（後又增2座，成為8座），座上置有VHS及DVD放影機、耳機，並於1999年10月22日正式啓用。除了現場個人觀賞服務外，同時也增設了視聽資料外借區，開創了館藏影帶讀者外借服務。2005年1月4日視聽室由推廣組改隸閱覽組。

裝訂室（3樓）

1973年11月23日裝訂室由1樓遷往3樓。1976年延攬師傅陳宏寬（1926－1989），重建符合專業的裝訂室。陳氏原本工作於國防部印刷廠，1961年在臺北市民族路開設裝訂廠，1972年到中國文化學院裝訂室服務。他被典藏閱覽組主任章以鼎延請至館，將裝訂室設備更新，購買裁紙車、燙金機、鉛字架等，將舊的木製壓書機更換成鐵製的，使裝訂工作便捷。由於他的裝訂裱褙的技術超羣，精通西式的穿孔裝訂、縫綴裝訂、中式線裝書唐本式、宋本式、堅角四目式等裝訂方式，故宮曾請他去為其所藏的古書裱褙，臺灣省文獻會、中央圖書館也派人至館研習交流。在他指導下，有高愛蓮、粘月嬌、陳窈明等在裝訂室工作。將近10年時光，裝訂裱褙業務不再外包，每年期刊室、參考室待裝訂雜誌、政府公報，閱覽組待修補資料、影印資料等都交給裝訂室辦理。最終因人手不足（編制內裝訂工1人，雇用臨時工3人），且期刊膨脹太快，而不得不將雜誌、公報送館外裝訂廠裝訂，使線裝書的修補及裱褙成為裝訂室的主要業務。（孟文莉）

裝訂室線裝書的修補及裱褙，工法請參閱該館助理編輯楊時榮撰，〈巧手善醫 化朽返原——簡介本館圖書修補裝訂之技法〉乙文。從事修復工作

的人力，仍沿續陳宏寬所培養的技術人力，包括郭木楫、粘月嬌（裱褙）、高愛蓮（裱褙）、陳窓明（精裝書修補、裝訂報紙）、褚文瑤（裝訂）、彭雲錦（裝訂報紙）、顏慶華（裝訂）等。但為因應急速發展的館務，不時要抽調擁有修復技術的專業人員去支援其他工作，加上陸續離職、調差，館藏的修護漸停滯難行，直到 2005 年 4 月顏慶華退休，裝訂室則僅名存而已。

（二）特藏資料服務

舊籍維護

該館館藏特藏資料中有絕版的日文舊籍圖書資料約 16 萬餘冊；另明清刊本線裝書 6 萬餘冊。1985 年部長李煥蒞臨該館巡視，察其館藏圖書資料的珍貴及破損嚴重，曾特別指示，務需妥善維護及保藏，尤須從速加以修補裝訂。臺灣分館為妥善辦理本項圖書典藏維修工作，乃訂定「日文舊籍圖書修護裝訂十年計畫」暨「線裝圖書修補裝訂五年計畫」進行修補。

該兩項計畫自 1990 年度起實施，逐年編入預算。因為計畫中要求搭配的人事編列費用均被刪除，擬雇用的修補技術人員，也均未被核准雇用，致使缺乏人力而影響進度與效果。於是自 1991 年起，增加修補裝訂廠商，擬定長年合約，採委託外包廠商方式執行。並自 1993 年起，加大規模攝製劣化嚴重的特藏資料，以微捲方式保存利用。（蔡燕青）未及攝製微捲者，則另採以原資料複製影印本方式，便利流通使用。

研究人員及研究生出入書庫

該館以提供閉架閱覽服務為主，經典藏閱覽組主任宋建成、高碧烈的建議，館長劉昌博決定，為便利研究人員及學者專家利用館藏資料，進行研究，1982 年特制定《國立中央圖書館臺灣分館出入管理辦法》（全 8 點）乙種。各機關學校從事研究的人員，可先備正式公函申請，經該館同意後，可出入書庫檢索資料。各學校研究所攻讀博、碩士學位的研究生，亦可由學校以正式公函申請。凡經允許出入書庫者，每次出入時，應於該館

所設登記簿，自行填寫姓名、事由、出入時間等事項。出入書庫者，除紙筆外不得攜帶任何物件及烟火，並請維護書庫的整潔及圖書排架秩序。

臺灣資料室（3 樓）

1993 年 2 月為慶祝該館建館 78 週年暨改隸 20 週年，將臺灣文獻舊藏集中專室典藏，在該館 3 樓，原普通閱覽室改設為「臺灣資料室」，佔地約 43 坪。由閱覽組主任王會均規劃，將日文舊籍臺灣資料置於該室，另將有關臺灣中文新刊圖書放入口處的右側間。「共有藏書約 2 萬 5 千冊（立法院秘書處，〈教育首長率同國立中央圖書館（含臺灣分館）等單位首長列席報告業務概況〉，1993.12.15）。」該室未陳列的臺灣資料，存放於普通書庫及新店閱覽室，可在 2 樓出納臺洽辦借閱手續。

臺灣資料室於 1993 年 2 月 15 日起試辦，11 月 22 日正式開放。讀者得先繳驗身份證件，在簽名簿上註明入室時間後，才能入內瀏覽。「這間資料室面積不大，書架上圖書與雜誌排列擁擠，室內空氣飄盪著老舊古籍的氣味（黃美娥）。」「由於該資料室採登記開放制，經查對目錄，資料室內確有該書，在遞交館員所需之書單並登記後，即可入內閱覽館藏。使用上頗稱便利，是以不僅臺灣的研究者利用甚夥，日本學者亦常利用此一典藏（鄭政誠）。」遷中和新館移 6 樓改稱臺灣資料中心（潘淑慧）。

研究小間（3 樓）

有 18 間，自 1974 年 6 月 1 日正式開放，備供研究人員及學者專家利用館藏從事研究之用。擬訂《國立中央圖書館臺灣分館研究小間申請借用辦法》乙種，通知各學校機關團體，可儘量利用該館資料，從事研究著述。內設書桌書架及照明設備。研究小間借用人，每次可借閱特藏圖書資料 20 冊，攜至研究小間閱讀。迄 1985 年下半年大事調整辦公室，拆除研究小間。

館藏借用出版

1992 年 9 月 3 日該館館務會議通過《國立中央圖書館臺灣分館館藏借

用出版管理作業要點》（全 14 點），1998 年 11 月 25 日該館又予以修正。本要點係為促進館藏廣為流傳，並兼顧藏書的實際管理需要而訂定。「所稱館藏，包括特藏資料及普通資料。前者，係指該館典藏善本書、線裝書、抄本、絕版書、古文書、寫真帖、舊藏圖書資料、日治時期舊籍等原件及該館認定珍貴限制調閱的圖書資料；後者係指特藏以外資料。」所稱「借用出版」為依館藏複製出版不同型體著作物，包括紙本、微縮、光碟或其他各式媒材等。其中較主要者，如下列：

《臺灣日日新報》272 冊（臺北：五南圖書出版公司，1994－1995）。

《臺灣教育會雜誌》10 冊（沖繩縣那霸：ひるぎ社，1994－1995）。另發行《別卷》1 冊（1996），內容有〈臺灣教育史年表（1895－1942）〉、〈本雜誌總索引〉等。

《臺灣堡圖》2 冊（臺北：遠流出版事業公司，1996.09）。

《日治時代二萬五千分之一臺灣地形圖》（臺北：遠流出版事業公司，1998.11）。

《臺灣時報》光碟版（臺北：宗青圖書公司，〔1999〕）。

《風月報》5 冊（臺北：南天書局，2001）。

《日治時期臺灣公學校與國民學校國語讀本》60 冊（臺北：南天書局，2003.11）。包括：第 1 期（1901－1903=明 34－36）12 冊；第 2 期（1913－1914=大 2－3）12 冊；第 3 期（1923－1926=大 12－15）12 冊；第 4 期（1937－1942=昭 12－17）12 冊；第 5 期（1942－1944=昭 17－19）12 冊。另吳文星等編，《日治時期臺灣公學校與國民學校國語讀本：解說‧總目錄‧索引》1 冊。

臺灣學博碩士論文獎助

該館為鼓勵國內各大學校院研究生從事臺灣研究，1991 年 7 月 9 日報奉教育部（高等教育司）核備《臺灣學博碩士論文研究獎助申請要點》乙種，1992 年經審核，第 1 批有 4 名通過獎助。又於 1997 年 5 月 12 日報奉教育部（社會教育司）核備修正本辦法第 6 點。此後，該《要點》迭經修正。

自 2010 年起將博士論文獎助金額由原先 3 萬元提高至 5 萬元，碩士論文則由 2 萬元提高至 3 萬元；2012 年起增加佳作名額；2015 年起增得獎者的指導教授亦頒予獎狀。

依現行規定（2021.08.04 修正），凡近兩年內學位論文以臺灣學研究有關的人文、藝術及社會領域為主題，且通過口試者均可申請。博士論文以獎助優等及佳作各 1 至 3 名為原則，獎助優等每名新臺幣 5 萬元，佳作新臺幣 1 萬 2 千元。碩士論文以獎助優等及佳作各 1 至 6 名為原則，獎助優等每名新臺幣 3 萬元，佳作新臺幣 8 千元。並致贈得獎者及指導教授獎狀各乙紙。得獎者須依該館安排進行論文發表。

提供特藏資料研究補助

為提供學術研究者及讀者利用該館特藏資料，訂定《國立中央圖書館臺灣分館特藏資料研究補助費申請注意事項》（全 10 點），報奉教育部 1991 年 9 月 20 日備查，准予設置本「研究補助費」項目，以補助優秀研究人員出版其著作貢獻於社會。凡對利用該館特藏資料有研究興趣的大專教師或專家學者，均可提出申請。稿件經審議通過，即交由該館印刷出版，每冊稿件以 20 萬字為原則，但申請人應負責全部校對工作，稿酬依政府規定標準發給，校對費以政府規定標準另訂之，另每冊補助編輯費 3 萬元，於成書出版後一次給付。經該館補助並出版的書籍如下：

洪惟仁，《《彙音妙悟》與古代泉州音》（臺北：臺灣分館，1996.06）。

程大學，《西螺埔心程氏族譜》（臺北：臺灣分館，1998.05）。

曾喜城，《臺灣客家文化研究》（臺北：臺灣分館，1999.04）。

蔡志展，《清代臺灣三十三種地方志采訪志紀略人名索引》2 冊（臺北：臺灣分館，2000.12）。

徐勝一、徐元強，《新莊子東海堂徐氏族譜》（附光碟片）（臺北：臺灣分館，2001.09）。

（三）參考服務

參考諮詢組（2 樓）

　　該館依據《組織規程》於 1975 年 1 月 1 日成立參考諮詢組，設於 2 樓參考室內。這是國內圖書館界第一個設置專責參考服務的業務單位。其主要業務為館員以親身服務協助讀者找尋他們所需要的知識，不論讀者的目的為知識性的、教育性的或是娛樂性的。而這種協助，包括：1.協助讀者借助書目索引工具查尋資料的下落；2.解答讀者所提出的各項問題；3.指導讀者善於利用工具書；4.從事目錄、索引、摘要等編製工作，以增加資料利用的便利。此種參考服務，各圖書館均有，惟臺灣分館特別注重，特專設 1 組，有固定的場所設備人員，提供服務。讀者祇要有利用圖書及圖書館的難題，均可提出口頭、書信、電話的諮詢，而獲致該館直接的解答。

　　1976 年 5 月組主任宋建成到職，首先由他一人將多年堆積在辦公室內，與天花板等高的聯合國文件（館藏不全）予以整理使有序上架，挪出了空間，始能安排辦公桌椅櫥櫃，布置成窗明几淨溫馨的辦公處所。除辦理參考諮詢（包括兒童閱覽室小讀者在內）工作外，1978 年春，進行將參考室陳列的參考書進行「解題」（annotation），由宋建成主其事，並負責撰寫中文參考書解題，隨後來館的劉毓瑛負責外文參考書，1979 年編印《國立中央圖書館臺灣分館藏中外文參考工具書選介》乙冊，以利讀者使用參考書。其間增加臨時人員王志超，輪值參考室。王志超後來到財團法人中興工程顧問社圖書室獨當一面，開創業務。

　　1985 年 10 月因該館《組織條例》公布，參考諮詢組改名參考服務組。

參考室（2 樓）

　　參考室有 32 席座位。集中陳列中外出版的書目、索引、字典、辭典、類書、百科全書、年鑑、指南、名錄、人名錄等參考書（工具書）15,000 冊，並持續增加；及為配合讀者需要，尚陳列現刊各種政府公報、聯合國暨其所屬機構出版品、臺灣地區電話號碼簿，以及剪自 5 大報的新聞資料，

供眾查詢利用。

　　1993 年參考室開闢「電腦資訊系統檢索區」，提供網路及光碟服務，設置 3 部電腦及 1 部印表機，開放讀者使用。讀者可查詢利用：1.臺灣文獻期刊論文索引資料庫（該館，單機版）；2.全國教育資訊服務系統（教育部電算中心，內有臺灣分館的書目系統、臺灣文獻資料聯合目錄系統、臺灣文獻期刊論文索引資料庫等）；3.全國圖書資訊網路（NBInet）（中央圖書館）；4.ITIS（Industry & Technology Information Services）產業分析資訊系統（經濟部工研院）；5.GATT 資料庫（國貿局規劃，行政院農委會、資訊工業策進會）；6.中華民國期刊論文索引光碟系統（中央圖書館）；7.中華博碩士論文檢索光碟系統（CDRCD，CD-Document 公司出版，臺灣中文版軟體發行）；8.UMI 博士論文摘要光碟資料庫（UMI Dissertation Abstracts on Disc）；9.BIP 系光碟資料庫（Books in Print Plus Series）（Bowker Electronic Publishing 發行，內有 16 種資料庫）；10.立法院資訊系統（謝依秦）及 1995 年臺灣資料剪報光碟系統（該館自製）等。

　　2000 年 3 月該館參考服務組編，《國立中央圖書館臺灣分館參考服務工作手冊》乙種，披載於該館館刊（6：3），分 1.前言；2.參考服務目標與任務；3.參考服務對象；4.參考服務臺；5.參考服務項目及方式；6.參考室管理；7.其他參考服務工作；8. 參考服務工作手冊的修訂等 8 章。由「參考服務項目及方式」可知，該館參考服務組的主要工作：1. 參考諮詢服務；2.館際合作服務；3.轉介服務；4.微縮資料閱讀複印服務；5.電腦資訊系統查詢服務。

　　依據 2001 年 3 月參考服務組所編〈參考室指引〉，參考室有普通閱覽座位 16 個、資訊檢索閱覽座位 9 個、微縮資料閱覽座位 3 個，共計 28 個。設置電腦及印表機 10 部，供讀者查詢光碟資料庫及全球資訊網路。電腦使用每次限用半小時，如無其他讀者等候，得延長繼續使用。微縮資料每次限借微捲 5 捲，微縮片 50 片，微縮閱讀機使用每次限用 2 小時，如無其他讀者等候，亦得延長繼續使用。（國立中央圖書館臺灣分館參考組）

縮影室（3 樓）

　　臺灣分館為圖書資料的傳播與典藏，於 1984 年開始成立縮影室，初由蔡重卿負責攝製，備有微縮攝影機、沖片機、拷貝機各乙部等全套設備，及供水系統、品質檢驗設備、閱讀設備等。逐步攝製館藏善本、線裝書、特藏資料、期刊報紙等資料，製成微縮資料（microforms）。並應國內外各圖書館及學術機構需要，進行微縮微捲（microfilm）交換。為配合上開裝訂室館藏舊籍修補裝訂，同時將舊籍攝製微縮微捲，初期完成圖書及期刊 2,823 捲微縮微捲，其中 16mm 微捲 2,268 捲，35mm 微捲 555 捲，及報紙（包括日據時期、政府遷臺前後、香港地區報紙）35mm 微捲 2,897 捲。

　　1988 年 10 月開始籌備縮影閱覽室，1989 年 2 月 13 日正式對外開放閱覽。1990 年將蒐藏原南方資料館「玻璃底片」，全屬南洋方面資料，予以整理重新沖洗，提供學界利用。

　　1993 年起，中央圖書館、臺灣分館、政大圖書館達成協議，3 館分工，以各自拍攝一份《聯合報》、《中國時報》、《中央日報》（35mm）微縮微捲，再行彼此交換。其後政大的部分亦由中央圖書館續拍。

　　該館曾購置國內外微縮微捲資料，如美國猶他州家譜學會藏臺灣地區族譜微縮微捲；荷蘭國家檔案局所藏荷蘭東印度公司（VOC）17 至 18 世紀（1602－1796）有關臺灣及東南亞檔案微縮單片（microfiche）；美國國務院國家檔案局檔案微縮微捲（含 1945 年至 1954 年臺灣內政與外交的檔案資料）；美國國家機密檔案微縮資料，包括美國國務院核心檔案（Confidential U.S. State Department Central Files）、美國國務院特別檔案（Confidential U.S. State Department Special Files）、美國國會檔案（U.S. Congressional Documents），及臺大館藏淡新檔案微縮資料等。

報紙剪輯資料

　　參考組自 1988 年 1 月起，配合館藏特色，每日以臺灣文獻資料為主題，剪輯報紙 23 種資料，包括《中國時報》、《中央日報》、《大成報》、《工商時報》、《民眾日報》、《聯合報》、《自由時報》、《自立早報》、《民生報》、

《經濟日報》、《臺灣時報》等，收錄範圍以研究臺灣歷史、語言、文化、宗教、交通、社會、風俗習慣、藝術等鄉土資料為主，並按類編輯成冊，供讀者參考。為節省典藏空間及方便讀者快速檢索該剪報資料，經掃描建檔，於 1995 年 4 月推出《國立中央圖書館臺灣分館臺灣資料剪報光碟系統》，截止 1998 年下半年已有書目資料約 3 萬 5 千筆，每筆著錄分類號、著譯者、篇名、專欄名、日期、報刊名、版次，並上教育部臺灣學術網路，因《著作權法》因素，全文限於該館內部網路（intranet）使用。「該系統配置在參考室，軟體架構在 Novell Window 3.1 環境上。硬體有網路主機 Intel Pentium 60 CPU 乙部；工作站 486Dx2 66CPU 4 部及掃描器、光碟機、雷射印表機、光碟櫃各乙部。系統管理功能〔採寰訊科技顧問公司「寰影智慧影像管理系統」〕有開啓檔案櫃、掃描文件、調閱檔案、由磁碟導入文件、公用程式、結束（孟文莉、彭麗珠）」。其後，該書目資料始由飛資得資訊公司製作《臺灣資料剪報系統》，有 51,543 筆資料，提供全文檢索功能，方便讀者應用電腦檢索利用。

留學生資料服務中心（浦城街）

　　教育部原來設在愛國東路 100 號的「留學生資料服務中心」業務移臺灣分館，於 1997 年 8 月 4 日關閉，並將所有的圖書設備移撥該館，在該館位於臺師大後方浦城街 16 巷 4 號的宿舍成立。1997 年 10 月 22 日由教育部國際文教處專門委員吳祖勝和館長林文睿主持揭牌，由閱覽組黃國正負責中心業務。服務時間為星期一至五，上午 9 時至 12 時，下午 1 時 30 分至 5 時，星期六為上午 9 時至 12 時。至 2001 年初，此項業務再從浦城街遷回該館。

（四）推廣及輔導服務

盲人讀物資料中心（4 樓）

　　1.成立「盲人讀物資料中心」。該館自 1973 年 7 月改隸中央以來，即設

法設置盲人讀物資料中心，用以服務視覺功能障礙者（以下簡稱「視障者」；昔稱盲人，本文有時因文獻的利用仍沿用）。在籌劃之初，因為經費不足，館內缺乏設備，又沒有專業人員製作點字書籍，所以商請有關單位贈送或價購盲人讀物資料，得盲人點字圖書（Braille book）100 多種、462 冊，整理上架。

1975 年 7 月 1 日成立「盲人讀物資料中心」，為推廣服務組下的任務編組，9 月 24 日正式開始提供服務。

首先建立臺灣地區視障者資料卡，次將館藏盲人讀物編製點譯目錄寄送，俾便視障者透過電話或點字來函借閱，該館俟收到來訊，即將所需點字圖書裝入特製書包（防水帆布書袋）並在書包上以大字印刷註明「瞽者文件」字樣，以郵遞方式寄上。書包上面插着卡片，卡片正面填妥讀者（收件人）的姓名地址，且於右上角截去一角，反面則是寄回圖書館的地址。視障者閱畢還書只要將卡片翻轉過來，使截角在左上角，即可將「瞽者文件」書包寄回圖書館。該館經商得郵局提供國內「瞽者文件」（不超過 7 公斤，其尺寸限度與信函規定同）免付水陸路普通郵資優惠（依據《郵務營運規章》第 2 章第 5 節第 35 條規定辦理），開始辦理盲人讀物出借服務。

2.自製盲人讀物。由於當時點字圖書是由受過點字文字訓練的明眼人點譯，少有點字圖書新書出版，國內所有出版的點字圖書業均已蒐藏。為求充實點字圖書，遂自 1976 年起，由館方選定圖書，委託臺北市立啓明學校、省立臺中啓明學校、臺中私立惠明盲校、臺灣盲人重建院等公私立機構製作盲人點字圖書，以滿足視障讀者的需求。

復鑒於自開辦點字圖書出借服務後，借者日增，現有館藏量實不敷需要，且視障者若未曾受過點字教育，亦無法使用點字圖書，為增進服務，乃於 1976 年起，商得淡江大學啓明社〔原稱「盲生服務隊」的學生社團，有錄音組和報讀組兩個工作小組，自 1969 年成立迄今〕社員義務大量錄製有聲圖書（錄音帶），復興廣播電臺也免費為該中心同步拷貝，並洽請中國廣播公司拷貝其廣播小說錄音帶。於同年 9 月起開放有聲圖書借閱服務。

3.啓用盲用電腦。該中心為求達到「自製」盲人讀物的目標，逐年陸續增加人員（約僱人員張悅薔，及臨時雇用視障者及明眼人 6 人，專司報讀製版及點版操作），擴充場地和設備（籌設錄音室及點字機、熱印機等），開始將一般文字資料轉譯（錄），自行出版點字圖書，及直接製作有聲圖書。1988 年起首先使用盲用電腦，與觸讀機連接，進行點字書打字、存檔、列印等，均採電腦化作業，以增進工作效能和出版品品質。

該中心在點字圖書點譯方面，有兩種方式，一是由該中心受過專業訓練的技術人員將資料輸入電腦，再由視障工作人員進行校對；另一是與淡江盲生資源中心合作〔學校行政單位，1969 年成立迄今，原稱「盲生課業及生活輔導小組」，1980 年擴編為「盲人資源中心」，2014 年更名「視障資源中心」〕，以該校為窗口，將各出版社以電腦排版的書籍，刪除檔案中排版系統的控制碼重新編排，及補充缺檔資料，再直接經由該研發的點字轉譯軟體轉換為點字，再進行校對。出版也有兩種形式，一為模造紙點字圖書，將完成點譯資料用鋁板製版機在鋁版上打出點字後，先用滾印機滾印一張紙版來校對，待校對更正無誤後，大量滾印複製，再送裝訂廠以精裝書的形式裝訂成冊；或用盲用電腦列印出來的模造紙版直接精裝成冊。一為塑膠紙點字圖書，用點字機在模造紙上打出點字，經校對更正無誤後，再經由熱印機真空加熱複印在塑膠紙上，將印好的塑膠紙版以打孔裝訂機裝訂成冊（以 80 至 120 版為乙冊）；或用盲用電腦點譯輸入後，校對工作可直接在視窗上進行校對更正無誤後，列表機以模造紙列印出來，再用熱印機加熱複印在塑膠紙上。至於有聲圖書錄製方面，分為定期的出版品如《讀者文摘》，及不定期的一般書籍兩種，泰半由該中心或該館志工錄製而成。（周雅君）（張悅薔）

1994 年該館編印《國語點字自學手冊》乙冊（41 頁），係由該中心張悅薔「以其豐富的點字經驗，製作出國內第一本《手冊》，由淺入深，以協助明眼人順利達到自學點字的目標，藉以推廣盲人點字教育（何輝國）。」1997 年又發行紙本 3 版及詹翠如製作卡式帶 5 卷（各 60 分鐘；類比）。2000

年再發行紙本 4 版。

4. 建置 BBS 站，啟用「全國視障資訊網」。1998 年 6 月 23 日啟用「全國視障資訊網」（http://www.ncltb.tw/elib.htm）。系統架構主要為「BBS 資訊站」、「查詢系統及 WWW 伺服主機羣」兩大部分。前者置「電子圖書館目錄」〔點字圖書書本式目錄〕，便利視障者查詢利用。後者主要係提供視障者隨時透過網路查詢到書目之後，可以在線上觸讀電子圖書全文（或者下載後再離線閱讀）及聆聽語音圖書全文等服務。另透過該館小地鼠（Gopher）BBS 站（telnet 192.192.13.155）和各地視障者交換訊息，擴大生活圈，支援終身學習。為發揮其效用，於 2000 年度完成國家圖書館、國立臺中圖書館、臺北市立圖書館及全國各地文化局（中心）圖書館等 19 個單位盲用電腦設置，照顧未具備盲用電腦的視障者，能夠就近使用。

此外，還參與各項視障者有關活動，如盲人點字研究，協助及支援各縣市文化中心成立視障圖書室及其服務，如桃園縣立文化中心、臺中市立文化中心、臺南市立圖書館、高雄市立圖書館新興分館等。

該中心截止於 1999 年 6 月，共計有點字圖書 12,177 冊，點字電子書 1,415 種磁片，有聲圖書 55,885 捲，採用賴永祥的《中國圖書分類法》分類。視障者只要申請借閱，便將所需資料郵寄到家。

中心經多年的經營，逐漸成為以製作、出版及供應盲人讀物為主要業務，兼辦全國視障者圖書借閱、諮詢、多元終身學習課程等服務，並與各相關機構合作，在製作、出版、流通各方面整合運用有限的人力、物力，避免重複浪費，藉以提升盲人讀物的品質和服務水準的全國性視障資料中心。

新到圖書陳列櫃（1 樓櫥窗）

1971 年間，省府新聞處在省北館增闢「臺灣省政資料陳列櫥窗」，作為陳列省政建設各種書刊、照片暨成果資料之用。其後經該館改作為新到圖書陳列櫃，經常更換展出該館新進到館編目入藏圖書，及配合紀念節慶作各項有益社會教育的專題圖書展出。1992 年起為配合 1 樓大廳作為展覽的

場地，該櫥窗亦供展覽展出之用。

新店閱覽室

　　原係新店檳榔坑疏散書庫（檳榔路 72 巷 28 號），為一平房，藏有日文舊藏圖書 3 萬餘冊。1980 年館長劉昌博任內，因該書庫狹隘簡陋不合使用，為發揮其功能，乃予以拆除，並重建為 3 層樓鋼筋水泥建築物乙棟，面積 480 平方公尺，1981 年秋竣工，成立新店閱覽室，開放服務。規劃為：1 樓日文舊籍書庫；2 樓書報閱覽室，有 50 席座位，開架陳列通俗讀物、參考書、期刊、兒童圖書等；及 3 樓社區活動中心。1982 年並擬定「新店書庫三年整理計畫」陳報教育部，整理光復之初向臺大教授購入中西日文舊籍，完成編印目錄乙種（請見頁 48）。

　　1999 年底館長林文睿將該室規劃為社區圖書館的經營，2000 年 1 月 5 日重新開放，特邀新店市市長曾正和、國圖館長莊芳榮等貴賓共同剪綵。開放時間為上午 9 時至下午 5 時，國定假日及星期一暫停開放。2 樓作為開架閱覽室，有閱覽座位 40 席，陳列一般圖書和兒童圖書 4 萬冊，每月有千種圖書入藏；及期刊 60 種，報紙 6 份，並提供調閱該館總館圖書服務。另置電腦 1 部，提供讀者網路查詢使用；及影印機、傳真機，備供讀者使用。

　　2004 年 10 月 11 日臺灣分館展開搬遷新館工作，新店閱覽室於 11 月 2 日閉館。鑒於該閱覽室經建築技師鑑定室內樑柱有垂直裂縫，耐震率不足，無法開放使用，遂於 2005 年 2 月 15 停止使用。

　　2012 年 10 月新北市新店區中興里里長張正義向市議員陳宜君反映，以該室大門深鎖多年，影響安全，要求立即拆除，改建成簡易停車場，嘉惠民眾。市府財政局公用財產管理科科長王世英表示：新店閱覽室產權屬於國有財產局，已建議臺灣分館通報國有財產局，將閱覽室變更為「非公用財產」，才方便市府維護管理。並稱圖書館同意將於 1 個月內報國有財產局同意將地上物拆除。（聯合報社）

中和閱覽室

　　1994 年 10 月 13 日中和市公所舉行「國立中央圖書館臺灣分館設立中和市閱覽室事宜」會議，該館為回饋中和市民熱心支持臺灣分館，特商借中和市中興街 200 號游氏宗親廣平祠 4 樓，設置中和閱覽室。該閱覽室面積約 200 多坪，置有閱覽席位 210 席，備有雜誌 50 種，報紙 10 種，藏書共 19,423 冊。1995 年 4 月 8 日上午 10 時舉行啟用典禮，由國家圖書館館長曾濟羣啟鑰，正式對外開放。除國定假日及星期一休館外，星期二至星期日每日開放時間從上午 9 時至下午 5 時。由於廣平祠屬祭祀公會游光彩管理委員會所有，館藏無法依國有財產贈與辦法報請轉贈。迄 2004 年 12 月新館營運開始，5 萬多冊館藏復行納入新館，人員歸建而停止了中和閱覽室的服務。

公共圖書館業務發展研討會（Workshop）

　　臺灣分館依據教育部 1993 年 4 月 27 日號函核備的《臺灣地區公私立圖書館輔導辦法》，於 1992 年至 2005 年，分別規劃辦理（主辦）、或委由各縣市文化局、文化中心等承辦「臺灣地區公共圖書館業務發展討會」（會議議程 3 天）。每次研討會針對不同主題邀請專家學者作專題演講，圖書館界專題報告，議題討論（綜合討論）或經驗分享及綜合座談，並配合觀摩（參觀）活動。如 1992 年公共圖書館業務研討會（苗栗縣立文化中心承辦）；1993 年公共圖書館與老人服務研討會（花蓮縣立文化中心）；1994 年圖書館與博物館實務研討會（臺灣分館）、公共圖書館閱覽流通實務研討會（省立臺中圖書館）；1995 年公共圖書館自動化作業研討會（臺北市立圖書館）、圖書館員與讀者互動關係研討會（臺北縣立文化中心）；1996 年公共圖書館行政管理實務研討會（屏東縣立文化中心）、公共圖書館從業人員生涯規劃研討會（金門縣立社教館）；1997 年公共圖書館員在職教育研討會（高雄縣立文化中心）、公共圖書館法制研討會（臺灣分館中正廳）；1998 年公共圖書館安全維護研討會（臺灣分館／汐止嶺秀山莊）、公共圖書館終身學習研討會（臺灣分館／陽明山莊）；1999 年公共圖書館行銷與服務研討會（臺灣

分館／臺灣省菸酒公賣局員工訓練所）、公共圖書館推廣活動研討會（彰化縣文化局／臺灣民俗村）；2000 年公共圖書館法制研討會（臺南市立圖書館／嘉義縣歐都納山野渡假村）；2001 年公共圖書館服務禮儀暨館員素養研討會（新竹縣文化局／關西鎮馬武督鄉村俱樂部）、公共圖書館營運管理研討會（高雄市立圖書館／墾丁歐克山莊）；2002 年他山之石——公共圖書館知識管理：國際經驗研討會（臺南市立圖書館／烏山頭水庫劍橋大飯店）、公共圖書館兒童服務研討會（南投縣政府文化局／臺灣分館中正廳）；2003 年公共圖書館社區關係實務研討會（臺東縣政府文化局／富野度假村）；2004 公共年圖書館營運管理研討會（雲林縣政府文化局／劍湖山王子大飯店）；2005 年開創弱勢兒童全方位閱讀研討會（臺灣分館寶環國際會議廳）。迄 2012 年 12 月 21 日該《圖書館輔導辦法》廢止。

公共圖書館實務研習會（Seminar）

該館因肩負着輔導全國公共圖書館的任務，所以每年辦理或委託各個文化局或文化中心針對從業人員的需要辦理研習課程。以 1995 年至 2005 年共辦理 116 場研習會（孟文莉）。如金門地區圖書館從業人員實務研習會、澎湖縣圖書館實務研習會、連江縣圖書館實務研習會、新竹公共圖書館實務研習班、臺南市各級圖書館（室）管理人員實務研習會、鄉鎮市立圖書館人員觀摩研習會、圖書館利用及資訊素養教育研習會、公共圖書館全國共用資料庫研習、圖書文獻維護理論與實務研習、高雄縣公共圖書館工作人員讀者問題管理與服務研習、公共圖書館從業人員在職訓練、開創弱勢兒童全方位閱讀地方講座等。

圖書館專業團隊駐點輔導與服務

2004 年 7 月 21-22 日、8 月 3-4 日臺灣分館推出圖書館專業團隊駐點輔導與服務，駐點新竹市立圖書館香山分館；新竹縣峨眉、橫山、北埔鄉立圖書館。主要目的在結合業界與學界的力量，以駐點的方式，重點協助鄉鎮圖書館人員、志工及社區人士，提升鄉鎮圖書館服務品質。專業團隊駐

點到館輔導與服務，以情境式的學習代替課堂講習；以社區團隊的建立，代替技能式學習；以服務者與被服務者共同成長，代替單方面的講習。由林文睿館長領隊，同人採編組周淑惠、參考組黃國正、歐淑禎、資訊〔單位〕蘇倫伸、推廣組蔡美蒨組團隊，以會晤訪談方式就全盤圖書館業務進行工作經驗交流。（孟文莉）

國際學術研討會

臺灣分館辦理國際學術研討會多起，如 1995 年 10 月 16 日至 18 日舉辦「海南暨南海學術研討會」，假該館中正廳舉行，邀請美國、香港、星加坡、大陸及國內學者專家 30 餘人發表論文 31 篇（有關海南論文 15 篇，南海 16 篇），惟大陸學者專家 16 人（海南 8 人、北平 5 人、廣西 1 人、廈門 2 人）因故不克前來宣讀論文（王會均）。會後出版《海南暨南海學術研討會論文集》（1996 年 2 月出版）、《海南暨南海學術研討會實錄》（1996 年 6 月出版）；1997 年 4 月 25 日至 26 日舉辦「鄉土史教育學術研討會」，邀請美、日、韓、星、澳及國內學者專家 18 人發表論文 17 篇，會後出版《鄉土史教育學術研討會實錄》、《鄉土史教育學術研討會論文集》（1997 年 6 月出版）。

座談會

臺灣分館自 1995 年至 2005 年辦理座談會 18 場，較有代表性的如「南海資料交換合作座談會」（孟文莉）。緣起於 1994 年 5 月 31 日行政院秘書處審查「南海問題討論結論分辦表」，在「如何加強南海問題研究」上，決議舉辦南海資料合作處理座談會，由教育部主辦，內政部協辦。復再由教育部函囑該館辦理，以配合南進政策，落實「南海問題」研討會決議案，並促進國內外南海學術文化交流，廣納學者專家建言，俾供政府決策參考（楊時榮）。該館與政大歷史學系合辦本項會議。1995 年 6 月 12 日至 14 日在該館中正廳舉辦「南海資料交換合作座談會」，參加人員有海內外相關資料收藏單位代表、行政院南海小組暨有關機關代表、學者專家及社會人士

（含各大學中文、歷史、地理研究所研究生）。本次會議邀請兩岸圖書館、博物館暨文教單位報告館藏南海暨海南資料現況，並有專題討論，中心議題為「南海資料之蒐集、整理與利用」、「南海資料之交換、合作與共享」。會後出版《南海資料交換合作座談會各單位館藏研究報告》（1995 年 9 月出版）、《南海資料交換合作座談會實錄》（1996 年 5 月出版）。

暑期圖書館工作人員研習會

　　學會圖書館工作人員研習會係由該會教育委員會策劃。每年招收各級學校、機關團體以及公私立公共圖書館在職人員，施以圖書館學專業課程訓練，以培養圖書館工作人員的專業知能，促進圖書館事業的發展。各年委由具有行政、師資及研習地點等條件者承辦，如中央圖書館、臺灣分館及臺師大、臺大、淡江、輔大等國立圖書館及大學圖書館學系。研習會初由 1 組，進而分甲乙兩組，分別以大專院校機關團體公共圖書館，及中小學圖書館在職人員（大專以上畢業且未曾受圖書館專業訓練者，由服務單位保送）為對象，1981 年起改分為大專圖書館、公共圖書館、中小學圖書館及機關團體 4 組，各組暫定 50 名，若因報名人數不足時，視情形合併開班。參加學員研習期滿成績及格者，由學會、承辦機構發給結業證書。研習期間初為 8 週，後改為 6 週。研習課程以 1.圖書館學概論；2.資訊科學概論；3.圖書分類與編目；4.參考資料；5.圖書選擇與採訪；6.非書資料；7.專題演講；8.其他選修科目為主。研習課程均以實務為主，除教室講授外，期間，並配合有參觀實習、專題演講及舉行座談會。研習會講師為具有圖書館實務經驗者、或大學圖書館系所執教者、或具實務經驗及圖書館系所執教者。〔自圖書資訊系所紛紛成立，圖書館員教育日益發達，且資訊技術和管理科學盛行，課程重點兼及新觀念、新技術的啟發和應用，形成圖書館員吸收新知的回流教育，各種專題研究的研習會（班）興起。招收曾經接受學會暑期研習會，或在館專任某一工作具有相當經驗的人員參加研習。〕自 1989 年開始分為圖書館工作人員研習會（基礎研習會）與專題研習會（研習期間為 2 週，後多為 1 週）兩種。後者如視聽資料管理與製作專

題研習會、圖書館自動化專題研習會、資訊媒體與服務專題研習班、圖書館技術服務專題研習班等。1992 年圖書館工作人員研習會分為公共大專機關圖書館工作研習班、中小學圖書館工作研習班兩個承辦單位。其後〔中小學圖書館興起〕中小學圖書館工作研習班、圖書館工作研習班（以中小學圖書館為對象），各年多次辦理。〔自 1999 年起盛行辦理專題研習班，由各承辦單位自負盈虧，學會教育委員會的規劃及影響力日弱。〕

　　臺灣分館承辦了 1974 年至 1977 年、1981 年至 1990 年、1992 年圖書館工作人員研習會，如表 7。

表 7　國立中央圖書館臺灣分館辦理學會暑期圖書館工作人員研習會一覽表（1974－1992）

單位：人

年度	組　　　　別	學員數	起迄（月日）	備　　註
1974	甲組 乙組	42 44	07.15－08.21 07.29－08.21	6 週 4 週
1975	不分組	44	07.14－08.23	6 週
1976	甲組 乙組	68 107	07.11－08.21 07.26－08.21	6 週 4 週
1977	公共及專門組 中小學組	44 47	07.10－08.06	4 週
1981	機關及公共圖書館組	38	07.06－08.15	6 週
1982	公共及機關組	71	07.05－08.07	5 週
1983	公共機關及國中組	86	07.11－08.20	6 週
1984	公共機關組 國中組	49 46	07.16－08.25	6 週
1985	高中公共組 國中組	72 52	07.15－08.24	6 週

年度	組　　　別	學員數	起迄（月日）	備　　註
1986	高中公共組 國中組	44 47	07.07－08.16	6 週
1987	大專公共機關組	74	07.06－08.15	6 週
1988	大專公共機關組	72	07.04－08.13	6 週 加開「鄉鎮圖書館的經營管理」 44 小時
1989	大專公共機關組 學校組	65 118	07.03－08.12	6 週
1990	基礎研習班中小學組	91	07.02－08.11	6 週
1992	公共大專機關研習班	45	07.06－08.15	6 週

資料來源：嚴鼎忠，〈學會 40 年大事紀要〉，載於：學會《學會 40 年：1953－1993》（臺北：學會，1995.12），頁 179－263。

　　除了上開圖書館基礎研習會以外，臺灣分館自 2002 年至 2013 年舉辦學會暑期圖書館工作人員專題研習會，研習期間通常為 1 週（因 2001 年實施週休 2 日制，或稱 5 天）。2002 年開 2 個研習班，如圖書館高階管理研習班、智慧財產權實務研習班；2005 至 2006 年各開 1 個研習班，如圖書館高階管理研習班；2007 至 2008 年各開 2 個研習班，如圖書館館藏與自由資訊研習班、法制與圖書館經營研習班等；2009 至 2010 年各開 3 個研習班，如圖書資訊學中級研習班、圖書資訊學基礎研習班、圖書醫生培訓班等。2011 年、2012 年、2013 年又分別各開 2、3、1 個研習班（班名如上開各班，茲不贅述）。

舉辦各種專題講座

　　臺灣分館經常辦理各種專題講座，邀請各方面的專家學者到館專題演講，如為協助推行政令，配合國家經濟建設政策，提供工商企業界最新知

識及經營方法，以加速其研究發展與國際市場的拓展，自 1974 年 3 月起，舉辦「工商知識專題演講」，每年至少舉辦 9 場，年度終了印成專輯《工商知識專題演講集》（第 1 集書名《企業現代管理基本觀念》，該館推廣服務組編，教育部社教司印行，1977.01），分贈工商企業界參考。

他如與財團法人吳三連臺灣史料基金會合辦臺灣人物與歷史講座‧臺灣社會運動人物系列（1994.11－1994.12；講述主題人物為蔣渭水、莫那魯道、林獻堂、雷震、郭雨新，5 場）、臺灣研究先驅人物系列（1995.03－1995.05；講述臺灣語言學、宗教、早期歷史、臺灣學、考古學研究的先驅人物，5 場）、臺灣研究先驅人物系列（1997.11－1997.12；講述臺灣哲學、衛生、法制、經濟、醫學、社會研究的先驅人物，6 場）。

其他主要者如生活系列講座（與臺北市文藝學會合辦）、大眾科學系列講座（與臺灣科學館合辦）、彩繪人生系列講座、心靈講座（與中華大乘佛學會合辦）、藝術人生系列講座（與中華大乘佛學會合辦）、生命認知系列講座（與中華大乘佛學會合辦）、留學系列講座（與美國教育宣導中心基金會合辦）、健康管理系列講座（與映廷文化公司合辦）、臺灣文化系列講座（與康原文史工作室合辦）、終身學習系列講座等。

電臺廣播

該館與教育廣播電臺合辦「國立中央圖書館臺灣分館藏書介紹：知識寶庫」廣播節目。自 1993 年 7 月至 1994 年 6 月，分別就該館館藏特色的「兒童圖書」、「臺灣文獻資料」、「盲人讀物」等主題，分 52 次播音介紹，每次 30 分鐘（17:30－18:00）。播出後復由邱輝塘、張悅薌、尹貴蘭彙整，1995 年 5 月出版《知識寶庫廣播節目臺灣歷史系列演講專集》，收錄所邀中研院、中央大學等學術研究機構的學者講述臺灣歷史播音全文。1995 年 6 及 9 月又分別出版《「知識寶庫」廣播節目盲人資料系列演講專集》及《「知識寶庫」廣播節目兒童文學系列專集》，前者特邀不同的專家學者及作家講述盲人學習、盲人資源、盲人就業等；後者則介紹各類兒童文學的內容。

藝文展覽

　　該館「為發揮社教功能，推廣藝文活動，充實國民精神生活」，辦理各項藝文展覽活動，1992 年訂定《國立中央圖書館臺灣分館展覽作業要點》，復於 1995 年 7 月 13 日修正（其後迭經修正）。以「1995 年 1 月至 2005 年 12 月為例，共辦理 376 場（孟文莉）」。有自辦展、邀請展及申請展。館內展覽的場地主要是 1 樓大廳及櫥窗、閱覽室（2 樓青年閱覽室、4 樓中正廳），見表 8。他如 1994、1995 年舉辦「『活到老、學到老』全國漫畫比賽得獎暨名家作品巡迴展」（得獎作品 43 幅、名家作品 20 幅），在該館首展後，陸續於各縣市文化中心暨圖書館巡迴展出，計 19 場；及「『圖書館與我』全國漫畫比賽得獎暨名家作品巡迴展」（得獎作品 103 幅）7 場（楊時榮）、「大陸書展」（1995 年 10 大陸新書展，2003 年 11 月湖北圖書展彙集 ）2 場、與國父紀念館合辦書法展（施志剛、嚴榮貴）3 場等。

表 8　國立中央圖書館臺灣分館辦理展覽活動統計表（1995－2005）

單位：場

年度	1 樓大廳	1 樓櫥窗	閱覽室	雙和藝廊	館外展覽	合計
1995	35	2	1		19	57
1996	26	3	0		2	31
1997	26	3	0		6	35
1998	29	3	0		3	35
1999	34	4	0		1	39
2000	30	4	0		1	35
2001	25	2	0		1	28
2002	36	9	0		0	45
2003	34	2	1		1	38

年度	1樓大廳	1樓櫥窗	閱覽室	雙和藝廊	館外展覽	合計
2004	13	0	0		0	13
2005	0	0	0	20	0	20
合計	288	32	2	20	34	376

資料來源：孟文莉，〈國立中央圖書館臺灣分館推廣輔導十年之回顧與發展〉，
　　　　　載於：國立中央圖書館臺灣分館編，《根的回響──慶祝建館九十
　　　　　週年論文集》（臺北縣中和：編者，2005.08），頁303－304。

終身學習研習班

　　臺灣分館為推廣社會教育，落實終身學習，傳承民俗技藝，提倡精緻休閒文化，充實國民精神生活，自1990年上半年開辦「民俗技藝學習研習班」乙期，有國畫、剪紙、插花、花燈製作4個班。同年下半年依教育部指示改稱「成人社教研習班」，擴為8個班，並逐漸增加為10個班。其後，再改稱「終身學習研習班」。

　　1996年5月9日臺灣分館訂定《終身學習研習班實施要點》（全12點），研習班由該館聘請國內知名教師（支給鐘點費）或延攬具有專長熱心優秀義務服務人員（不支給鐘點費）任教，每期一聘，由館長致聘書。本研習班每年開設兩期，分別在每年1月及7月招生，2月及8月開課。每期授課4個月，計16週，每週上課2小時，經教師評定成績合格者，由館方發給結業證書。本研習班得分不同組別，並得分初級班、進階班招生授課，未分級招生的組別授課以基本知能為主。每組最高人數由各班老師決定，額滿為止。原則上報名人數未滿16人則不予開課，但每班報名人數在8人以上15人以下則視每期報名人數酌予開課。各組別經連續兩期招生未達開課人數者，即不予開設。為免影響上課，不接受旁聽。學員報名時應繳交學費（不含上課其他費用）。學費一經繳付，除未開班者外，概不得要求退費。上課講義教材由館方免費提供，所需用具、材料則由學員自備。為切

礎研習心得，並達觀摩的效果，該館每年擇期舉辦學員研習成果展，展品以當年學員優秀作品為優先。學員於研習期間全勤上課，且經評審成績優異由任課教師推薦者，該館得酌頒獎狀鼓勵。

開設的班別，有動手的 DIY：如中國結藝、紙籐、池坊插花、傳統與創新女紅等；宣揚中國傳統文粹：如書法、國畫、國畫花鳥山水、荷畫、古箏、篆刻、裱褙等；健康養生：如氣功養生、防癌藥膳與養生、傳統醫療與養生、瑜珈；激發創造力：禮品包裝設計、壓花藝術、素描粉彩、繪本創作、說唱藝術、攝影等；學習本土語言：如臺語、客語等研習班。因限於場地，每期開班數約 9 至 15 個班。

2002 年 7 月該館發行《成長的喜悅——終身學習班成果彙集》乙冊，係本研習班自 1990 年至 2002 年已招生 32 期，特舉辦 32 期學員成果展，共展出國畫、書法、花鳥山水、攝影、拼布、紙籐等班師生作品，並彙印成冊。

遷新館之後，接續辦理，本研習班使用的市民教室有 3 間，班別增至20 餘個班。2005 年 3 月 1 日第 36 期開始上課，及至 2012 年底已開辦 50 期，每期約 22 個班，學員約 500 多名。

2011 年 1 月在國家圖書館舉行教育部第 1 屆全國終身學習楷模表揚大會，該館終身學習研習班其中兩位學員萬億先、王三惠，榮獲終身學習楷模獎，由行政院院長吳敦義頒獎。

書友會

1996 年 3 月 7 日該館為突破個人學習領域、拓展閱讀空間、培養讀書習慣，達成「以書會友、以友輔仁」及「終身教育、書香社會」的理想，藉資發揮圖書館社教功能，訂定《國立中央圖書館臺灣分館書友會實施要點》（全 12 點）乙種，1996 年 6 月開始公開招募。書友會分兒童書友會及成人書友會兩種。前者又分為常年班及暑期班。

「書友會」採會員制。凡該館社教班學員或讀者（以借書證為憑），年滿 6 歲以上，喜愛閱讀並能持之以恒者均歡迎報名參加。每年（自 7 月 1 日

起至次年 6 月 30 日止）1 會期，依年齡或探討主題定班別，每班會員以 30
人為原則，超出人數則另成立新班。該會置會長 1 人，綜理會務，執行祕書
1 人，執行工作，均由會員推選產生，其他行政工作由館方支援，必要時敦
聘專家學者為顧問（如聘陽明大學醫管所教授廖又生），協助推介每月主題
書及其他事宜。活動以閱讀、報告、討論、心得寫作等方式進行。分別略
述如下：

　　1.共讀部分。每月選定一本好書，由會員自行購買（或團體購買）詳加
閱讀。除指導老師指定講習資料由館方提供外，其他有關自備主題書，由
會員及老師自行決定。每月定期舉辦「主題書發表會」，以討論、報告等方
式相互激盪，並適時邀請原作者或講評人面對面交換心得，作雙向溝通。
必要時可安排演講、影片欣賞、好書導讀、書評、觀摩等配合活動。

　　2.自讀部分。自行選讀好書，於會中推介引讀，並提出書面讀書報告，
分發全體會員參考。

　　3.心得寫作。擇優彙印成冊，或批載於該館館刊，以供各界參考。

　　會員的權利為：1.優先參加該館舉辦的各項讀書活動；2.推薦會員入會
及心得報告優良者，獲頒贈獎狀；3.贈送該館適當的出版品。會員的義務
有：1.參加定期讀書會聚會（缺席 3 次視為自動退會）；2.擔任該會推派職
務；3.遵守有關規定事項；4.共同決定讀書計畫。凡全期參加無請假缺席的
會員及表現優異的會員，經年終考評，得為榮譽會員，並酌贈獎狀、出版
品以資激勵。

　　鑑於要推動全民讀書風氣，形成普遍的讀書文化，培養國民從小愛閱
讀的習慣，讓童年在書香中成長，落實建立書香社會，於 1996 年 8 月 14 日
首先成立「書友會——兒童文學班」（指導老師林淑玟），分中年級、高年
級兩種，為配合暑假期間，陸續開辦「書友會——暑期兒童文學班」等性
質的讀書會；為鼓勵民眾養成閱讀習慣，倡導正常的休閒生活，1997 年 9 月
10 日正式成立「書友會——成人文學班」（指導老師張月珠，班長張慶
祐）。自此之後各班持續進行。

中和新館啟用，書友會活動使用市民教室。2005 年還有「故事媽媽基礎培訓班」、「故事媽媽進階培訓班」、「親子讀書會」等，2013 年 5 月 20 日，本《書友會實施要點》由國立臺灣圖書館予以廢止。

九、閱覽及推廣服務（二）中和新館時期

2004 年 12 月 20 日臺灣分館在中和新館舉辦開幕啟用典禮，開啟了該館中和時期。

（一）閱覽服務

修正閱覽規章

2008 年 10 月 16 日臺灣分館第 723 次館務會議，依據《圖書館法》第 8 條規定：「圖書館辦理圖書資訊之閱覽，參考諮詢、資訊檢索、文獻傳遞等項服務，得基於使用者權利義務均衡原則，訂定相關規定」，訂定通過《國立中央圖書館臺灣分館閱覽服務規定》（全 15 點）。復經 2009 年 8 月 3 日第 738 次館務會議修正。

臺灣分館自遷館中和後，始實施開架閱覽制。依該《閱覽服務規定》，「為便利閱覽人利用圖書資訊，設置下列閱覽區：1.親子資料中心；2.視障資料中心；3.資訊檢索區；4.期刊區；5.視聽區；6.中外文圖書區；7.參考書區；8.臺灣學研究中心；9.自修室」（第 3 點）。「各閱覽區陳列之圖書資訊，閱覽人可自行取用，閱畢應放回原位或歸還至指定位置，如需攜出該區應依規定洽辦登記或借閱手續」（第 4 點）。

《閱覽服務規定》並列舉該館所提供借閱證申請、圖書資料借閱、參考諮詢服務、網路資訊服務、微縮資料閱覽、視障資料的借閱、特藏資料借閱、重製館藏資料等各項服務。

　　臺灣分館為國立公共圖書館，依據《圖書館法》第4條規定，以社會大眾為主要服務對象。惟〔基於《兒童及少年福利與權益保障法》第51條的規定的考量〕，規定閱覽人如屬6歲以下兒童或日常生活需他人協助者，至該館閱覽應有直系血親親屬、或法定扶養義務人或其他實際負責照顧人員陪同。

流通櫃臺（1樓)

　　提供個人及家庭借閱證申辦，及借還書的服務。

期刊室（1樓）

　　提供中外文報章雜誌現刊開架閱覽，及過期報刊的調閱服務。

自修室（3-5樓）

　　採挑高式兼具自然採光的設計空間，專供讀者閱讀個人攜帶來館的個人書刊。其後，在自修室2樓梯廳的獨立空間設「輕食區」，於2011年8月9日啓用。訂有「輕食區使用須知」乙種。讀者可攜入附蓋子或封口的飲料、麵包、漢堡、三明治及零食類，至於酒精類飲料，氣味濃郁食物如臭豆腐、鹽酥雞、麵食類則不可帶入。並請保持環境整潔，自行做好垃圾分類，共同維護良好的環境衛生及安寧秩序。

書庫區（3-5樓）

　　採開架閱覽方式，3樓陳列史地類、語文類、美術類中文圖書，4樓為總類、哲學類、宗教類、應用科學類、社會科學類中文圖書，5樓陳列中文期刊合訂本、外文圖書、大陸簡體字圖書。另提供善本圖書及特藏資料的調閱服務。

臺灣資料中心（6樓）

　　蒐集及整理臺灣主題資料，包括日據時期總督府圖書館圖書及一般中外文圖書資訊。

視聽資料區（6 樓）

　　視聽資料區佔地 338 坪，可分為視聽資料櫃區及視聽閱覽區兩大部分。視聽區蒐集多媒體視聽資料，至 2005 年 9 月典藏錄影帶 3,463 捲，影音光碟 VCD、DVD 1,900 片，雷射唱片 233 片，MOD 上傳 1,528 片。讀者使用席位分錄影帶、影碟個人欣賞座 12 席可供 12 人使用，錄影帶、影碟雙人欣賞座 24 席可供 24 人使用，多媒體隨選視訊欣賞座單人 60 席雙人 20 席可供 100 人使用，雷射唱片欣賞座 32 席可供 32 人使用。

　　採開架方式，內閱欣賞，有兩種。一為錄影帶、影碟、雷射唱片，讀者憑借閱證至視聽資料櫃區選片，選妥影片後在櫃臺辦理電腦登錄，向櫃臺人員換取號碼牌，自行對號入座欣賞。一為隨選視訊（Multimedia On Demand；MOD），讀者憑借閱證在服務臺辦理登錄，憑證換取號碼牌，自行對號入座隨選觀賞電腦資料庫的視聽資料。此外，也可以外借欣賞，讀者憑本人借閱證或家庭借閱證親自辦理。

　　該館將傳統的錄影帶、VCD、DVD 等（限有公播版者），轉成 MPEG-2 檔，上傳至伺服器，提供讀者隨選視訊觀賞。讀者只要在該館公用目錄查詢所需，便可直接點選，按下播放機圖按鈕，輸入帳號（證號）及密碼，便能逕行觀賞。該館同時可容納 178 位利用者在館內使用 MOD 及其他視聽資料。

藏書盤點

　　2005 年 10 月 21 日為辦理長期盤點工作，研訂《本館圖書資訊盤點計畫》乙種，並於 10 月 27 日奉核辦理 2005 年度書庫圖書盤點工作，11 月 21 日開始執行。

（二）參考服務

參考室（2樓）

除集中典藏管理參考圖書、政府公報及該館出版品等資料外，也隨時接受國內外各機構及個人的參考諮詢，指引讀者尋求與利用館藏資料，提供館際合作服務。

參考室大略分為下列區塊：參考圖書區、公報區、小冊子區、留學資料區、輿圖區、維縮資料閱讀區、資訊檢索區、政府網站檢索區、筆記型電腦使用區等。（王愛珠）

地區性館際合作

2004年11月16日該館館務會議通過「國立臺灣圖書館地區性館際合作網及資源共享圈建立計畫」，2005年2月25日成立該計畫執行小組，由參考組組主任擔任召集人，各組派相關人員擔任小組成員，並於同年3月2日召開第1次小組會議。2005年3月16日召開第1次合作館協商會議，決議如下：

1.計畫名稱確定為「國立臺灣圖書館地區性館際合作網及資源共享圈實施計畫」。

2.「館際合作網」和「資源共享圈」的合作協議書，採行一對一的方式由館方與各校（館）簽訂，有效期限均為2年，期滿再協議續約，同時檢討或修正內容。

3.借閱本館館藏及使用本館場地時，分別依本館閱覽服務規則及本館場地使用管理辦法辦理。

參加館際合作網的成員有17個學校：1.國民小學（9所）：中和國小、光復國小、秀山國小、積穗國小、自強國小、復興國小、景新國小、錦和國小、興南國小；2.國民中學（4所）：積穗國中、自強國中、漳和國中、中和國中；3.高級中學（4所）：國立中和高中、縣立錦和高中、私立南山高中、私立竹林高中。

　　參加資源共享圈的合作館有5所：國立臺灣藝術大學、國防管理學院、華夏技術學院、臺北縣立圖書館、中和市立圖書館。

　　館際合作網的合作項目有：1.合作發展鄉土教學網路教材：利用資訊科技，與學校教師共同建立鄉土教學資源網；2.結合學校教學，合作辦理各項活動；3.安排班訪，主動協助辦理團體借閱證；4.辦理團體借閱證，充實班級圖書館館藏；5.配合學校課程，協助教導利用圖書館；6.優先贈書，充實學校館藏。

　　資源共享圈的合作項目有：1.合作發展地方文獻館藏及數位化作業；2.交換學術期刊、教育資訊，並相互邀請參加所舉辦的學術會議；3.合作辦理推廣教育及終身教育；4.互惠閱覽，交換借閱證；5.人員經驗交流及合作訓練。「冀望這套地區性資源整合制度，能夠開花結果，以符合廖館長『中和心，鄉土情』及與中和為生命共同體理念之展現（彭麗珠）。」

（三）分齡分眾服務

　　2004年12月20日臺灣分館遷中和新館啟用後，為強化學術研究功能並深化分齡分眾服務，相繼於2007年3月21日成立「臺灣學研究中心」，2007年6月27日成立「臺灣圖書醫院」，2008年12月27日「親子資料中心」空間改造工程後啟用，2009年7月17日啟用「樂齡資源區」，2010年11月19日設置「多元文化資源區」，2012年2月19日成立「青少年悅讀區」，以滿足多元讀者的閱讀需求。

親子資料中心（1樓）

　　遷至新館，依據新館遷建規劃，改兒童閱覽室為親子資料室。因「廖又生館長的經營理念，係為建立書香家庭，營造良好親子關係，從而促進社會和諧（李少萍）」。爰就原有的館藏，再擴大徵集親子相關圖書資料，建置親子相關的資訊網路資源，爰將親子資料室更名為「親子資料中心」。成立之初，置正式編制人員2名，工讀生3名。該中心為3層樓獨立的閱讀

空間提供服務，入口處位於圖書館 1 樓。2005 年 2 月 16 日開始「說故事活動」，3 月 5 日起辦理「影片欣賞」活動，7 月修訂開放時間為 10－18 時。

　　當時親子資料中心藏書約為 11 萬冊。蒐集兒童圖書注重兒童讀物的完整收藏。除廣泛蒐集國內優良兒童書刊、視聽資料、電子資源等，提供兒童讀者的課外讀物外，並蒐藏國內外出版的圖畫書、各國的童話、童詩、寓言故事、小說及天文、地理、自然、科學等西文兒童圖書，以促進國內兒童及青少年接觸多元文化及擴展國際視野，增進外語閱讀，說寫能力。也蒐集與整理兒童文學相關主題的資料與論文，支援兒童閱讀的學術研究。

　　館長黃雯玲主政，2008 年進行親子資料中心空間改造與氛圍塑造工程。6 月即公開徵求小讀者彩繪出心目中理想的圖書館，接着採用兒童最喜歡的大自然、森林、動物等活潑有趣的異想空間作為主要元素，配合不同服務區域的閱讀意象，結合繪本作家賴馬（賴建名）、唐唐（唐壽南）、蔡嘉驊等人作品，將閱讀空間裝置成一部饒富趣味及想像力的大繪本。完工後的地下 1 樓，劃為「繪本森林」區，設有繪本區、幼兒圖書區、Bookstart 區和大本圖書區等。1 樓劃為報刊區、參考書區及資訊檢索區，營造寬敞明亮的閱讀情境。2 樓則以「遨遊天空」的意象設計，並設置「外文圖書專區」。原圖書館地下 1 樓的閒置空間亦規劃為「樂學室」作為媽媽說故事、親子讀書會、表演活動及研討課程等活動場所。

　　2008 年 12 月 27 日上午舉辦「親子資料中心重新啓用典禮」，由黃館長主持，邀請唐唐帶領小朋友共同探索這圖書館的知識寶庫。配合啓用舉辦相關活動外，提供讀者申請新版個人、兒童及家庭、悠遊卡等不同型式的借閱證。新版成人借書證取材館藏《采風圖合卷》的圖案設計；兒童及家庭借閱證係由賴馬設計圖案。並即日起該中心的正本圖書均可外借閱覽。（國立中央圖書館臺灣分館閱覽組）

樂齡資源區（2 樓）

　　依據聯合國世界衛生組織（WHO）的定義，高齡化社會的標準為 65 歲

以上人口，占總人口 7%。教育部有鑒於此，於 2006 年公布《邁向高齡社會老人教育政策白皮書》，提出老人教育 4 大願景為終身學習、健康快樂、自主尊嚴、社會參與，開始有計畫地協助各縣市成立「樂齡學習資源中心」，提供銀髮族學習與成長的園地。

臺灣分館為落實教育部老人教育政策的推動，以建立便利、可親、舒適、安全的銀髮族閱覽空間為目標，在閱覽區提供高齡者專屬空間，期提供 60 歲以上銀髮族一個無障礙且敬老的閱讀環境。（周倩如）

設置樂齡閱讀專區方面：在 1 樓期刊區及資訊檢索區設置高齡專屬查詢電腦螢幕及閱讀專用桌椅。2 樓設置樂齡圖書專區，除專屬的閱讀專用桌椅外，並採購圖書，集中區域陳列。

樂齡館藏方面：2 樓專區典藏以應用科學、史地類、語文類及藝術類圖書為主，並採購大字圖書 600 冊、有聲圖書 500 件、影片 200 件，豐富高齡者圖書館藏。鄰近視聽資料內閱區，方便其觀賞影片。同時該區置 6 組擴視機及 2 組 22 吋電腦螢幕，放大資料，以利樂讀。

該館推廣輔導組余思慧於臺灣分館訪談 25 位 55 歲以上的樂齡者，探討其運用圖書館的學習需求，該研究發現，樂齡者參與圖書館學習活動之初始動機主要來自興趣、習慣與社交，而其持續學習的動機來自朋友共學、家人支持（蔡天怡、學會）。又以臺灣分館樂齡讀者 2011 年 1-6 月借閱圖書分析其主題偏好，「發現偏好主題為健康醫療、旅遊休閒、文學。但各年齡層次序稍有差異，依序為 55-60 歲：1. 健康醫療、2.文學、3.財經企管、生活、及旅遊休閒；61-64 歲：1. 健康醫療、2. 旅遊休閒、3 文學；65 歲以上：1.健康醫療、2.旅遊休閒、文學及財經企管。」（余思慧）

規劃樂齡者終身學習課程及相關講座方面：1.電腦軟硬體設施利用課程，如辦理「樂齡學習 e 起來」電腦學習活動，內容包括電腦基本操作、網際網路運用、資訊新鮮嚐、網路 e 點靈、影音我最行等基礎實務班；2.動手DIY 課程，如編結藝術班、花藝設計班、傳統與傳新女紅 DIY、芳香療法DIY 等；3.宣揚傳統文粹課程，如國畫、書法、古箏、篆刻等；4.健康養生

課程，如瑜珈、彼拉提斯（Pilates）等；5.激發創造力課程，如壓花藝術、素描粉彩、意象素描、音樂賞析等。

　　規劃志工服務方面：規劃提供志工服務工作，讓高齡者加入，使能運用高齡者的智慧及經驗，展現其才華，更適切服務讀者。（國立中央圖書館臺灣分館閱覽組）

多元文化資源區（2樓）

　　該館依據內政部入出國及移民署截止2010年9月統計，國內新住民人口除原籍為大陸之配偶外，以越南、印尼、泰國、緬甸為最多。茲為滿足新住民朋友學習及休閒的需要，特於2樓規劃「多元文化資源區」，於2010年11月19日啓用，提供越南、印尼、泰國及緬甸等4國語言的圖書資料，包含小說、散文、育兒、保健、綠美化、居家等圖書約1,200種，及期刊8種、報紙6種、CD100餘片等，供民眾借閱使用。「此一區域在規劃上為一獨立空間，除了陳列圖書資料外，並作閱讀和書展活動的多樣空間，因此存置圖書資料的書架位置以環狀置放於四週，中間則做為閱覽座位與日後書展活動的空間規劃。為免除空間壓迫感，視聽書架採矮書架，上半部則採透明玻璃設計，增加其穿透性。」徵集圖書資料的語文均以其原生國家語文圖書資料為主，編目著錄語文以其母語（原文）著錄，就4國語文作自動化系統的調整與設定，建立OPAC 4種語文指引頁面，並將2樓4部館藏目錄查詢電腦安裝該4國語言字型，以利查檢利用。另舉行各種活動，包括：展覽與演出、主題書展、研習與研習課程、導讀活動、講座、影展、參觀交流等。

　　啓用之初，2010年10月19日至2011年1月30日在1樓大廳與緬甸文化交流協會、賽珍珠基金會、中和積穗國小、新店大豐國小合辦「東南亞文化展」，展示4國文物；2010年11月6日辦理「新住民劇場」，邀紙風車劇團演出；12月4日與臺師大合辦「東南亞文化研習營」；12月5日在1樓簡報室辦理「新住民繪本閱讀──閱讀無國界　無國界閱讀」講座，由漢聲廣播電臺空中讀書會講師黃申惠主講。2011年：3月20日、5月22日、

8月21日、10月23日辦理「圖書館導讀講座」（4場）；與伊甸基金會合辦各項活動，如6月14日－10月23日「新住民參訪活動」、9月7日－12月22日「新住民臺語學習課程」、12月8日「新住民法律講座」。2012年：3月13日－6月28日及9月20日－12月11日與伊甸基金會合辦「新住民臺語學習課程」（2梯次），7月1日－10月31日與北市圖合辦「多元文化館藏交換聯展」，7月3日與伊甸基金會合辦「新住民參訪活動」，7月19日－9月18日「新住民電腦學習課程」，10月21日、10月27日「好聽好看：印尼、緬甸、泰國、越南音樂影片欣賞」（2場），12月1日－12月30日「多元文化書展」及12月起推出多項活動，如「繽紛多元東南亞影展」（8場）、「多元文化繪本故事欣賞」（8場）；與伊甸基金會合辦「新住民法律講座」（2場）、「童言童語：印尼、緬甸、泰國、越南童話故事欣賞」（3場）。（王淑儀、吳奕祥）

青少年悅讀區（3樓）

為推廣13歲至18歲青少年閱讀風氣，特於3樓規劃「青少年悅讀區」，2012年2月19日啓用。

在專區籌備期間，除徵詢學者專家意見外，也針對雙和地區11所500名國、高中學生進行閱讀需求及專區設計風格問卷調查，作為規劃參考。專區以具青春、活潑氣息的藍、白兩色作為基調，書櫃及閱覽桌椅樣式也特別選擇較現代感及活潑的樣式。該專區規劃有「得獎好書區」（展示1,100冊）、「青春閱讀區」（2,000冊）、「數位閱讀區」、「筆記型專用電腦區」（該兩區提供電子資料庫應用、電子書瀏覽及網路服務）、「主題書展區」（定期規劃主題書展）等不同區域。期能提供青少年閱讀興趣與培養及數位資源學習利用的專屬場所。（王淑儀、吳奕祥）

其中，「青春閱讀區」每週三9時至12時開放學校團體借用，凡公私立國、高中師生因相關閱讀課程研討之需，可由授課教師申請，使用人數為20人至40人之間。內設有3部電腦、16席筆記型電腦專用座位及中西文書籍可供借用。

（四）臺灣學研究中心

　　教育部考量學術界與教育界的需要，衡諸臺灣分館為臺灣最早成立的圖書館，典藏有大量的臺灣研究文獻，2004 年底將完成新館遷建，臺灣分館乃於 2006 年奉教育部核定推動臺灣學研究中心先導計畫，5 月起負責辦理推動成立臺灣學研究中心，協助各大學及中小學推動臺灣研究及鄉土教學。復於 2007 年 3 月 21 日奉核定推動臺灣學研究中心設置三年計畫，並囑臺灣分館儘速完成籌設「臺灣學研究中心」。

　　該館鑒於公共圖書館與研究圖書館兩種不同服務功能與屬性，爰於 2007 年 4 月起進行臺灣學研究中心閱覽、典藏、行政空間調整規劃，將該中心置該館 5 至 6 樓。2008 年獲教育部補助相關工程費及吳尊賢基金會捐助款項。2009 年進行臺灣學研究中心及 4 樓雙和藝廊空間改善工程，於 7 月 17 日完工。（黃雯玲；周淑惠）

　　該館調整典藏臺灣學研究文獻的空間，整理該館臺灣學研究文獻，並將明清以降及日據時代迄今所蒐集的臺灣文獻分門別類，典藏於該館 4 至 6 樓的善本書庫區及密集書庫區。並規劃設立研究小間、研討室，專供學者、研究生、大學生利用該館館藏圖書資料從事閱讀研討及學術研究。並邀教授蔡錦堂、吳文星、鍾淑敏、溫振華等協助中心草創之初的運作。

緣起

　　臺灣學研究中心設立的創意是教育部部長杜正勝主政時的政策，杜部長是催生者。他接任部長不久，即委託臺師大文化及語言文學研究所（今臺灣語言學系）於 2005 年 1 月 8 至 9 日舉行「大學臺灣人文學門系所之現況與展望研討會」，開幕時並致詞，指出向來臺灣學研究暴露的缺失：資歷短淺、人力薄弱、資源不足、規劃不足，並提出「臺灣學」這個概念。

　　2016 年，該中心成立即將屆滿 10 週年，時任長榮大學榮譽講座教授杜正勝應《臺灣學通訊》編輯部的邀稿，撰〈建構臺灣學　推動臺灣主體意識〉乙文，敘述臺灣學研究中心設立的經緯，原文甚長，略以：

90 年代，我開始思索臺灣人文學建立和充實的問題，零散的寫作結集成書，即《臺灣心・臺灣魂》。臺灣人文學內容涵蓋甚廣，包括自然環境的資源、歷史累積的經驗及族群蘊育的文化。我們要先建構自己的人文學，然後放在世界人文學的平臺上進行比較，如此的人文學不會只限於學校及正規教育，不能只停留在中小學教科書的層次，而應該深入到知識的堂奧，厚植學術基礎。人文學是國家的靈魂，當臺灣正值政治民主化，社會自由化的時期，啟蒙的臺灣正需要新的靈魂，才能凝聚社會力量，共創國家的新境界。臺灣人，需要臺灣學的滋養，像是久旱的土地望雲霓。臺灣人文學研究的大本營當然是在大學，或如中研院之類的研究機構。教育部雖號稱主管全國教育，其實不涉學術實務，只能在有限的範圍內，調整資源分配。不過，我知道有一個地方還可以着力，即教育部轄下的國立臺灣圖書館，考慮設立研究中心。國立臺灣圖書館空間寬敞，典籍豐厚，以臺灣史見長，我認為有條件可以成為國際臺灣研究的重鎮，乃乘新廈落成之際，成立「臺灣學研究中心」，建置一個平臺，以供國內外研究臺灣的學者利用圖書資料，研討論學。臺灣學研究中心是在 2007 年 3 月核定成立的，因條件限制，擬訂的目標，比較保守，只提出整合國內臺灣研究文獻資料，利用本館藏書的特點建構，研究臺灣學，加強與各學術單位合作，以及支援臺灣史教學等項目。國立臺灣圖書館的「臺灣學」建構，既建置臺灣學研究中心，出版《臺灣學研究》和《臺灣學通訊》，舉辦系列演講，又以「臺灣學研究」主辦國際學術研討會，「臺灣學」顯然成為本館的標識，其興衰榮枯，「研究中心」當然責無旁貸。

任務和目標

臺灣學研究中心將以厚實的臺灣研究館藏，支援各界於臺灣研究時必

要的支援，期能以研究所得支援教學需求，以教學需求促進研究發展。達到下列任務：（蘇德祥）

1.整合國內外臺灣研究文獻資源。本館將推動國內外臺灣學研究機關及單位的合作機制，整合臺灣學研究資源，建立臺灣學研究目錄，並提供便利、專業的文獻傳遞服務，以因應研究人員的資訊需求。

2.建構「臺灣學數位圖書館」。為充分運用本中心館藏資源，協助各領域學者進行研究，本館將配合中心的成立，強化館內各項軟硬體設備，擴大網路資訊功能及 e 化學習環境，以建構虛擬的臺灣學數位圖書館。

3.加強與各學術研究機構的合作。本館將建立與學術研究機構及單位的策略聯盟關係，進行文獻資料、人員及研究計畫等方面的跨學科合作，共同策劃推動臺灣學的研究及跨學科的專題研究計畫。

4.支援臺灣史課程教學服務。九年一貫課程、高級中學課程暫行綱要及職業學校課程暫行綱要，均將臺灣史及鄉土教學列為必修課程，本館將提供館藏，並透過各項研習活動，補充或解答各級學校教學方面的疑惑，以提升教學的效果。

簡單地說，臺灣學研究中心期許成為一個兼顧資料典藏、學術研究與支援教學的平臺。

徵集並整理國內外臺灣研究文獻資源

1.徵集整理臺灣文獻。該館舊籍臺灣文獻的徵集工作主要是包括圖書、古文書、地圖等。圖書包括政治、經濟、教育、文學、美術等領域，及日據時期出版的寫真帖。古文書包括清至日據時期民間各地各種契約文書，如嘉慶年間的岸裡社與阿裡屯蕃契等。地圖以日據時期臺灣與南洋各國地圖為主。採購方式有到舊書店訪書、向提供資料的個人採購、或透過書商、代理商等獲得。擬購舊籍圖書，悉依該館《舊籍資料審識小組組織要點》（全 6 點；1994 年 3 月 10 日訂定，1999 年 9 月 17 日、2005 年 12 月 7 日修正）及《政府採購法》辦理。此外，亦藉由實地拜訪及圖書寄贈等管

道蒐集臺灣文獻。（蔡蕙頻）

　　2.進行臺灣學出版品國際交換。該館與 72 個國外及大陸港澳地區的大學等學術機構暨圖書館聯繫，進行交換出版品。

建構「臺灣學數位圖書館」

　　1.建置「臺灣文獻整合查詢系統」。臺灣學研究中心建置「臺灣文獻整合查詢系統」（臺灣文獻資訊網），該系統包括上開自建（館藏）臺灣文獻期刊論文索引、臺灣資料剪報系統、臺灣文獻資料聯合目錄、日文舊籍臺灣文獻聯合目錄等系統（黃國正），並進行「館藏數位典藏」，將館藏臺灣資料進行數位化工作。

　　2.啓用日據時期臺灣文獻全文影像系統。2005 年 8 月規劃「館藏日文臺灣資料數位典藏計畫」陳報教育部，奉指示列入教育部國立社教機構服務升級第 2 期計畫。爰於 2006 年 11 月修正該計畫，報奉 2007 年 5 月核定同意辦理，為期 3 年。計畫數位化的資料有日據時期出版的圖書及期刊、輿圖（包括臺灣各地地圖、分布圖及統計圖）3 大類。圖書類建置「日治時期圖書影像系統」，期刊和輿圖類兩類則合稱「日治時期期刊影像系統」。計畫將完成圖書 3,700 冊、期刊 79 種、地圖 700 餘張的數位化工作。

　　依計畫「將上開因舊籍及報紙修補裝訂已拍攝微捲 5,720 捲轉製成數位檔案；同時建立線上索引資料庫（預計 8 萬 6 千筆），透過網際網路提供查詢臺灣資料，並可即時線上取得所需資料的數位內容。」（蘇倫伸）初步建立完成詮釋資料格式、數位檔案命名原則、硬體設備及檢索系統等數位典藏的基礎工作。依此等規範，每筆資料均建立詳細的書目資料、關鍵詞、詮釋資料等，讀者可鍵入字詞，設定相關條件，搜尋所需資料。

　　2008 年時有圖書約 47 萬數位化影幅、詮釋資料 11,767 筆，期刊約 103 萬影幅、詮釋資料 123,867 筆，已可提供線上查詢瀏覽，爰於 10 月 29 日舉行「臺灣文獻全文影像系統啓用典禮」，進行啓用儀式。茲依該館推廣組蔡蕙頻報導：

2008 年 10 月 29 日上午 10 時舉行「展讀臺灣總督府圖書館——日治時期臺灣文獻全文影像系統啟用典禮」，由教育部鄭瑞城部長、社教司朱楠賢司長、吳文星教授、黃雯玲館長共同拉啟彩球，揭開系統正式啟用的序幕，象徵館藏數位化的時代於焉肇始。

2009 年起教育部「閱讀植根與空間改造：2009－2012 年圖書館創新服務發展計畫」（第 1 期計畫）亦列有該館館藏資料數位化工作。透過上開兩計畫，「自 2007 年起至 2012 年 12 月，總計完成圖書 1,364 捲（2,472,822 影幅）、期刊 494 捲（1,116,211 影幅）、地圖 1,117 影幅，詮釋資料圖書 22,732 筆（14,409 冊）、期刊 293,359 篇（約 322 種）、地圖 1,117 筆。」（蘇倫伸）其後，陸續將館藏資料數位化，充實日據時期臺灣文獻全文影像系統的內容。

3.合作建置數位資料庫。該館也和其他學術單位合作，共同建置數位資料庫。如與國家圖書館合作，將臺灣分館典藏的碑碣資料數位化；與臺大法律學院、臺大圖書館合作，建置「臺灣日治時期統計資料庫」（今臺大法律學院「臺灣法實證研究資料庫」），收錄日治時期官方統計出版品 681 冊，建置 194,075 影幅，詮釋資料 103,732 筆；及與臺大圖書館合作進行「古文書數位掃描工程，計完成 8,000 頁數位影像掃描，並建置詮釋資料（蔡蕙頻）。」

2009 年建置「臺灣學電子資源整合查詢系統」，整合該館自建及國內免費的臺灣學研究相關資料庫，備供讀者查詢。

<u>館藏文獻史料的研究與出版</u>

1.定期發行臺灣學刊物。先後出版《臺灣學研究》和《臺灣學通訊》。「前者定位於學術，後者則走普及教育的路線（杜正勝）。」

《臺灣學研究》（*Research in Taiwan*）原為《臺灣學研究通訊》（*Newsletter for Research in Taiwan Studies*），2006 年 10 月 26 日創刊，時教

育部部長杜正勝特為序：「〔本刊〕以持續提供臺灣研究相關資訊，藉由該館自日治時期以來豐富的臺灣研究典藏，期盼加強蒐集、整理、研究、交流後，推動臺灣研究更上層樓，讓臺灣研究與國際區域接軌，以滿足各界殷切期盼。」2007 年 6 月第 3 期起更為現刊名，改為半年刊，每年 6、12 月出版，為一研究臺灣史方面的學術性刊物。本刊登載有關臺灣研究專文、臺灣人地時事物等相關的研究、臺灣研究的企畫專題、臺灣資料介紹、臺灣學研究機構介紹、中外著名臺灣研究專家的傳略業績與貢獻，及最新期刊目次、研究計畫、博碩士論文、新書簡訊等。

　　《臺灣學通訊》（*Newsletter of Taiwan Studies*）於 2007 年 6 月 1 日創刊。初創時各專欄主要內容：1.焦點報導：國內外臺灣學相關動態；2.臺灣寶藏庫：臺灣學相關人地時事物專題企畫；3.臺灣新視界（發現臺灣味）：各地人文地理、臺灣特有精神探討；4.教學放大鏡：臺灣史課程教學資源與服務、鄉土語言教學交流分享。

　　2.持續辦理「臺灣學博碩士論文獎助」。自 1997 起持續辦理「臺灣學博碩士論文獎助」迄今，用於鼓勵國內各大學校院研究生從事臺灣學研究，凡近兩年內學位論文以臺灣學研究有關的人文、藝術及社會領域為主題，且通過口試者均可申請獎助。歷年來（1997－2012）臺灣學博碩士論文獎助人數，見表 9。

表9　國立中央圖書館臺灣分館臺灣學博碩士論文獎助人數表（1997－2012）

單位：人

年度	博士	碩士	合計
1997	3	5	8
1998	1	16	17
1999	0	8	8
2000	0	10	10

年度	博士	碩士	合計
2001	1	12	13
2002	1	6	7
2003	0	5	5
2004	1	3	4
2005	1	3	4
2006	1	3	4
2007	1	2	3
2008	1	6	7
2009	2	5	7
2010	2	6	8
2011	1	8	9
2012	4	8	12
合計	20	106	126

說　　明：2012 年依修正《要點》增加「佳作」獎項。該年獎助博士（優等）
　　　　　2 人、博士（佳作）2 人，小計共 4 人；碩士（優等）6 人、碩士
　　　　　（佳作）2 人，小計共 8 人。

資料來源：國立臺灣圖書館，「歷年來博碩士論文研究獎助名單」，上網日期：
　　　　　2021.09.15 http://wwwacc.ntl.edu.tw/public/Attachment

　　3.整理出版館藏史料。該館為了館藏臺灣學研究資源能被更多的使用者
使用，以提供參考資料或輔助教材，規劃館藏特藏資料研究、復刻、翻
譯、導讀。

　　2007 年繼 1997 年之後，再度重刊《采風圖合卷》（2007.12）。復刻館藏
原清乾隆年間巡視臺灣監察御史六十七命工匠以工筆着色繪圖，詳細描繪

當時臺灣平埔族人文的風俗及物產情況共 24 幅，呈現臺灣早期平埔族生活樣貌。

2009 年編印《國立中央圖書館臺灣分館館藏臺中地區古文書》（2009.03）。由教授溫振華指導，於館藏中挑選出清水鎮、沙鹿鎮、梧棲鎮、龍井鄉、豐原市、潭子鄉、臺中市、東勢鎮等 8 個鄉鎮市的 199 件古文書集結成冊。該館編輯余慧賢、研究助理張家榮整理古文書資料並撰寫地方簡介及延伸閱讀，增進讀者對該地方的瞭解。末為附錄，包括公私出版古地契概況表、罕用字對照表、古文書常用語彙、臺中地區新舊地名對照表、館藏臺中地區古文書目錄、使用照片來源簡表等 6 種，以利讀者瞭解相關資訊。

2010 年出版《清國時代官署印影集》（2010.04）。翻刻館藏原本，收錄 177 幅清代各文武職官的關防印信，尤以臺灣部分佔居多數。由教授莊吉發撰寫導讀及各官印的說明。

2011 年編印《享和三年癸亥漂流臺灣チョプラン島之記》（2011.07）3 冊（獲得 2012 年國家出版獎佳作）。本書分覆刻本和編譯本。覆刻本包括「愛書本」（秦貞廉原著；〔植松安、山中樵〕編，《享和三年癸亥漂流臺灣チョプラン島之記》，載於：西川滿編，《愛書》第 12 輯（臺北：臺灣愛書會，1940.01），頁 1－82）及「川北本」（川北文庫藏本）；編譯本以愛書本為主體。本書主要內容係 1802 年（清嘉慶 7 年；日光格天皇享和 2 年，時幕府德川家齊）11 月 19 日，日本商船「順吉丸」船長文助等 9 人，由北海道箱館（函館）出航到江戶（今東京）途中，受到暴風雨及海流的影響，於 1803 年（享和 3 年）正月 28 日漂流到東臺灣秀姑巒溪口（〔泗波瀾〕）チョプラン島（〔今獅球嶼〕），「落腳於アミサン（〔大港口，今花蓮縣豐濱鄉港口村〕）、ダブダブ（〔靜浦〕）二部落」（張瑋琦、黃菁瑩）。上岸後船員因水土不服先後死亡，倖存的文助，在當地與阿美族原住民共同生活了 4 年，其後，再經瑯嶠（恒春）、枋寮、鳳山、府城（臺南）、省城（福州）等地輾轉回到日本長崎，自東京返回。從船隻出海到返鄉，文助前後費了 9

年。長崎地方事務官通譯秦貞廉〔村上貞助〕，紀錄了文助所陳述各地的漂流見聞。該館於 2009 年 11 月委請專家學者共同參與翻譯、研究及覆刻，期透過本書的問世以瞭解當時的人文歷史。

　　2015 年出版《雜誌《臺灣公論》鳥瞰圖選集》（2015.12）。《臺灣公論》創刊於 1936 年（昭 11），自 1 卷 6 號（1936 年 6 月）至 4 卷 1 號（1939 年 1 月）間，曾連續刊載了一系列臺灣各地鳥瞰圖，該館選擇 24 張予以復刻。

　　4.設置「日治時期臺灣民族運動資料專區」。 該館依據監察院監察委員黃煌雄 2009 年底建議，設置「日治時期臺灣民族運動資料專區」。2010 年 9 月間，在 5 樓設置完成。蒐集蔣渭水、林獻堂、蔡培火、賴和等日據時期致力於民族運動的先覺者相關著作資料，約 400 冊。並配合該專區的開放使用，2010 年辦理「日治時期臺灣民族運動史料特展」、「日治時期臺灣民族運動史料研討會」。

加強與各學術研究機構的合作

　　1.辦理國際學術研討會。 如 2007 年 6 月 21 日－22 日舉辦「臺灣研究資料徵集研討會」；2008 年 11 月 7－8 日「殖民與近代化：臺灣學研究國際研討會」（與臺師大臺灣史研究所合辦）；2009 年 11 月 18 日「義俠？或盜匪？廖添丁去世 100 週年學術研討會」（與臺師大臺灣史研究所等合辦）；2010 年 10 月 17 日「第 2 屆蔣渭水學術研討會」（與臺灣研究基金會等合辦）；2011 年 9 月 9－10 日「1940・50 年代的臺灣（II）國際學術研討會」（與臺灣歷史學會、（日）臺灣史研究會等合辦）。

　　2.進行國外臺灣學術研究機構學術交流。 2010 年 11 月該館為了強化與國外臺灣學研究機構的合作交流，規劃了日本行，館長黃雯玲、推廣組主任李玉瑾、研究助理黃雯瑜，以及臺師大臺灣史研究所副教授蔡錦堂一行，於 11 月 7 日－13 日（計 7 天）走訪大阪關西大學臺灣史研究會，奈良天理大學臺灣學會、天理參考館及圖書館，名古屋中京大學（1923 年創）社會科學研究所（1980 年創；下設臺灣史研究會），東京國立國會圖書館，早稻田大學中央圖書館，拓殖大學（前身為 1900 年所創「臺灣協會學校」，

1918 年改為現名，首任校長係曾任臺灣總督桂太郎）校園圖書室及該校國際教育會館，東洋文庫等 7 個圖書典藏機構。其間，11 月 9 日該館黃館長與中京大學社會科學研究所長檜山幸夫教授簽訂合作交流協議，該校副校長安村仁志蒞臨致詞。協議內容如下：（黃雯玲、李玉瑾）

1.雙方將共同實施有關臺灣學之研究調查，蒐集並互相提供關於臺灣學之學術研究資訊，以及雙方認同之各項學術研究事業。2.雙方因應需要，進行出版品、學術研究資訊及學術資料之交換。3.雙方於必要時進行研究員間之交流，以促進學術文化交流。4.必要時得以互相協助或共同舉行方式辦理學術研究企畫、學術會議、講習會等。5.依據本協定實施各項事業之所需經費，除非雙方另有特別協議，均由主要實施該項事業的一方負擔。

2012 年 10 月 9 日－15 日該館推廣組主任李玉瑾與國家圖書館交換處主任廖秀滿一同前往韓國參訪與臺灣學相關的機構和圖書館，計國立中央圖書館（The National Library of Korea）（特藏組、國立數位圖書館、國立兒童青少年圖書館）、國會圖書館、首爾大學圖書館及奎章閣、高麗大學圖書館（漢籍書庫）、延世大學圖書館（延世・三星學術信息館）。（李玉瑾）

3.推動國際學術交流。該館開始派員參加國際圖書館界年會，並與臺灣圖書資訊界及圖書館機構出席代表偕同組團參加。如派推廣組主任李玉瑾和編輯孟文莉參加 2011 年 6 月 23 日－28 日在紐奧爾良（New Orleans）舉行的 2011 年美國圖書館學會（ALA）年會（李玉瑾、孟文莉）；採編組主任曾添福參加 2012 年 3 月 15 日－18 日在加拿大多倫多舉行的 2012 年第 64 屆美國亞洲學會年會（AAS）與書展（曾添福），周淑惠主任參加 2012 年 8 月 11 日－17 日在芬蘭赫爾辛基（Helsinki）舉行的第 78 屆國際圖書館協會聯盟（IFLA）年會（周淑惠）。除參加年會學術活動外，並參訪圖書館。

支援臺灣史課程教學服務

2007 年 4 月 2 日至 6 月 25 日與臺師大臺灣史研究所試辦教學合作計畫。館方開放 6 樓研究室及館藏供臺史所師生教學和研究，臺史所則提供部分名額讓館方進修，以「圖書館就是教室」。試辦課程有 2，一為所長蔡錦堂開設必修科目「臺灣史料與研究方法」，一為歷史系（臺史所合聘）教授吳文星開設選修課程「日治時期臺灣社會史研究」。師生每週一將課堂移到圖書館進行，研究室的另一頭，就是開架陳列的前臺灣總督府圖書館舊籍，課堂上隨時可以查找所需資料。學生以 2 人一組，選擇 1 份刊物，來分析其內容和史料價值。

為發揮館藏臺灣資料的利用，與國內各大學臺灣文史語言相關學系所合作，適時地提供該館場地供各系所授課，介紹該館相關館藏與數位資源及國內外其他臺灣學研究單位和研究成果。

該館亦向館外各社教館所與教學單位推廣臺灣學課程教學，提供館藏特色與數位化教學課程，如臺灣歷史博物館、臺大、臺師大、政大、中興、東海、高師大等，都曾申請辦理本項服務。

臺灣學研究推廣服務

1.辦理「臺灣學系列講座」。為推廣臺灣學知識，自 2007 年開辦「臺灣學系列講座」，邀請各領域學者專家蒞館進行專題演講，計辦理 13 場。2008 年起每月舉辦，介紹日據時期臺灣人物、產業、政治、文學、音樂、地理等議題，截至 2012 年 12 月止，已辦理 77 場（含巡迴講座）。每年將演講內容文稿集結出版《臺灣學系列講座專輯》，自 2008 年 12 月編印第（一）集，按年陸續出版，至 2012 年 12 月編印了第（五）集，凡 5 冊共收錄 58 篇。並將演講內容上傳至該館「線上演講廳」，讀者可透過網路選聽利用。

2.辦理「館藏臺灣學研究書展」。自 2007 年 11 月 17 日－12 月 2 日舉辦「臺灣學研究書展：海洋、殖民、近代化」，開啓了該館臺灣學推廣的「館藏臺灣學研究書展」活動。每年以多檔不同主題的展覽，分門別類，有系統地為讀者介紹珍貴館藏舊籍。截止 2012 年底已辦理 22 檔主題書展。展覽

的主題有教育、臺灣建築‧技術、原住民、臺灣博物館、美術設計、醫療衛生、寫真帖、風俗與年中行事、文學、宗教、產業、藝術、交通、林業、博覽會、南支南洋、廣告、臺灣學研究、漂流文獻、調查報告、名錄、地圖等主題。「每檔次依照當時特別的歷史事件與重要時間點規劃主題。」（蔡蕙頻、程藍萱）並不定期將各年度展出所有內容集結出版《館藏臺灣學研究書展專輯》，如《2008 館藏臺灣學研究書展專輯》（2008.12 出版；獲得 2009 年國家出版獎入選），其後，書名改稱《典藏臺灣記憶——2009 館藏臺灣學研究書展專輯》（2009.12），此後，持續出版 2010（2011.12）、2011－2012 等《典藏臺灣記憶——館藏臺灣學研究書展專輯》（2012.12）等共 4 冊。

　　3.辦理「館藏臺灣學研究書展——行動展覽館」借展活動。該館為推廣「館藏臺灣學研究書展」，增進大眾瞭解臺灣歷史文化，進而運用該館豐富的臺灣學資源，擴大圖書館功能，於 2012 年 10 月 4 日館務會議通過《「館藏臺灣學研究書展——行動展覽館」借展作業要點》乙種。提供全國公共圖書館、公私立大學校院（臺灣文史系所）及高中（職）等單位，就該館上開歷屆「館藏臺灣學研究書展」的主題（將展覽資料製作成容易攜帶運送的展版），免費申請借展。各級學校配合相關課程，輔以本展主題內容，增進學生學習興趣與教學效果。自 2013 年 7 月起，每半年辦理一次申請借展作業迄今。

　　4.辦理館藏舊籍特展。該館先後與國立臺中圖書館、成功大學於 2009 年合作辦理「用快門寫臺灣史——國立中央圖書館臺灣分館特展」（展出寫真帖特藏）；與中研院臺史所於 2010 年 5 月 4 日－7 月 4 日「日日是好日——臺灣日記特展」；與永和社區大學於 2010 年 7 月 7 日－9 月 30 日「穿梭時空話潭墘」；與高雄市立電影圖書館於 2010 年 5 月 26 日－9 月 26 日「日治時期的聲色光影——國立中央圖書館臺灣分館巡迴展」（展出藝術典藏特藏）；與大眾教育基金會於 2011 年 7 月 26 日－8 月 21 日「農情依舊——簡吉與臺灣農民運動特展」；與真理大學臺灣文學資料館、半線文教基

金會等於 2011 年 9 月 3 日－11 月 27 日「西川滿大展」；與嘉義大學於 2011 年 10 月 12 日－11 月 12 日「百年林業・風華不滅──臺灣學林業文獻展」；與臺灣史前文化博物館於 2012 年 10 月 2 日－12 月 30 日「航程中的意外旅程──國立中央圖書館臺灣分館漂流文獻展」等。

（五）臺灣圖書醫院

　　該館在籌建新館之始，即規劃藉由科技設備來長久保存圖書文獻。遷建計畫中列有購置德國埃施博恩（Eschborn，Germany）巴特爾工程技術有限公司（Battelle Ingenieurtechnik GmbH）（登記：法蘭克福地方法院 HRB35061）研發製造的 Battelle 圖書大量除酸（Mass-deacidification）系統，能使酸性圖書文物在經過正常除酸化的化學醫療後，均可延長 5－10 倍的使用壽命。2004 年 11 月完成發包，由沅華國際公司代理，德國專業技師來臺安置該除酸設備。館長廖又生主政，2005 年 8 月 12 日臺灣分館將多元化冷凍除蟲、除酸、裝訂、裱褙等 4 種功能集於一體而以任務編組方式成立「圖書維護中心」（廖又生）。同年 9 月 9 日該館與財團法人伽耶山基金會主辦，香光尼眾佛學院承辦「紙質圖書保存維護管理研習會」，假該館舉行，其中乙場由該館編輯楊時榮主講：「圖書水淹處理與光害防治」。楊時榮「發現要修補的圖書浩瀚如雲，光靠修護人員補綴修整，其實效果不大，應該從源頭開始預防，所以開始研究如何維護書籍」（楊實榮、鄭秀圓），所謂「預防重於治療」。他先後著有《圖書維護學：圖書裝訂・保存・修補的理論與實務》（1991.05）、《圖書維護作業研究》（1993.11）、《圖書文獻保存性修護》（2008.03）等專著，都由臺北，南天書局印行。2005 年 8 月 31 日除酸系統設備完成設置，並於 9 月 27 日至 10 月 24 日辦理初驗（曹永禮）。

　　2007 年 6 月 27 日該館乃將裝訂技術與圖書大量除酸系統、冷凍除蟲櫃等科技設備整合於一，在 7 樓成立「臺灣圖書醫院」，肩負圖書維護修護之

責，並期盼能推廣圖書文獻保健觀念及醫療修護技術，使得以永續傳承。
2008 年該館提出「臺灣圖書醫院設置及營運計畫」，列入教育部「閱覽植根
與空間改造：2009－2012 年間創新服務發展計畫」「充實臺灣圖書醫院設
備，開創圖書修護服務新境」項，2009 年 9 月 10 日獲教育部撥款辦理。由
館長黃雯玲、主任蔡美蒨、助理編輯蔡燕青等執行本計畫，奠定「臺灣圖
書醫院」的基礎。

強化臺灣圖書醫院效能

　　1.設置「臺灣圖書醫院」。本計畫分別進行（1）成立臺灣圖書醫院諮詢
委員會，於 2010 年 2 月 25 日召開首次會議；（2）進行空間調整，完成裝訂
室搬遷及擴充改善工程，自行政區遷移至閱覽區，並引進實驗室的排氣式
藥品櫃、抽氣櫃、修裱桌、化驗水槽桌、調控濕度典藏櫃及研製裱褙板架
等相關設備，將逐步更新圖書醫院的工作環境及機具等硬體設備，建置成
新穎且具科技性的裝訂空間，旨在將傳統的圖書修補工法結合現代的保存
科學理論，提升圖書維護的水準；（3）改善圖書維護特展室；（4）增購圖
書醫院安全維護設備，包括檢測儀器、安全防護及修護工具的修護器材；
及（5）召募志工加入修護工作行列，培訓文獻修護種子及修護圖書文獻人
力。

　　2010 年 8 月 7 日上午 10 時假該館 5 樓特展室外舉行「臺灣圖書醫院裝
訂室搬遷啓用典禮」暨「重修舊好──圖書修護成果特展」開幕活動。11
時起辦理「巧手展藝趣」手工紙裱褙體驗活動，在館員引領指導下，參觀
民眾親身體驗刷糊黏貼書頁的過程，經動手完成的作品，還可以攜帶回家
保留。

　　2.每年增購檢測修護器材。臺灣圖書醫院設備儀器方面，除上開
Battelle 圖書大量除酸系統外，還有冷凍除蟲櫃乙座，利用低溫冷凍原理處
理文獻資料的蟲害，在密閉冷凍櫃中將溫度溼度控制在合理範圍內，濕度
40%PH、溫度至負 24°C，在 14 天（336 小時）後，經過回溫步驟而完成
依冷凍技術除蟲。另常態低氧除蟲機，以氮氣沖入箱內，使箱體內氧氣低

於 0.2% 以下，讓昆蟲在缺氧狀況下，打開全部氣孔導致體內水分大量流失而亡。此外，還有抽氣櫃、純水製造系統等。同時各年引進各種圖書修護檢測等科技設備儀器，購置觀察觀測檢測儀器眾多，如精密型桌上分光儀、光學顯微鏡、含水率測定計、黏度測試計、紙張拉力試驗儀等，茲不贅述。

3.培養紙質文獻維護人才。 自 2008 年至 2012 年度與圖書館學會（暑期研習班），連續 5 年合辦開設「圖書醫師培訓班」及「圖書預防性保存與修護研習班」（各班研習時間計 5 天 30 小時）。邀聘的講師有林長慶、張豐吉、陳東和、蔡斐文、夏滄琪、李慧音、余敦平、顧敏敏、溫台祥、蕭浚垠、吳哲叡、姜正華、楊時榮、岩素芬、羅鴻文、余慧賢、徐美文、陳信泰、林煥盛、陳宜柳等，參加訓練的學員有 189 人次（黃昊翔、林信成）。

建立維護技術傳承模式

1.辦理圖書保存維護基礎課程。 該館辦理圖書保存維護基礎課程共 116 場次，主講者有楊時榮、周川智、徐建國、溫台祥、林煥盛、陳宜柳等，參加訓練的館員及志工有 1,112 人次。

2.開放實習申請。 2011 年 7 月 15 日訂定、復於 2012 年 10 月 4 日修正《臺灣圖書醫院實習要點》乙種，提供國內大學相關系所的在學學生圖書維護實務學習的機會。實習時間為每年暑假（7、8 月）及寒假期間，為期 1 個月。2011 年至 2012 年為試辦期程，開創了臺灣圖書醫院實習的先例。

3.觀摩古籍修護。 如 2008 年 5 月 15 日－28 日荷蘭萊頓大學漢學圖書館高柏（Koos Kuip）、越南國家圖書館段氏秋河、范氏喬江等 3 位專業人士，及 7 月 22 日－8 月 7 日美國國會圖書館特約修護志工王季新，來到該館一起來學習觀摩古籍修復技術（蔡燕青）。

建置圖書維護資訊網路平臺

該館於入口網站建置「圖書醫院」網頁。內容包括儀器設備、藥物材料、專業術語、疾病狀態醫療案例、問題選粹（彙整圖書維護相關諮詢問

題）及相關網站連結等。並增建「訊息公告」、「線上學習」、「線上展覽」、「愛書小集」、「儀器設備」的學習平臺。

推廣圖書資料維護觀念

1.辦理圖書維護專題展覽。圖書醫院成立，2007 年 6 月於 7 樓行政區展出「圖書醫療器材暨修復案例展示」，為期 1 個月，供媒體暨各機關團體參觀，宣導圖書維護觀念（楊時榮）。展後移至 1 樓大廳櫥窗「圖書醫生的診療室」專題展出。自 2009 年完成改善 5 樓圖書維護特展室，開始了圖書維護專題展覽，每年辦理乙檔次。如 2009 年 8 月 1 日－12 月 31 日「無巧不成書——圖書裝訂維護特展」、2010 年 8 月 7 日－2011 年 5 月 31 日「重修舊好——圖書修護成果特展」、2012 年 3 月 6 日－7 月 6 日「書藝風華——館藏裝幀形式展」、2012 年 8 月 7 日－12 月 7 日與農委會林業試驗所合作辦理「纖纖遇紙——手工紙張特展」等。

2.辦理各項圖書維護專題講座。為推廣圖書文獻保存維護觀念並培訓圖書修護人才，辦理圖書維護專題講座，如 2009 年度「圖書維護專題講座」，邀請吳哲叡主講「古籍線裝書沿革考暨線裝書製作」，楊時榮「劣損圖書的基本修護與裝訂」，顧敏敏「生活環境與紙本文物保護」，李秀香「紙質文物的簡易清潔與維護流程」兩場。2010 年度邀范定甫主講「文物典藏、登錄與保存——以大英博物館與國立臺灣博物館經驗為例」，林煥盛「紙質文物的保存觀念與修護工作的基礎——個案介紹與討論」。2011 年度邀潘許益主講「大家一起來認識『藏書票』」，楊永智「一版在手‧樂趣無窮——臺灣民俗版畫的認識與保護」，徐建國「纖纖遇紙——認識手工紙張」。3 年共舉辦 11 場，有 454 人次參加。

3.提供「臺灣圖書醫院裝訂室參觀導覽」。裝訂室搬遷的裝潢施工，特師法「參觀工廠」的概念，規劃玻璃櫥窗營造不干擾工作進行的參觀環境，便利參觀者參觀圖書文獻修復過程、工具及環境。裝訂室四周玻璃貼透明抗紫外線膠膜，地毯更換為乙烯基透心無縫地板，燈光改設低紫外線燈管等。該館訂定《臺灣圖書醫院裝訂室參觀導覽注意事項》，自 2010 年 8

月 11 日起實施，提供參觀者每週 3 上午可自行透過玻璃窗參觀，或預約每週三下午的裝訂室導覽服務，以一窺圖書維護的奧妙。並訂定裝訂室導覽作業程序流程圖，依參觀導覽時間的長短訂定裝訂室導覽概要，詳細與簡要兩種版本，建立標準化圖書維護的導覽服務。

4.編印圖書維護文宣品。整理彙編出版《臺灣圖書醫院簡介》中、日、英文版各乙種，及《修護我在行 1.圖書的乾式清潔》、《修護我在行 2.膠帶的去除》等系列摺頁，以利讀者攜回閱讀。

5.運用媒體行銷。運用媒體與網路資源行銷圖書醫院，如《自由時報》、《中國時報》、to go 泛旅遊情報雜誌社、《書香遠傳》、公視、中天、亞洲新聞臺、及天上大風部落格、咱 e 報等。（蔡燕青）

參訪文獻保存和維護機構

2011 年 7 月 6 日－12 日該館參考組主任蔡美蒨和幹事徐美文前往日本考察圖書文獻機構紙質文獻保存修復技術，參訪了宮內廳書陵部圖書課（圖書寮文庫修補室及典藏書庫）、東京文化財研究所（保存修復科學中心）、國立公文書館（修復室）、國立國會圖書館（製本室），及京都大學總合博物館、宇佐美松鶴堂（1781 年創，在西本願寺對面，從事古書裝裱）（本社修補室），俾為該館經營「臺灣圖書醫院」的借鏡。（蔡美蒨、徐美文）

（六）視障資料中心

盲人讀物資料中心的定位和功能的演進，逐漸蛻變為視障資料中心。2005 年 2 月 1 日盲人資料中心由推廣組改隸採編組。2007 年推動「臺灣視障中心中程發展計畫」（2007 年 7 月－2009 年 12 月）為期 3 年。主要項目：1.充實視障館藏資料，完成錄音室裝修工程並購置數位錄音設備，提升有聲圖書錄音本質，並加強利用；2.建構「臺灣視障數位圖書館」，建置點字圖書 WEB 查詢介面，將書目及讀者資料整合至現存圖書館自動化系統，完成建置視障活動線上報名系統；3.推廣視障讀者服務，添購盲用筆記型電腦

組、彩色擴視機等，提供視障者無障礙學習環境；4.加強與各視障機構的合作。用以逐步完成建構數位與圖書館資源結合的無障礙學習空間的目標。

2007 年 11 月、2010 年 10 月，分別開始由中華民國無障礙科技發展協會、財團法人臺北市新視界社會福利基金會製作，該館不定期發行《點字數位圖書館》、《數位有聲圖書館》光碟片各 300 片。自 2004 年起臺灣的點字書進入新的紀元，一片光碟，配合「點字、語音自動導覽系統」，只要會按電腦的上下左右游標鍵，視障者就能用「點字」（摸讀）、「語音」（聽讀）閱讀光碟內的圖書。該館將點字書及有聲書壓製成光碟，前者寄送視障機構、特教學校、大學校院特教相關系所及公共圖書館，後者更加增學障及腦麻服務機構運用。

十、開發文創產品

2002 年臺灣正式推動「文化創意產業」政策。該年文建會將其納入「挑戰 2008——國家發展重點計畫」的子計畫，並成立專案辦公室。推動以來，根據于國華、吳靜吉在 2012 年撰文討論臺灣文化創意產業的現狀與前瞻，該文首先揭示「『文化』、『創意』、『產業』這 3 個名詞的不同組合，伴隨着臺灣政府不同的政策和目標，開創了新的思考格局，也因同時在實踐過程中發現問題」。（于國華、吳靜吉）在政策帶動下，「文創」乙詞已隨處可見。圖書館以古籍與特藏資源為優勢的素材，結合文創概念，提供加值服務。所顯示者為：1.運用數位典藏成果加值出版，包括古籍重印與復刻出版、特藏文獻自行出版；2.開發文創產品，係利用館藏資源設計各種文創產品，小規模嘗試，類別涵蓋文具用品、配飾、3C 周邊用品、生活用品、家居擺飾、其他等項；3.創新教育學習活動，如設計體驗型學習活動、製作數位課程、策辦多元展演活動、開發閱讀新體驗、創新數位加值應用。（呂姿玲）

　　國臺圖開發文創產品方面，該館珍藏的臺灣文獻甚多，包括日據時期總督府圖書館及南方資料館所藏的舊籍資料，如圖書、期刊、報紙、古文書、寫真帖、碑碣拓本等，試圖藉由文化創意來活化圖書館館藏資源，並開發新產品，將文化「價值」轉化成「產值」，進而達成吸引民眾對臺灣歷史文化的興趣、推廣教育、增加館務基金、行銷圖書館形象的效益。

　　開發策略分為自行開發及委外開發，「國臺圖自 2007 年開始致力於活化特色典藏，僅由 2 名具文創設計背景館員，以土法煉鋼方式自行設計開發文創品」。（吳明珏、樓文甯）「其流程可分為設計元素（即素材選擇）、設計應用、製作量產、行銷推廣、效益分析等 5 個階段。」（吳明珏、樓文甯；程藍萱）以前兩階段為例，如自行開發，由館方自數位典藏成果、臺灣學研究中心展示研究成果中選擇圖樣，由館內人員設計，取其圖樣直接使用或重新組合應用，設計過程與館內同人及下游廠商進行多次討論、修正，廠商打樣經館方確認後量產，先少量製作，視狀況加製。如委外開發，則經邀請學者專家召開館藏遴選會議，選出具開發價值的特色館藏，採公開召標方式，與產、學界合作，先由廠商提出多件設計提案，簡報設計概念，召開會議逐次篩選及修正，定案後量產，商品數量視經費考量，大多少量製作，多為限量產品。

　　該館已開發的產品，皆以應用館藏「臺灣學」舊籍圖樣，開發日常生活中的用品，以為生活增添文化涵養與趣味，帶動美學經濟為目標。依館藏主題可分為「采風系列」、「設計風華系列」、「漂流臺灣系列」、「鳥瞰臺灣系列」、「臺灣圖書館系列」等。如將《采風圖合卷》、「紀錄日據時代美術設計發展圖樣」、「1895－1945 間以女性為題材的雜誌封面」、《享和三年癸漂流臺灣チョプラン島之記》、「《臺灣公論》1936－1939 間，連續刊載臺灣各地鳥瞰圖」等書報雜誌中的圖樣，應用於所創皮件組（真皮筆記書、筆袋、名片夾）、絲巾、化粧包、漁夫帽、小札、書袋、書籤、書衣、幻燈明信片、明信片、茶具組、茶葉木盒、餐具包、餐墊、馬克杯、玻璃杯、杯墊、熊霸玩偶（填充物）、夾鏈帶、肩背包等日常生活各個領域的文創產

品。文創產品將創意發現與館藏文獻相結合，圖書館館藏的文化內涵，藉
由新媒介予以遠播。

該館文創產品的銷售地點，除該館 1 樓流通櫃臺外，還有陽明山中山樓
管理所、三民書局、臺師大校園書店、世界宗教博物館（新北市永和區）、
聚珍臺灣・藍晒圖店（臺南市藍晒圖文創園區）、聚珍臺灣・松菸店（臺北
市松山文創園區）、臺灣好行（長沙街國史館內販）、宜蘭舊書櫃（宜蘭
市）、創創文化科技公司、點睛設計公司等。

十一、推展志工業務

遷館前為因應業務的增加及人力的不足，推廣輔導組負責召募及訓練
志願工作者（「志工」）的業務，分為志工及公共服務的學生。初時志工人
數並不多，每年約 10 餘人，負責錄製視障者有聲圖書及採編組的圖書整
理。公共服務的學生，每年約 150 人次到兒童室服務，由該館開立服務時數
證明。（孟文莉）

自「2004 年 12 月中和新館啟用後，新館館舍面積比舊館大 10 餘倍，
業務量與服務讀者人數激增，亟需龐大的服務人力，在編制員額無法成長
下，運用志工人力資源相當重要。」（曾添福）自此開始籌備大量召募志工
計畫，茲略述 2004 年至 2005 年期間該館志工的運用及管理情形，以資參
考。

訂定志願服務守則

該館為「廣泛運用社會資源，彌補正式人力不足」，於 1992 年 5 月 5 日
第 440 次館務會議通過《徵募志願工作人員實施要點》乙種，2003 年 10 月
9 日第 604 次館務會議又予以修正，究其內容，分目的、工作項目、工作時
間及訓練、資格條件、報名方式、權利義務、獎勵、附則等 8 點。

2004 年 11 月 16 日該館第 621 次館務會議另訂定該館《志願服務人員

服務守則》，揭示以「為廣泛運用社會資源，彌補正式人力不足，有效推動各項社教活動，充分發揮圖書館功能及擴大民眾參與層面，培養國民熱心公益，奉獻智慧的社會風氣」為宗旨。為因應圖書館內部的分工調整及志工業務運作的需要，2005 年 9 月 15 日第 652 次及 2007 年 8 月 8 日第 700 次館務會議分別修正本《服務守則》。該《服務守則》（全 6 點），內容包括成立宗旨、服務時間、服務項目（依組室分）、志工義務、志工權利、志工獎勵。依該《守則》，志工服務期間至少連續 6 個月；凡服務滿 1 年以上，熱心服務且表現優異者，該館予以出版品優先刊登其心得文章，於適當時機公開獎勵，函請志工主管機關、服務單位、就讀學校獎勵表揚等方式獎勵。志工服務年資滿 3 年，服務時數達 300 小時以上者，該館得檢具證明文件，向地方主管機關申請核發志願服務榮譽卡。

辦理志工召募

第 1 期志工召募於 2004 年 8 月起，利用大型紅布條懸掛於新館外牆及建築工地四周圍牆上大量宣傳，在展開辦理登記報名的 3 天內，湧現超過規劃召募的 400 位熱心朋友報名，隨即卸下全部宣傳品，結束第 1 期志工報名活動。（蔡燕青）共計有 459 位報名，於同年 11 月 22－23 日及 25－26 日，分兩梯次辦理志工基礎訓練，計有 306 位參加。該館閱覽典藏組編輯蘇倫伸提及：

> 本期志工報名人數與服務人數稍有差距，可能原因為：志工召募時對服務工作性質未作詳細說明或溝通（如：面談），較無大規模召募志工的經驗，以及報名至服務期間間隔過長，都可能是報名人數與參與受訓人數稍有差距之原因。

配合新館開館，2004 年 12 月 21 日第 1 期召募志工正式進館服務。新館開放後，志工的召募及訓練業務轉移至閱覽典藏組。在開館營運半年之後，仍感服務人力不足，乃於 2005 年 6 月規劃志工召募計畫，8 月辦理第 2

期志工召募，共計有 143 位登記報名，並於 9 月 7 日辦理召募面（座）談，初選錄取 138 位，9 月 21－22 日辦理第 2 期志工基礎訓練，共計有 100 位參加，另 38 位已參加過其他單位基礎訓練免訓，2005 年 10 月 1 日正式加入服務行列。蘇倫伸提到：

> 藉由第 1 期召募過程之經驗，改進召募流程，並辦理面（座）談，以使報名參加志工的人員，可以更了解圖書館志工服務的性質。

辦理志工教育訓練

該館對於志工除依《志願服務法》的規定辦理志工基礎訓練及依各工作服務臺服務的性質施行訓練外，2005 年還開設志工教育訓練課程，採自由報名參加，課程以圖書館利用為主，包括閱覽組辦理 ALEPH 線上公用目錄（WebOPAC）教育課程（辦理 4 梯次，各 2 小時），參考組辦理網路資源檢索技巧（3 梯次，2 小時）、線上公用目錄（WebOPAC）（3 梯次，2 小時）、網路資源檢索技巧鄉土篇（4 梯次，2 小時）。

志工管理架構

該館志工的運用採以組別或業務別的方式，由各工作單位指揮運用，館方設有志工業務督導、志工業務總協調人及各組志工業務協調人等負責日常與志工的聯繫、溝通與反映問題管道。在志工管理方面，依圖書館業務分工，共分為 11 臺，包括採編組、視障資料中心、參考組、親子資料中心、期刊室、1 樓至 5 樓櫃臺、3 樓及 4 樓書庫、臺灣資料中心、視聽區、推廣組、總務組等。各臺志工由各業務的館員（稱為「志工業務協調人」）兼辦帶領。各志工臺之上，成立「志工人員管理協調會議」，會議成員包括各臺「志工協調人」、《志工簡訊》執行編輯（館員兼任）、志工業務總協調人（館員兼任）及志工業務督導（組主任兼任）組成，以會議方式進行討論，規劃與推展志工業務。採不定期開會，自 2004 年 12 月 14 日至 2005 年

9 月 2 日共計召開過 6 次會議，分別討論：1.志工簽到、時數統計、專業訓練流程；2.修訂志工服務時間、志工伙伴調換服務組別申請程序；3.《志工簡訊》出版、志工教育訓練；4.第 2 期志工數量需求；5.召募及簡章；6.召募面談作業及基礎訓練等事宜。

　　大部分志工服務時間為每週 1 次（3 小時），為促進各工作羣共通性訊息的傳遞，於 2005 年 4 月起，發行《志工簡訊》乙種，每月 10 日定期出版，以網路發行為主，可於該館網站下載電子檔，或該館也可列印給需要的志工。該刊的發行可以將該館的服務政策、活動訊息與活動成果、志工教育訓練、志工召募、志工服務時數證明發送、國內與國際志工活動訊息等，傳遞給志工。

　　就 2005 年度該館志工業務，兩梯次志工共 447 人，依背景分，女性 354 人（79.2%）、男性 93 人（20.8%）；年齡分布以 50-59 歲 198 人（44.3%）為最多，40-49 歲 113 人（25.3%）、60-69 歲 80 人（17.9%）為次；教育程度以大專 238 人（53.2%）、高中（職）169 人（37.8%）為多；職業別以家管 152 人（34.0%）、退休公教 122 人（27.3%）、工商企業 86 人（19.2%）為多。依志工服務時數，該館每半年統計乙次，第 1 期志工 309 員，在 2005 年 6 月底止，上半年累計總服務時數為 21,740 小時，平均每人每月服務時數約為 12 小時，每週約為 1 次（3 小時）。該館閱覽典藏組助理編輯蔡燕青提到：

　　　　志工以自選的每週進館服務一次 3 小時為基本原則，本館並無任何補助費用可支應志工，僅各工作單位同人偶有舉行感恩茶會、或於節日備感恩小禮品等，但還是有多位熱情的志工伙伴樂於每週 2 次以上的付出，館方同人僅以最感恩的心情對待，並盡量讓志工朋友於輪值服務當中，學習不同以往的人生經驗，作為最大的回報。

　　依志工服務的時段，主要登記的服務時間通常在平常日的白天時段，夜間及週六、日服務志工較少，甚至某些時段是沒有志工協助的，而週六、日卻是讀者到館人數最多的時間。關於週六、日服務人員不足問題，不宜完全由志工人力替代，在現行編制無法擴充下，聘雇日薪人員或許才是比較穩定的服務人力。（蘇倫伸）

十二、輔導公共圖書館

輔導全國公共圖書館

　　孫德彪館長任內，為遵循該館組織條例相關圖書館輔導的規定，曾邀請 5 所圖書館學系科主任及主管機關代表假該館討論「臺灣地區公私立圖書館輔導辦法（草案）」，決議改稱為《臺灣地區公私立公共圖書館輔導辦法》（全 9 條）。林文睿館長主政，該辦法於 1993 年 4 月 27 日報奉教育部同意備查，同年 5 月 14 日公布實施。依該《辦法》，將公共圖書館的輔導劃分責任區，明定臺灣分館應輔導臺灣省、臺北市、高雄市的公共圖書館；臺灣省立臺中圖書館（今國立公共資訊圖書館）應輔導臺灣省各縣（市）公共圖書館；臺北市、高雄市立圖書館應輔導各該市轄區內的公共圖書館；臺灣省各縣（市）立圖書館或文化中心圖書館應輔導各縣（市）所屬鄉、鎮、市立圖書館及社區村里閱覽室。各地區輔導單位所需輔導經費均應按年度業務計畫編列預算執行，或報請主管機關予以專案補助。輔導的內容，以經營公共圖書館技術服務與讀者服務及自動化資訊網路為主。輔導的方式可以下列方式酌情辦理：1.接受諮詢；2.調查統計；3.觀摩研討；4.召開業務研討會；5.專題演講；6.編印輔導月刊、參考書目；7.派員實地指導。

　　臺灣分館依據上開《輔導辦法》，辦理「臺灣地區公共圖書館經營管理現況調查」，爰委請陽明大學通識教育中心（計畫主持人教授廖又生）辦

理，分省市、縣市、鄉鎮 3 個部分，為期兩年，採問卷調查統計、實地訪談、電話追蹤訪談等方式，加以研究，以瞭解公共圖書館事業發展的實況，俾作為建議改進的參考。分別於 1996 年 10 月、1997 年 6 月及 1997 年 7 月完成研究，編印《臺灣地區公共圖書館經營管理現況調查研究》，分為：（一）省（市）立圖書館暨社會教育館附設圖書室；（二）縣（市）文化中心暨圖書館；（三）鄉鎮（市）立圖書館，共 3 冊。

其他較大型調查研究有 1991 年 6 月，《臺北市公私立兒童圖書館（室）現況調查研究》；1992 年 6 月，《臺灣地區省（市）縣（市）公私立兒童圖書館（室）現況調查研究》；1993 年 6 月，《1945－1992 年臺灣地區外國兒童讀物文學類作品中譯本調查研究》，均委請臺大圖書館學系所（計畫主持人教授鄭雪玫）辦理。

臺灣分館因為「政府組織改造」，於 2012 年 12 月 21 日廢止《臺灣地區公私立公共圖書館輔導辦法》。

2001 年 1 月 17 日頒布了《圖書館法》（全 20 條），教育部依據該法的規定，於 2002 年 10 月 28 日及 12 月 27 日先後公布實施《公共圖書館設立及營運基準》（全 40 條）及《圖書館輔導要點》（全 9 條）。後者，明定由教育部召集的「全國圖書館輔導會報」職司全國圖書館輔導業務的策劃、督導及協調工作。同時依行政管理系統設置，分別成立公共、大學、技專、高中高職、國民中小學及專門等 6 個圖書館輔導團，辦理各該類型圖書館營運的輔導工作。「由於各級圖書館的行政體系與輔導體系很難合而為一，行政體系要能重視並配合，尤其是在人（用專業人員）與錢（編列充足經費）的雙效下，才可能將圖書館的發展導入正軌（中略）整個圖書館事業輔導體系成敗最關鍵的似乎仍繫於『經費』上面。（嚴鼎忠）」因為「政府組織改造」，上開《辦法》和《要點》分別 2012 年 12 月 21 日和 12 月 25 日廢止。

十三、承辦教育部推動圖書館發展計畫

　　近 20 年來，針對臺灣公共圖書館的發展，政府曾先後推出全國性公共圖書館發展計劃，對臺灣的公共圖書館發展有很大的影響。中央補助地方政府推動圖書館事業方面，一直未間斷。如「加強公共圖書館建設五年計畫（1997－2001）」、「公共圖書館強化計畫（2003－2004）」（1,549,070 千元）、「閱讀植根與空間改造：2009－2012 年圖書館創新服務發展計畫」（第 1 期計畫）等。

　　茲以「加強公共圖書館建設五年計畫」及「閱讀植根與空間改造（第 1 期計畫）」為例，略述如次：

加強公共圖書館建設五年計畫

　　「五年計畫」發端於 1994 年 8 月 10 日臺灣分館接受教育部的委託，召開「發展公共圖書館自動化，建立圖書館資訊網路系統」會議，俾將「建立公共圖書館系統，加強館際合作」的需求，納入「加強公共圖書館建設三年計畫（草案）」的計畫目標及項目之一，經報奉教育部於 1998 年 8 月 25 日核定，更名為「加強公共圖書館建設五年計畫」（1997－2001），實際執行期間是 1999 至 2001 會計年度。爰於 1999 年成立「臺閩地區公共圖書館資訊網路輔導諮詢委員會」，輔導公共圖書館自動化、網路化，促進館際合作，辦理圖書館自動化及網路系統計畫的審查，及全國公共圖書館服務網等相關計畫的推動。

　　適 1995 年 12 月省府教育廳為整體規劃公共圖書館自動化事宜，成立「臺灣省公共圖書館資訊網路輔導諮詢委員會」，1997 年 6 月 7 日該會修正通過「臺灣省公共圖書館自動化與網路系統建置要點」，就建置的目標，提出「集中式作業」規畫，以文化中心為各縣市圖書館自動化系統整合中心，所屬鄉鎮市（區）圖書館以專線連結至文化中心分享系統主機資源的架構模式。期能用以完成公共圖書館資訊網路的「基礎建設」，並與國家圖

書館「全國圖書資訊網路」結合，整合國內各級公共圖書館館藏完整的書目紀錄，奠定全國圖書資訊館際合作的基礎。隨著公共圖書館業務移撥臺灣省政府文化處，由於省教育廳、文化處（科長賴文權）對於圖書館業務的重視，大力地給予經費補助，加上國立臺中圖書館的行政支援，省府自1994 至 1999 會計年度，逐年補助縣市公共圖書館自動化第 1 期軟硬體經費共計 313,210,482 元。及教育部「五年計畫」自 1999 至 2000 會計年度，由臺灣分館的行政支援，核撥 92,885,915 元。中央及省府，齊心齊力，合計投入經費 405,096,397 元（陳昭珍、賴麗香），使全國公立公共圖書館得以發展圖書館自動化及網路連線，自 2002 年起都已邁進圖書館資訊系統網路化服務時期。

閱讀植根與空間改造（第 1 期計畫）

「植根計畫」係教育部為提升圖書館服務品質，針對國立圖書館及縣市鄉鎮公共圖書館的閱讀環境改善、館藏資源充實與閱讀活動推廣給予協助與補助，所推動的大型計畫，投注約 16 億元，計畫內容為「公共圖書館活力再造計畫」、「建構館藏特色及創新服務計畫」、「提升國家書目計畫」等 3 大面向重點工作，計 11 項子計畫，藉以強化圖書館體質與服務。

2008 年 12 月報奉行政院核定，2009 年起開始施行。其中補助地方公共圖書館「閱讀環境與設備升級計畫」、「閱讀推廣與館藏充實實施計畫」兩項，用以加強軟硬體建設，分由省立臺中圖書館、臺灣分館負責執行與輔導公共圖書館。前者旨在形塑圖書館溫馨有趣氛圍及便捷資訊的空間，改善及提升公共圖書館的閱讀環境；後者以補助各圖書館閱讀活動及館藏充實為主。

「閱讀推廣與館藏充實實施計畫」的內容分別為「閱讀起步走（Bookstart）：0-3 歲嬰幼兒閱讀推廣活動計畫」，讓閱讀從小扎根；「公共圖書館與學校閱讀與網絡計畫」與「多元悅讀與館藏充實計畫」，讓各地的公共圖書館結合學校與社區共同推動閱讀；並且依據各縣市不同的特性，舉辦各式分齡分眾的閱讀推廣，並推動「一城一書」活動。

　　臺灣分館辦理「閱讀推廣與館藏充實實施計畫」的輔導團工作，透過輔導、訪視、行銷推廣等各種管道，協助全國公共圖書館進行辦理圖書館的館藏充實及活動。該館除建置活動網頁專區外，每年邀集委員，分北中南東 4 區，依縣市所提計畫進行複審相關事宜，並配合計畫實施期程，安排輔導訪視，實地瞭解計畫執行情形及成效。自 2009 至 2012 年（4 年）共訪視 42 場次。並辦理相關培訓如圖書館員及志工、種子人員、全國故事媽媽培訓及觀摩活動，4 年共辦理 25 場，計 2,723 人次參與。（國立中央圖書館臺灣分館；李玉瑾、孟文莉）

　　1.「閱讀起步走：0－3 歲嬰幼兒閱讀推廣活動計畫」。本計畫「全國各鄉鎮圖書館皆可提計畫申請，以建置嬰幼兒閱讀分齡專區，創造鮮明活潑閱讀氛圍，辦理各項嬰幼兒閱讀活動，提升嬰幼兒的辦〔借書〕證率，提供主動將閱讀禮袋送到家的貼心服務，結合各縣市文化局、鄉鎮圖書館及社會資源，以整體性、延續性及整合性的方式，辦理各項多元閱讀推活動。」（呂春嬌）4 年來，此項活動「共有 17 個縣市全面推動。補助鄉鎮圖書館共 505 館次，贈送的禮袋數，220,004 份（包含由學者專家組成的選書小組選出最適合寶寶閱讀圖書 2 冊、父母閱讀指導手冊、推薦書單等），另外舉辦父母講座、育兒講座及說故事活動等相關推廣活動，計辦理 19,744 場，共 1,412,293 人次參加，嬰幼兒辦借書證數約 163,034 人，設置嬰幼兒專區（專櫃）有 397 館（占所有公共圖書館數的 77.24%）。（國立中央圖書館臺灣分館；李玉瑾、孟文莉）

　　2.「公共圖書館與學校閱讀與網絡計畫」。閱讀推廣從公共圖書館和學校合作出發，以社區（市、鄉、鎮、區）為單位，地方公共圖書館為核心，串連公共圖書館周遭學校資源，透過認識圖書館、校園巡迴圖書、鼓勵辦理公共圖書館借書證、經營校園閱讀角落、讓作家走入校園、整合閱讀活動、從活動到持續性的閱讀等 7 大步驟，建立學校及公共圖書館的閱讀網絡。使公共圖書館與鄰近學校緊密結合，圖書資源效益加倍，同時閱讀教育與學校課程配合，對於孩子們閱讀能力的培養有扎根的作用。2009 年

和 2010 年參與的圖書館，共計 48 所，參與的學校數共 271 所，計辦理活動 1,431 場，共 390,148 人次參與。（國立中央圖書館臺灣分館；李玉瑾、孟文莉）2011 年起該計畫納入「多元悅讀與館藏充實計畫」中，併同辦理，整體規劃閱讀推廣活動。

3.「多元悅讀與館藏充實計畫」。 教育部補助縣市推動本計畫，參與館數有 1,418 館次，經費共 220,198,433 元。其中 158,359,330 元，作為充實各縣市鄉鎮圖書館的館藏；61,839,103 元補助各縣市依據館藏特色或主題，辦理各式閱讀推廣活動，包括講座、研習、培訓、書展、讀書會、電影賞析等，辦理對象包括銀髮族、青少年、新住民等。4 年計辦理閱讀活動 28,117 場次，參與人數 6,787,128 人次。（國立中央圖書館臺灣分館；李玉瑾、孟文莉）

4.「一城一書」（One City, One Book）活動。 2010 年 4 月 20 日教育部為推廣「2010 終身學習行動年 331——全民樂閱讀」活動，假臺灣分館舉辦記者會，宣布全國 25 縣市「一城一書」活動，正式開跑。本活動為教育部推動「全民樂閱讀——Enjoy Reading」的主軸活動。

「一城一書」源起於 1998 年由美國西雅圖華盛頓圖書中心（Washington Center for the Books）主任波爾（Nancy Pearl）發起，旨在提倡讀書風氣，所有市民同一段時間內，共同閱讀一本書，她的建議得到市政府和西雅圖公共圖書館支持，活動推出後受到大家的喜愛。自 1998 年開始至 2003 年，全美共有超過 130 個城市推出「一城一書」活動。推行該項活動因共同閱讀一本書，而有了共同的話題，整個城市彷彿就是一場大讀書會，替全體市民搭起友誼的橋樑，彼此不再陌生，而是以書會友。

流風所及，臺灣也於 2003 年由桃園縣文化局局長謝小韞首度舉辦「一書一桃園」活動，投票選出李永平譯、（美）庫伯勒－羅斯（Elisabeth Kubler-Ross, 1926-2004）撰《天使走過人間：生與死的回憶錄》（*The Wheel of Life: a Memoir of Living and Dying.*）（臺北：天下遠見公司，1998.04）為當年桃園之書。

　　2010年4月上開教育部記者會後，各縣市參考策略以桃園縣政府為例，透過轄內各級學校校長、讀書會、在地作家推薦，再由民眾參與票選，並經過專家學者評審，選出一本「城市之書」，讓每座城市都有自己的代表好書，並利用巡迴講座、讀書會等活動，鼓勵民眾多讀書。（歐陽芬）

　　「閱讀推廣與館藏充實實施計畫」實施後，全國圖書館增加館藏903,665 冊圖書，共提升國人平均每人擁有館藏由 2007 年 1.23 冊增至 2011 年 1.51 冊，平均每人年借書冊數由 1.81 冊增至 2.47 冊，辦證率由 26.27%增至 43.68%，借閱率由 51.29%增至 68.74%，國人購書費由 15.21 元增至 21.74 元。及讀者到館率由 1.44 次增至 2.06 次，平均停留時間由 2.44 小時增至 3.11 小時。（李玉瑾、孟文莉）「無論是家長或地方首長皆希望本活動持續及擴大全面辦理，同時可擴及 4－6 歲的學齡前兒童，以達閱讀植根的目的。」（國立中央圖書館臺灣分館）

十四、出版刊物

國立中央圖書館臺灣分館館訊

　　1990 年 6 月 15 日發刊第 1 期至 1994 年 7 月 1 日第 17 期止。季刊，每年 3、6、9、12 月各出刊一期。內容：1.本館介紹；2.專著、專欄及人物專訪；3.圖書館界動態報導；4.新書、參考書選介。1995 年該館推廣輔導組編，《國立中央圖書館臺灣分館館訊索引》（臺北：該館，1995.04），為《館訊》總索引，可依期次、分類（24 類）、作者分別檢索。末有附錄：1. 國立中央圖書館臺灣分館館史與沿革；2. 國立中央圖書館臺灣分館流通政策。

國立中央圖書館臺灣分館館刊

　　1994 年 9 月發刊第 1 卷第 1 期至 2004 年 9 月第 10 卷第 3 期止。季刊。報導該館特藏資料、社會教育、圖書館學與資訊科學新知、圖書館界動態、圖書館人物介紹、兒童文學、社教藝文活動、民俗風物等相關主題論

述。

臺灣圖書館管理季刊

2005 年 1 月發刊第 1 卷第 1 期至 2010 年 10 月第 6 卷第 4 期止。取代《國立中央圖書館臺灣分館館刊》，卷期另起。每年 1、4、7、10 月各出刊一期。刊載公共圖書館經營有關科際整合性、學術研究性論文為主。館長廖又生特撰「發刊詞」〈閱讀無所不在，寫作傳遞聖火：賀臺灣圖書館管理季刊誕生〉乙文。

臺灣學研究

2006 年 10 月 26 日創刊，原稱《臺灣學研究通訊》（*Newsletter for Research in Taiwan Studies*），2007 年 6 月第 3 期起更為現刊名，改為半年刊，為一研究臺灣史方面的學術性刊物。（參見本章「臺灣學研究中心」乙節）

臺灣學通訊

2007 年 6 月 1 日創刊。第 1－14 期（2007 年 12 月）為半月刊（報紙型），第 15 期（2008 年 3 月）－72 期（2012 年 12 月）為月刊（雜誌型），並以「主題」方式呈現，每期版面由 8 頁增至 16 頁，每月 20 日出刊。該刊自 2006 年 7 月起發行電子報，每月第 1 個星期五發刊。（參見本章「臺灣學研究中心」乙節）

第二章　茁壯期──國立臺灣圖書館（2013.01 以後）

前　言

　　自 1973 年 10 月 22 日臺灣省立臺北圖書館改制更名為國立中央圖書館臺灣分館（「臺灣分館」）以來，業務不斷發展，藏書持續增加，館舍漸已不敷使用。曾任國立中央圖書館（「國圖」）館長王振鵠教授在臺灣分館建館 90 週年撰文誌慶提到：「1973 年省市分割，省立臺北圖書館因位居臺北市，改隸教育部，易名為『臺灣分館』，分館在體制上雖由總館督導其業務，但仍保持其獨立作業的傳統。改制迄今，在歷任館長努力經營下，推廣業務」。

　　曾為臺灣分館館長孫德彪在慶祝臺灣分館 80 週年撰〈珍惜歷史開拓未來──祝福央圖臺灣分館 80 週年館慶〉乙文，提到：「教育部同意接管『省立臺北圖書館』之後，於 1973 年 7 月奉行政院令改隸教育部，更名為『國立中央圖書館臺灣分館』，其組織條例、員額編制、經費預算、行政運作均隸屬教育部，而『分館』之含義，僅為當時教育部為接管所需法源依據之權宜作為」。

　　該館第 18 任館長廖又生教授提到改制時建議館名為「國立臺灣圖書館」卻未蒙採行，「由於納入國立中央圖書館作為分館，分館同人心態上皆蒙上淪為他館附庸之陰影，列位 5 位館長〔胡安彝、劉昌博、朱大松、孫德彪、林文睿〕與總館的互動，亦出現若即若離關係」。

　　1973 年 8 月 29 日教育部公布《國立中央圖書館臺灣分館暫行組織規

程》，1985 年 10 月 23 日總統令公布《國立中央圖書館臺灣分館組織條例》。
廖又生認為「姑不論是暫行組織規程或組織條例，已有的人事、會計建制
的事實，足徵本館縱令納為國圖分館，實質上仍享有獨立行政主體的資
格，殆無疑義。」但是改制中央，該館位階也隨之改為 4 級機構，影響了組
織人員及經費的發展。及至 2013 年 1 月 1 日臺灣分館改制更名為國立臺灣
圖書館、1 月 2 日下午 2 時舉行揭牌典禮，始達成同人多年的心願。

　　臺灣分館遷建改制更名為國立臺灣圖書館的過程，是漫長的、崎嶇
的。

一、遷建改制更名

提議改制為專業圖書館

　　臺灣分館原為公共圖書館，1986 年 6 月經奉部長李煥指示：將改制為
專業圖書館，初步以婦女、兒童、盲人為主要對象，並兼負臺灣地區各省
市鄉鎮及中小學圖書館的輔導工作。1987 年 5 月 5 日教育部發文指示臺灣
分館，「衡酌國家社會之發展需要暨該分館現有條件，應予研究該分館改制
直隸本部。」〔一時造成紛擾，學術界並不贊成改為專業圖書館〕

　　館長朱大松指示同人章以鼎就當時學者專家曾為該館改制建言的各方
意見彙總，做一初步規劃報告（章以鼎）。同年 6 月 3 日臺灣分館提出「國
立中央圖書館臺灣分館改制為專業圖書館初步規劃報告初稿」（小冊子），
究其內容，分改制專業圖書館緣起、新館任務與發展方向、改制後的新名
稱等 3 小節。臚列改制後的新稱謂有 7 項，其中之一係 1985 年該館圖書館
事業研究發展委員會建議改稱為「國立臺灣圖書館」。

　　1987 年 11 月 30 日行政院函送立法委員蔡勝邦〈建議應維持中央圖書
館臺灣分館〉所提質詢的書面答覆：（立法院秘書處，1987.12.19）

1. 國立中央圖書館臺灣分館確具歷史性之特色，其所藏之「臺灣資料」、「東南亞資料」、「中國各地調查報告書」等，亦均具珍貴文化資產之價值。惟該館欠缺妥善之庋藏條件，為使該批資料得以延縣復旦，及適應國家社會發展和各方特殊專門知識之需求，致教育部有將該分館遷建改制之議，以期該館除繼續加強特藏資料之蒐集、整理外，同時發展為以婦女、兒童、盲啞等特種類別為主之專門圖書館。但遷建，改制非一時所能辦到，故將有關珍貴資料暫時移藏國立中央圖書館，俟該分館之新館籌建完成，庋藏條件改善後，再將該項資料交還該分館，以保其歷史性及完整性。

2. 蔡委員建議不可廢除兼併中央圖書館臺灣分館一案，已送交教育部慎重考慮。

　　館長孫德彪上開所撰〈珍惜歷史開拓未來〉文章提到：該館改隸教育部 10 年之後，當時竟然有人建議將館中特藏移置中央圖書館，所遺兒童與一般圖書資料改設兒童青年圖書館，教育部並已下達移書指令，幸賴學者專家、地方文獻大老、多位立法委員的支持，以及全館同人的努力，得以保存下來。（孫德彪）

定位改制發軔

1989 年是國立臺灣圖書館定位改制的發軔年。

　　1989 年 2 月 13 日教育部單位主管第 151 次會報，部長毛高文指示：「關於臺灣分館遷建新館事宜，請繼續與有關單位協商覓定妥當地點。」

　　1989 年 2 月 21 日至 22 日國圖主辦「第二次全國圖書館會議」，其中第 2 次會議「圖書館組織與管理（公共圖書館組）」，由孫德彪、陳祖榮、吳清山、洪慶峯、宋建成共同主持，在「關於建立公立圖書館系統普及圖書館服務案」，決議之一：「建立全國圖書館體系，擴大國立中央圖書館臺灣分館組織功能，使其成為臺灣地區公共圖書館的地區性國立圖書館。」

1989 年 12 月 28 日館長孫德彪就所擬該館整體發展規劃工作計畫召開審議委員會第 1 次會議，討論該館未來發展功能、定位及遷館改制事宜，並將與會委員建議事項呈報教育部。1990 年 2 月 14 日教育部核復「國立中央圖書館臺灣分館」未來改制名稱以「國立臺灣圖書館」為原則，並同意原規畫草案名稱改為「國立臺灣圖書館整體發展規劃草案」。臺灣分館爰據以修正規劃草案，復經召開兩次審議會議，將審議完成的「國立臺灣圖書館整體發展規劃草案」報請教育部審核。6 月 27 日教育部召開決策審核會議審核，由次長趙金祁主持，審核結果，同意原則通過，報請部長核定後辦理。

遷建與改制併行

1992 年 8 月 17 日教育部核定「國立中央圖書館臺灣分館遷建籌備委員會設置要點」，成立「遷建籌備委員會」，由次長李建興擔任召集人，預計於 2000 年左右完成遷建，同時以臺灣圖書館的新貌正式營運。

1996 年 4 月 30 日立法院第 3 屆第 1 會期第 10 次會議委員柯建銘等 21 人臨時提案：「有鑒於臺灣分館為典藏臺灣文獻史料之重鎮，行政院應通盤檢討將其改制為國立臺灣圖書館，並於一年內擬具國立臺灣圖書館組織條例送本院審查，以作為該館之法源依據，請公決。」（立法院秘書處，1996.05.11）同年 5 月 13 日立法院以議字第 1317 號函送該案請行政院研處。

1997 年 6 月 16 日行政院臺八十六教字第 24623 號函核准所提「國立中央圖書館臺灣分館遷建計畫」，並核定「國立中央圖書館臺灣分館遷建後為使其發展成為具有特色之地區性圖書館，其館名更改為『國立臺灣圖書館』並請研擬該館組織法草案報院」。

政府組織改造

改制更名組織法律因逢政府組織改造工程進行，致遭行政院暫停推動。

1987 年 7 月 15 日行政院成立「行政院組織法研究修正專案小組」，開

始規劃行政革新及組織調整。惟「行政院組織法修正草案」歷經 1988 年 10 月、2002 年 4 月、2004 年 9 月、2005 年 3 月、2008 年 2 月，計 5 次函請立法院審議（因法案「立委屆期不續審原則」），均未能完成立法程序，使得這項政治改革工程始終無法落實。

期間，1996 年 12 月，國家發展會議經濟發展組鑒於政府組織在立法院修法的進度緩慢，無法配合政策的目標及業務實際需要，建議以修憲來達成政府機關機動調整組織及用人彈性的目標。（彭錦鵬）1997 年 7 月 21 日總統令修正公布《憲法增修條文》（全 11 條）第 3 條第 3 項，第 4 項，分別規定了「國家機關之職權、設立程序及總員額，得以法律為準則性之規定」，「各機關之組織、編制及員額，應依前項法律，基於政策和業務需要決定之」。隨即 1997 年 11 月 18 日行政院訂頒「行政院組織再造方案」，將制定「中央政府機關組織基準法」、「中央政府機關總員額法」兩草案，列入實施要項，並分別由行政院研究發展考核委員會（「研考會」）、行政院人事行政局負責草擬法案工作。

2004 年 6 月 23 日總統令制定公布《中央行政機關組織基準法》（「《基準法》」；全 39 條），規範了中央行政機關組織架構、內部單位設立的原則、層級、名稱等。依據該《基準法》規定：「機構」是「機關依組織法規將其部分權限及職掌劃出，以達成其設立目的之組織。」（第 3 條）及「機關於組織法規規定之權限、職掌範圍內，得設附屬之實（試）驗、檢驗、研究、文教、醫療、社福、矯正、收容、訓練等機構。」（第 16 條）明定了中央行政機關（部會）設置附屬機構的定義和法源。

2004 年 9 月 9 日行政院頒布《行政院組織改造期間法案整體管控要點》（全 7 點），規定「各機關組織法案訂修，應依本院組織改造推動小組規劃之方向及時程辦理，不得先行為之。」雖然 2005 年 7 月 6 日教育部第 545 次部務會議通過「國立臺灣圖書館組織規程」（草案），同年 8 月 3 日陳報行政院鑒核；但是因逢政府組織改造工程進行，致遭暫停推動。

文建會與國立圖書館

因「精省」作業改隸文建會，定位為國家圖書館臺北館，惟未能完成立法。

1997 年 5 月 15 日省府文化處成立。1997 年 10 月 23 日省中圖由教育廳改隸文化處。1981 年 11 月 11 日行政院文化建設委員會（「文建會」）成立。

1998 年 10 月 28 日依據《憲法增修條文》第 9 條第 3 項，總統令公布《臺灣省功能業務與組織調整暫行條例》，精簡臺灣省政府組織（「精省」）的重大變革開始進行，分階段調整作業。臺灣省政府縮編改組為行政院派出機關，不再具有地方自治法人地位。1999 年 7 月 1 日省中圖因精省作業改隸文建會，更名為「國立臺中圖書館」（「國中圖」）。

文建會為期先行解決文化事權統一問題，配合精省第二階段組織法規調整作業，及貫徹政府組織再造政策，爰於 2000 年 6 月 1 日、12 日邀集內政部、教育部、行政院農業委員會及行政院新聞局等單位，協商文化業務調整事宜。在協商會議中，決議各機關將數項業務及附屬機構移撥文建會。教育部認為：（立法院秘書處，2002.07.17）

> 「國圖」之主要功能在於蒐集人類的文化資產，其已超過教育的內涵；且新聞局之出版業務即將移撥文建會，其與「國圖」之圖書呈繳制度息息相關，更涉及新書預行編目與國家書目中心之推行與建置，因此「國圖」宜移撥文建會，較能承襲此部分功能。目前中央級之圖書館中，「國圖」及「臺灣分館」隸屬於教育部，「國中圖」則隸屬於文建會，為使圖書館之行政事權統一，3 個國立圖書館及公共圖書館業務，宜歸文建會主管，俾利全國圖書館事業的輔導與推展。

文建會以上開經研議移撥附屬機構數量頗多，其間不乏業務屬性相似、功能定位重疊，依政府組織改造，提升行政效率的原則，實有檢討並

予分工、整併及釐清定位的必要。因此又於 2000 年 6 月 19 日至 29 日邀集相關機關（構）、學者專家等密集召開分工研商會議，除釐清相關附屬機構的功能外，並擬議將 28 個附屬機構精簡為 24 個。其中，「國圖」將做為圖書館事業資源整合單位，「臺灣分館」及「國中圖」將作為「國圖」的分館，另文建會可設立委員會，從事館際合作，成為公共圖書館、大學圖書館等的專業資源中心。（立法院秘書處，2002.07.17；黃世雄、胡歐蘭）

　　文建會規劃在國家圖書館之下，分設國家圖書館臺北館（原臺灣分館）、國家圖書館臺中館（原國中圖），兩館分為 4 級機構。2000 年 9 月 13 日及 9 月 19 日國圖館長莊芳榮先後出席文建會召開「審議改隸至本會之教育部附屬機構（單位）組織法修正草案會議」及研考會召開「臺灣省政府功能業務與組織調整委員會作業第 40 次會議」討論《國家圖書館組織條例》部分條文修正草案。

　　茲為配合行政院組織法的修訂與組織再造，文建會在政策上確定將從原有合議制的委員會改制為行政院內主管並推動文化業務的部門。行政院爰為配合精省作業，並考慮文化事權統一及業務發展，於 2000 年 10 月 17 日將文建會組織條例部分條文修正草案暨各附屬機構組織條例（規程）修正草案，包括國家圖書館組織條例部分條文修正草案、國立中央圖書館臺灣分館組織條例草案、國家圖書館臺中館組織條例草案，提請行政院送請立法院審議。（立法院秘書處，2002.07.17）期以修正通過的組織架構為基礎，再整合行政院新聞局等相關單位移入業務，進行「文化部」的成立作業。

　　2001 年 3 月 9 日立法院第 4 屆第 5 會期第 3 次會議，立法委員謝啓大鑒於文建會將「國中圖」逕行改名「國家圖書館臺中館」，位階為 4 級機關，提出質詢：（立法院秘書處，2001.03.14）

　　鑒於政府機關之編制及其職掌功能，必須維護並使之加強，不可因組織之「特殊異動」（如精省即非常態異動），而任意抹殺其

原有位階，否定其既往之貢獻，據此「國家圖書館臺中館」必須
維持其為中央 3 級機關，以符名實，特向行政院提出質詢。

行政院答覆：為配合精省第二階段組織法規調整作業，及貫澈政府組織再
造政策，該館組織條例草案送請貴院審議，並更名國家圖書館臺中館，其
組織定位及機構層級係依本院送請貴院審議中「中央行政機關組織基準法
草案」內容與精神，而其機關任務與服務功能並未因此改變。謝委員所提
意見，業留供參考。（立法院秘書處，2001.05.19）

本項文建會組織條例草案審議案，雖經協商完畢，達成共識，並已完
成協商簽字，但是終因會期過於急迫，以致未及完成二、三讀。2002 年 3 月
27 日文建會再次將上開組織法案提行政院送請立法院審議。2002 年 5 月 20
日第 5 屆立法院第 1 會期法制、教育及文化兩委員會聯席會議審議，雖然
「審查通過，但因有故宮博物院歸屬問題，未能完成立法。（吳密察）」

文建會暨其附屬機構組織法律，歷經兩屆立法院均未能審議通過；終
也沒有完成文建會組織法等的修正。雖然《圖書館法》規定該法的主管機
關在中央為教育部，「但教育部始終認為公共圖書館為行政院文建會所主
管，對公共圖書館也無長遠計畫（林瑞雯、宋棋超）。」

教育部與國立圖書館

**再改隸教育部，仍因配合政府組織再造的方向及時程，改制更名未能
成案。**

2004 年 10 月 5 日教育部部長杜正勝與雙和地區立委趙永清、林德福、
洪秀柱、李慶華等協調會議決議：「國立中央圖書館臺灣分館 2004 年 12 月
30 日正式開館營運准予更名為『國立臺灣圖書館』。」

2004 年 10 月 18 日臺灣分館（93）圖人字 3758 號函請改制更名為「國
立臺灣圖書館」，經同年 11 月 15 日教育部以臺社（三）字第 0930142909 號
函轉陳「國立中央圖書館臺灣分館」擬更名為「國立臺灣圖書館」乙案，
報奉行政院 2005 年 1 月 5 日臺九十四授研綜字第 0940000398 號函核復，原

則同意，並請依所報訂定「國立臺灣圖書館組織規程」，將該館定位為教育部附屬機構，同時廢止《國立中央圖書館臺灣分館組織條例》。

　　2006 年 11 月 9 日行政院依交據教育部查復書面答復立法委員王淑慧「將臺灣史料放在『臺灣分館』之作法，認為不符臺灣為主權獨立國家之主張」所提質詢。教育部查復：（立法院秘書處，2007.01.08）

1. 本部自 1998 年 1 月起陸續展開《國立中央圖書館臺灣分館組織條例》之修訂工作，惟因涉及改隸文建會、相關遷建作業事宜，及配合「基準法草案」及「總員額法草案」制定時程，始終未能成案。

2. 2004 年 12 月本部原規劃配合國立中央圖書館臺灣分館新館的啓用，同步進行「國立中央圖書館臺灣分館」更名為「國立臺灣圖書館」作業，惟「國立臺灣圖書館組織規程草案」，於 2005 年 3 月及 2006 年 5 月兩次報陳審查，經各部會審慎研議，基於配合組織再造各項內外環境條件的成熟，仍以併同未來附屬機構的通案調整作業辦理為宜，從而決定暫緩更名。未來，本部仍將配合組織再造期程，完成更名程序。

教育部和文建會分工

　　2007 年 8 月 8 日行政院為利圖書館、博物館指揮體系的整合及提升相關資源統籌運用成效，核定教育部、文建會屬「圖書館」、「博物館」、「社教館所及展演場所」、「附屬學校及所屬團體」及「行政法人所屬團體」等 5 大類文教機構調整方向。同年 9 月 10 日研考會舉辦「圖書館、博物館等文教類附屬機構改隸及法制化作業會議」，邀集教育部、文建會、行政院主計處、人事行政局、行政院法規會等機關共同研商。大抵規劃將「藝文展演場所性質」文教類機構改隸文建會，「原教育部所屬圖書館、科學類博物館」等文教類機構繼續隸屬教育部。於是國圖、臺灣分館、國中圖改由教

育部主管。研考會爰於 9 月 19 日檢送該次會議紀錄，並檢送所訂定「圖書館、博物館等文教類附屬機構改隸及法制化作業處理要項」，請各機關依所訂時程，辦理相關組織法規訂定、修正或廢止。該「要項」強調依據《基準法》第 33 條明定各部會為處理技術性或專門性業務需要得設附屬機關署局，且總數除地方分支機構外，以 50 個為限（指 3 級機關；2010 年 2 月 5 日修正為 70 個），並基於文建會、教育部所屬館所行使公權力色彩較低，屬於《基準法》第 16 條所稱研究、文教類附屬機構，以 4 級機構規劃為原則。

　　「要項」中明列原屬文建會的國中圖移由教育部主管，仍維持 4 級機構；臺灣分館仍隸屬教育部，維持原行政院核備的 4 級機構。國圖的組織層級維持不變。配合國中圖改隸教育部，依《基準法》規定通盤檢討現行組織條例，並將名稱修正為組織法。

圖書館改隸及法制作業

　　教育部於 2007 年 10 月 2 日召開「圖書館、博物館等文教類附屬機構改隸及法制化作業會議」，決議國中圖移由教育部主管，並為使國圖以 3 級機構方向規劃，與臺灣分館改隸國圖，兩館均屬 4 級機構。國圖於同年 10 月 8 日邀集國中圖、臺灣分館就改隸 3 館業務的分工與職掌召開協調會議，並決議 3 館依會議結論，擬具相關組織法規，報送國圖彙整後轉陳教育部。10 月 26 日國圖陳報教育部有關該館組織法草案、編制表草案、處務規程草案，及兩分館組織法草案、編制表草案、辦事細則草案等。教育部分別於 11 月 23 日及 11 月 28 日函請國圖依相關核定意見修正，及提報法規衝擊影響評估等相關資料，俾送請教育部法規會審議。（嚴鼎忠）

　　教育部考量自然科學博物館與國家圖書館員額編制已達 250 人，亦設有分支機構，已符合《基準法》所定「3 級機構」的標準，乃向行政院研考會爭取並獲得同意該兩館仍將維持原定的 3 級機構，其餘各館所為 4 級機構。

　　2008 年 8 月 1 日起，國中圖由原中央主管機關文建會改隸屬教育部。依據 2008 年 7 月 20 日公布的《國立臺中圖書館組織規程》（全 5 條），該館

為教育部 4 級附屬機構。

　　2008 年 12 月 5 日立法院第 7 屆第 2 會期第 12 次會議臨時提案，立法委員林鴻池、盧秀燕、費鴻泰等 31 人提案：（立法院秘書處，2008.12.18）

> 針對近年教育部杜前部長〔杜正勝〕任內規劃多項機關學校整併案計畫，引起各界諸多爭議，質疑未經審慎整體評估，率爾整併將不利教育發展；鑒於教育為百年大計，決策推動應做長遠、宏觀、周延之整體考量，顧及國家整體教育發展及發揮組織效益，爰提案要求有關機關學校整併方案，宜作整體通盤考量，並納入行政院組織法統籌辦理。是否有當，請公決案。

本案指出近年機關學校整併案引發爭端不少，如陽明大學與國立中國醫藥研究所整併，國中圖、臺灣分館與國圖合併，國立編譯館、國立教育資料館、國家教育研究院籌備處整併，國立自然科學博物館與鳳凰谷鳥園合併，以及國立歷史博物館，國立臺灣史前博物館、國立中正紀念堂管理處改隸文建會案。本案雖決定：「函請行政院研處」，但在院會因有異議，爰決議：「本案暫不予處理。」

行政院核定了「教育部組織調整報告」

**　　「中央政府組織改造四法」完成立法之後，核定了「教育部組織調整報告」。**

　　2008 年 7 月行政院「組織改造推動小組」重新檢討舊有法案，並於 2009 年 4 月 9 日行政院院會通過新版法案送請立法院審議。及至 2010 年 1 月 12 日立法院終於完成了三讀立法程序，同年 2 月 3 日總統令修正公布《中央行政機關組織基準法》、《行政院組織法》（全 15 條）及公布《中央政府機關總員額法》（「《總員額法》」）（全 11 條）、《行政院功能業務與組織調整暫行條例》（全 21 條）（該 4 法簡稱「中央政府組織改造四法」）。案《行政院組織法》規定行政院未來將設 14 部 8 會 3 獨立機關 1 行 1 院 2 總處（共 29

個機關），並連動修正了《基準法》。

2009 年 5 月 25 日行政院院授研綜字第 0982260684 號函頒《行政院及所屬各機關組織調整作業原則》，規定各部會根據「中央政府組織改造四法」辦理組織調整作業（精簡、整併、改隸、改制、裁撤及業務調整移撥其他機關等情事）；組織調整規劃應優先檢討業務職能朝「四化」的可行性，即「去任務化」、「法人化」、「地方化」、「委外化」，經「四化」檢討確定後機關保留業務事項，依本《組織調整作業原則》再進一步規劃各項業務由某機關（單位）負責，組設未來的機關。該《組織調整作業原則》也明定行政院本部、中央 2 級機關（部會）、中央 3 級機關（署、局）、中央 4 級機關（分署、分局）、附屬各機關的機構及行政法人的規劃原則。各部會研提新機關組織調整規劃報告，於 2009 年 8 月 15 日前提報行政院組織改造推動小組審議。

行政院於 2010 年 7 月 26 日核定了「教育部組織調整報告」。教育部爰依「中央政府組織改造四法」及行政院組改造小組的作業流程，並依行政院上開所核定的教育部組織架構，完成了「教育部組織法修正草案」、部屬 2 個機關（中小學學前教育署、體育署）、9 個機構組織法草案及 1 個行政法人設置條例草案，並於 2010 年 8 月 31 日提行政院審議。國圖、臺灣分館、國中圖回復規劃為教育部所屬 3 級機構。並將國圖、臺灣分館更名為國立臺灣圖書館、國中圖更名為國立公共資訊圖書館等 3 個圖書館的組織結構定位為教育部附屬的 3 級機構。行政院於 2011 年 1 月 6 日第 3229 次會議通過「教育部組織法修正草案」及部屬 10 個機關（構）組織法草案等 11 案，送請立法院審議。

國立圖書館三館組織法

《國立臺灣圖書館組織法》完成立法程序。

2011 年 4 月 6 日及 7 日立法院第 7 屆 7 會期召開司法及法制、教育及文化委員會第 1 次聯席會議（兩天一次會），假立法院紅樓 302 會議室舉行，就院會交付教育部及所屬機關（構）組織法制（修）定草案及委員盧

秀菊等 31 人擬具「國立公共資訊圖書館組織法草案」案審查。國立圖書館
三館組織法草案，「國立臺灣圖書館組織法草案」部分，經逐條審查，委員
呂學璋等對若干條文提修正動議，經協商修正通過「增列副館長一人，職
務列簡任第 10 職等」；並因增列副館長一人，襄助館長處理館務，並兼負幕
僚長之責，爰刪原置主任秘書。其餘均照行政院提案條文通過。另通過附
帶決議，因「該館一級單位主管之列等亦顯偏低。基於主管職等列等之衡
平性，並合理配置專業核心人力」，建議該館一級單位主管改列「8 至 9 職
等」。既經審查完畢，爰提報院會公決。（立法院秘書處，2011.04.28）

　　值此之際，2011 年 4 月 15 日、4 月 19 日立法院第 7 屆 7 會期第 9 次會
議「討論事項」，議程列有林德福等 20 位連署提案：（立法院秘書處，
2011.05.03）

　　　立法委員林德福等 20 人，有鑒於國立中央圖書館臺灣分館將於
　　　2012 年改制為教育部三級機構，並更名為「國立臺灣圖書館」。
　　　為落實國家教育文化整體提昇之目標，建請於行政院組織改造之
　　　際，以該館核定之三級機構組織定位，重新檢視組織規劃，增列
　　　副館長、調整主管職務列等及設置人事室、會計室，以利該館推
　　　動業務。請公決案。

惟決議：「函請行政院研處。」

　　2012 年 1 月 19 日立法院第 7 屆第 8 會期第 1 次臨時會第 1 次會議，「司
法及法制、教育及文化委員會」就有關圖書館三館組織法草案，經逐條審
查，分別完成 2 讀（2 讀時有關臺灣圖書館置副館長乙職，依協商結果仍照
行政院提案置主任秘書條文通過；另通過附帶決議，一級單位主管改列「8
至 9 職等」）、3 讀程序。（立法院秘書處，2012.01.31）2012 年 2 月 3 日總統
令制定公布《國家圖書館組織法》（全 6 條）、《國立臺灣圖書館組織法》（全
6 條）、《國立公共資訊圖書館組織法》（全 5 條），行政院定自 2013 年 1 月 1

日施行。

　　根據《基準法》第 8 條規定：「機關組織以法律制定者，其內部單位之分工職掌以處務規程定之；機關組織以命令制定者，其內部單位之分工職掌以辦事細則定之。」2012 年 12 月 30 日教育部令訂定《國家圖書館處務規程及編制表》（全 15 條）、《國立臺灣圖書館處務規程及編制表》（全 14 條）、《國立公共資訊圖書館處務規程及編制表》（全 15 條），均自 2013 年 1 月 1 日施行。（行政院公報編印中心，2013.01.04）

臺灣分館組織條例廢止

　　2013 年 12 月 27 日立法院第 8 屆 4 會期第 16 次會議「司法及法制、教育及文化兩委員會報告審查行政院函請審議廢止《國立中央圖書館臺灣分館組織條例》及臺灣團結聯盟黨團擬具廢止《國立中央圖書館臺灣分館組織條例》案」。教育部政務次長黃碧端報告：「配合行政院組織改造作業，『國立臺灣圖書館組織法』業於 2012 年 2 月 3 日公布，2013 年 1 月 1 日施行。爰『國立中央圖書館臺灣分館組織條例』應予廢止。」與會委員咸認為提案所廢止的法律，已另制定新法規範，無繼續施行或適用的必要，爰依《中央法規標準法》第 21 條規定，無異議同意予以廢止。（立法院秘書處，2014.01.07）

　　國立中央圖書館臺灣分館改制為國立臺灣圖書館的過程，正逢政府組織改造工程的推動，及實施精省作業和行政院及所屬各機關組織調整。政府組織調整規劃的步驟，首先在設計中央 2 級機關部（會）內部組織架構，如有必要再設計部所屬中央 3 級署、局或機構的組織架構，最後再考量有否必要設立中央 4 級分署、分局或機構；另臺灣分館遷建新館與改制更名作業連動。這都使得臺灣分館意欲完成改制的路，顯得十分漫長，延宕多年，迄 2013 年 1 月始告圓夢。距 1973 年 10 月由省北館改制更名為臺灣分館以來，轉眼已有 40 年。若自 1990 年 6 月教育部同意「國立臺灣圖書館整體發展規劃草案」以來，也經歷了 24

年。期間，臺灣分館還曾被規劃為4級機構。好事多磨。

二、組織和人員

（一）組織

機關組織調整及員額數編列原則

由於2009年5月25日行政院頒《行政院及所屬各機關組織調整作業原則》，限各部會研提新機關組織調整規劃報告，於2009年8月15日前提報審議，教育部恩促間，請部屬3級機構依上開《組織調整作業原則》規定，「中央3級機關之業務單位設4組至6組，輔助單位不得超過6個室」的原則，調整其內部單位，及擬訂處務規程及編制表草案剋日陳報。至於員額部分，《總員額法》規定中央政府機關員額總數最高為17萬3千人（不含軍職人員及公立學校教職員），立法院附帶決議規定，在未來應於5年內降為16萬人。而當時人事行政局所送草案所列員額高限17萬3千人，係以當時中央機關實際預算員額規模為基準，務實編列，所以教育部指示，機構員額數編列以不變動為原則。〔部屬3級機構所擬組織法草案、處務規程及編制表草案，只能在原有的組織條例及編制表的框架裏予以塞入調整，並無新義〕

國立臺灣圖書館組織法、處務規程及編制表

依據《國立臺灣圖書館組織法》（2012年2月3日公布，2013年1月1日施行）（全6條）第1條明定臺灣圖書館的設立目的及隸屬關係：「教育部為辦理圖書資訊之蒐集、整理、保存、利用、推廣與臺灣學資料之研究與推廣，特設國立臺灣圖書館。」

復依該館《組織法》第2條及《國立臺灣圖書館處務規程》（2012年12月30日公布，2013年1月1日施行）（全14條）明定臺灣圖書館的內部組

織與權限職掌：

1. 企劃推廣組：社教、藝文活動的辦理與臺灣學資料的研究、推廣及系統規劃設置。

2. 採訪編目組：圖書資訊的選擇採訪、分類編目及交換贈送。

3. 閱覽典藏組：圖書資訊的閱覽流通、視聽教育、親子共學及視障服務。

4. 參考特藏組：圖書資訊的參考諮詢、特藏閱覽、典藏維護及微縮服務。

5. 秘書室：文書、檔案、出納、財務、營繕、採購、財產管理、工友及駐衛警管理、機電工程、消防安全、館舍維護及不屬於其他各組室所的事項。

6. 人事室：本館人事事項。

7. 主計室：本館歲計、會計及統計事項。

8. 陽明山中山樓管理所：陽明山中山樓的規劃、維護及營運管理。

企劃推廣組、採訪編目組、閱覽典藏組、閱覽典藏組、參考特藏組等 4 組是業務單位，秘書室、人事室、主計室等 3 室是輔助單位，另陽明山中山樓管理所是派出單位，還有臺灣學研究中心採任務編組。

依據國立臺灣圖書館及國立公共資訊圖書館《組織法》及其《處務規程》所定的設立目的及內部組織與權限職掌，教育部已將臺灣圖書館原有「輔導協助地方公共圖書館」的業務，調整移撥歸併到國立公共資訊圖書館。

該館《組織法》第 3 條、第 4 條明定該館首長（館長）、幕僚長（主任秘書）職稱及官職等。第 5 條明定該館各職稱的官職等及員額，另以編制表定之。見表 10。

表 10 國立臺灣圖書館編制表（2014.01.28 修正公布）

單位：人

職　稱	官　等	職　　等	員額	備　　考
館長	簡任	第 12 職等	1	本職稱之官等職等及必要時得比照專科學校校長以上之資格聘任，均為組織法律所定
主任秘書	簡任	第 10 職等	1	本職稱之官等職等，為組織法律所定
組主任	薦任	第 8 至 9 職等	4	必要時得比照助理教授之資格聘任
主任	薦任	第 8 職等	1	本職稱之官等職等暫列
所長			（1）	
編審	薦任	第 7 至 8 職等	10	1. 本職稱之官等職等暫列 2. 必要時得比照助理教授之資格聘任
專員	薦任	第 7 至 8 職等	1	
編輯	薦任	第 7 職等	15	1. 本職稱之官等職等暫列 2. 必要時得比照講師之資格聘任
組員	委任或薦任	第 5 職等或第 6 至 7 職等	8	
技士	委任或薦任	第 5 職等或第 6 至 7 職等	1	
助理員	委任	第 4 至 5 職等	2	內 1 人得列薦任第 6 職等
辦事員	委任	第 3 至 5 職等	3	
書記	委任	第 1 至 3 職等	3	

職　　稱	官　等	職　　等	員　額	備　　　考
人事室主任	薦任	第 8 職等	1	本職稱之官等職等暫列
人事室組員	委任或薦任	第 5 職等或第 6 至 7 職等	1	本職稱之官等職等暫列
主計室主任	薦任	第 8 職等	1	本職稱之官等職等暫列
主計室組員	委任或薦任	第 5 職等或第 6 至 7 職等	1	本職稱之官等職等暫列
合　　計			54 (1)	

說　　明：( ) 括弧內數字係指兼任職員數。

資料來源：2014 年 1 月 28 日教育部臺教人（二）字第 1030003921B 號令修正
　　　　　公布。

接管陽明山中山樓管理所

茲為配合政府組織改造，2013 年 1 月 1 日起陽明山中山樓管理所由臺灣圖書館接管。

陽明山中山樓（臺北市北投區陽明路二段 15 號）係 1965 年政府為紀念國父百年誕辰而規劃興建。1965 年 10 月 2 日建築部分破土，由建築師修澤蘭設計，行政院國軍退除役官兵就業輔導委員會榮民工程管理處興造，1966 年 11 月 6 日竣工，11 月 12 日總統蔣中正親臨主持落成典禮。中山樓基地總面積 13,583 平方公尺，建樓總面積 18,129 平方公尺，樓高 34 公尺（3 層樓）。依山而起，依勢而造的經典之作。全樓係以中國宮殿式建築藝術為藍本，在使用上為國家開會接待國賓的場所，故外觀宏偉，內部裝飾如門窗、家具、燈光、天花、彩畫等皆極為精緻講究。

中山樓之後曾為前國民大會專屬議場，及歷任國家元首接待各國貴賓或舉辦國宴的重要場所，至今仍完整保留許多見證我憲政發展及其他有關

近代史事的重要場景，深具歷史意義（國立臺灣圖書館）。

發行「國立臺灣圖書館百年紀念」郵票

2014 年 8 月 9 日為該館 100 週年館慶，該館與中華郵政公司假該館合辦「國立臺灣圖書館百年紀念」郵票發行典禮。中華郵政公司以具有歷史意涵的該館前身「臺灣總督府圖書館」及具現代感的「國立臺灣圖書館」新館為主題（白家珍設計），發行面值 12 元的「國立臺灣圖書館百年紀念」郵票乙枚，票幅 48x24 毫米，彩色平版印刷，由卡登實業公司採燐光郵票紙印行，發行數量 80 萬張。板橋郵局到館設立臨時郵局，致贈館慶限量局贈封，銷售本郵票、郵摺、紀念卡、首日封、貼（護）票卡及發行典禮紀念卡。

案該館館慶日，王省吾館長首先以 1963 年該館中正路新館對民眾開放首日，訂定為 2 月 1 日；胡安彝館長又以 1973 年中央圖書館與省北館交接之日改訂定為 10 月 22 日，及至 2004 年 11 月 1 日廖又生館長主持第 618 次館務會議，議決以 1915 年原總督府圖書館正式開館首日，確定為 8 月 9 日。

（二）人員

館長簡歷

臺灣圖書館館長職務列簡任第 12 職等，必要時得比照專科學校校長以上資格聘任。歷任館長，陳雪玉（任期：2012.08.13－2015.02.10）之後，為楊玉惠（2015.04.02－2016.09.09）、鄭來長（2016.09.22－2021.09.01）、李秀鳳（2021.09.02－2022.09.11）、曹翠英（2022.09.12－迄今）。

2015 年 2 月 11 日陳雪玉榮陞教育部綜合規劃司司長，教育部核派該館主任秘書吳明珏兼任代理館長，至同年 4 月 2 日由教育部督學楊玉惠接任。

楊館長為臺北市師範學院國民教育研究所教育行政碩士、臺北市教大教育行政與評鑑所博士，歷任教育部高教司科長、專門委員、副司長、訓委會常務委員、督學等職。

　　2016 年 9 月楊玉惠調陞教育部技職司司長，同年 9 月 22 日代理館長吳明珏新任館長鄭來長交接。鄭館長臺師大教育學系畢業，臺師大教育學系碩士、政大教育學系博士，曾任教育部國教司科長、專門委員、副司長、督學、國民及學前教育署副署長。

　　2021 年 9 月因教育部綜合規劃司司長黃雯玲退休，職缺由鄭來長轉任；館長由李秀鳳接任。李館長係中國文化大學市政系畢業，臺師大公民訓育學碩士、臺師大公民教育與活動領導學系博士，歷任教育部中教司科長、專門委員、國民及學前教育署高中職組組長、督學。

　　2022 年 9 月 12 日李秀鳳接長國立科學工藝博物館，同日教育部秘書處副處長曹翠英接任臺灣圖書館館長。曹館長政大教育學系博士。曾任教育部簡任秘書、學生事務及特殊教育司副司長等職。

主任秘書簡歷

　　該館置主任秘書職務列簡任第 10 職等，2013 年 9 月 24 日首任主任秘書吳明珏到職。吳主秘畢業於清華中語系，臺師大人類發展與家庭學系碩士、博士，曾任教育部社教司科長、教育資料館組主任、國家教育研究院專門委員。2012 年 5 月 20 日兼陽明山中山樓管理所所長。

建立該館館員專業知能架構表

　　該館於 2020 年研擬專屬該館的館員專業知能架構表，俾利規劃館員的繼續教育，包括「資訊組織與管理」、「讀者與資訊服務」、「閱讀知能與推廣」、「資訊科技應用」、「行政與管理」、「研究發展與創新」6 大面向及 24 個子項目，見表 11，期望藉由常規的在職訓練，有系統地更新館員專業知識和技術，並使館員瞭解當前專業趨勢，以彌補專業理論與實務作業上的落差，同時提升專業人員執行其專業責任所需的工作品質。因能配合圖書館的個別需求，館員也較亦將理論與日常實務加以結合應用。

表 11　國立臺灣圖書館館員專業知能架構表

項　目	子項目
資訊組織與管理	館藏發展
	資訊組織
	數位典藏與資料庫建置
讀者與資訊服務	分齡、分眾、分流之多元讀者服務
	閱覽流通服務
	參考服務
	館際合作與文獻傳遞服務
	資訊素養與利用教育
	數位學習與其利用
閱讀知能與推廣	閱讀知能
	閱讀推廣
	閱讀素養指導
資訊科技應用	資訊系統管理與分析
	資訊安全
	資訊設備管理
	圖書館網站管理
	數位加值應用（大數據分析）
行政與管理	服務品質管理與專案管理
	圖書館建築與環境管理
	政府採購法與促進民間參與公共建設法
	其他（如媒體經營、管考與評核）

項　　目	子項目
研究發展與創新	圖資領域主要研究發現和相關文獻
	讀者需求與滿意度調查
	創新思考業務與服務

資料來源：國立臺灣圖書館，〈建立本館館員專業知能架構表〉，載於：《國立臺
　　　　　灣圖書館 2020 年度工作報告》（新北市中和：編者，2021.12），頁
　　　　　66。

三、經費

　　教育部為因應所屬機構發展趨勢，優化財務經營管理的能力，提升既
有作業基金法源位階，使現行作業基金更具彈性運用空間，並強化國家教
育研究院教研機構智庫功能，自 2009 年第 1 次將「教育部所屬機構作業基
金設置條例草案」函送立法院審議，歷經 3 次，均因屆期不續審致未能完成
法制作業程序。其後，歷 9 年的努力，始經立法院於 2018 年 11 月 9 日三讀
通過，並由總統於同年 11 月 28 日公布施行。2019 年 4 月 19 日教育部廢止
《國立社教機構作業基金收支保管及運用辦法》。

　　《教育部所屬機構作業基金設置條例》（全 13 條），首條揭示：「教育部
為因應所屬機構發展趨勢，提升社會教育及教育研究品質，增進財務經營
管理之能力，設置教育部所屬機構作業基金，特制定本條例」。所謂「作業
基金」係指政府為提供財物或勞動的目的，通常以收取價款方式收回其成
本，供循環運用，而不以營利為目的的「業權型特種基金」（「業權基
金」）。本《條例》設置作業基金的機構，其一切收入均應納入各該機構作
業基金，依法辦理。本項基金項下，現設有國立自然科學博物館作業基
金、國立科學工藝博物館作業基金、國立海洋生物博物館作業基金、國立
臺灣圖書館作業基金、國立臺灣科學教育館作業基金、國立海洋科技博物

館作業基金等基金。教育部強調，其他教育部所屬機構，如年度經費自籌比例超過百分之 15，得申請設置作業基金。

　　本基金的來源，除政府循預算程序撥款外，為自籌收入，其項目如下：1.門票及銷售收入；2.場地設備管理收入；3.接受委託辦理的收入；4.社會教育活動、相關體驗活動、推廣教育、研習及產學合作收入；5.資產使用費、權利金及回饋金收入；6.受贈收入；7.孳息收入；8.出版品及衍生商品收入；9.其他收入。本基金的用途：1.展示策劃及蒐藏支出；2.圖書資訊徵集、採編及閱覽支出；3.教學及研究發展支出；4.推廣教育及產學合作支出；5.銷售支出；6.編制外人員人事支出，占自籌收入的比率由主管機關另定之；7.行銷支出；8.管理及總務支出；9.增置、擴充、改良資產支出；10.其他有關支出。本基金年度決算如有賸餘，應依規定辦理分配。教育部認為本《條例》重要立法效益有三：

　　1.激發所屬機構開源潛力。施行公務機關預算的財務收支均應悉數納入國庫，但作業基金的賸餘得留供基金循環運用，更能夠發揮社會資源運用效益，加強產學合作，激發開源的潛力。

　　2.增加預算編製與執行彈性。實施作業基金的年度結餘，可滾存至基金再利用。預算編製與執行較具彈性，促使教育部所屬機構依最低支出達最高效能應用資源，提升預算支應的經效益，達節流的效益。

　　3.增進人事進用彈性及資源配合的合理性。教育部所屬機構實施作業基金制度後，門票及銷售收入、場地設備管理等 9 項自籌收入毋須依照公務機關預算時期納入統收統支系統，執行預算較具彈性。又為促進人事進用彈性，本條例明定自籌收入得以進用編制外人員，使資源配置益形彈性合理。

　　2018 年為配合「企業會計準則公報」（財團法人會計研究發展基金會發行）的規定，並按本基金業務需要，修正了《國立社教機構作業基金會計制度》，供依本條例設置作業基金的機構據以辦理會計事務。

　　臺灣圖書館自 2008 年度起納入「國立社會教育機構作業基金」，於該基

金下設「國立臺灣圖書館作業基金」（原國立中央圖書館臺灣分館作業基金）。秉持成本效益觀念，加強開源節流措施，以提升營運績效與服務品質，增加對社會的社教服務功能。

依據立法院「國立社教機構作業基金 2013 年度預算評估報告」，臺灣圖書館部分：「收入 8 成以上來自政府補助款，自籌財源比率居各社教館所之末，宜加強開闢財源，以減輕政府負擔。」「本年度併入陽明山中山樓管理所，宜結合多方資源擴大樓館參觀及運用效率，以充裕基金收入及活化古蹟資源。」「2014 年度預算評估報告」，該館「公共圖書館設立及營運基準規範圖書館之專業人員以不少於全館 1/3 為原則。惟該館進用大量非典型人力辦理館務營運，有違該基準訂定意旨之嫌。」「陽明山中山樓實施每週一休館惟並未減少相關營運支出，宜加強宣導行銷，以提升該館所功能及資源運用效益。」「2015 年度預算評估報告」，該館「陽明山中山樓自籌收入偏低，宜充分運用具備歷史意義之優勢加強行銷，以積極提升自籌財源及場館效益。」「2018 年度預算評估報告」，「國立臺灣圖書館允宜強化陽明山中山樓古蹟行銷策略，並拓廣相關文創商品，以增裕基金收入。」

復依據立法院該「2021 年度預算評估報告」，綜合條陳，「教育部所屬機構作業基金連年短絀且仰賴政府資源挹注，亟待研謀改善，以利基金自給自足。」

「國立臺灣圖書館作業基金」承接原「國立中央圖書館臺灣分館作業基金」累計待填補的短絀 1.79789 億元。該館改制以來，財務運作，每年仍發生短絀。依據「國立臺灣圖書館作業基金收支餘絀決算表（2013－2022年度）」所列，平均每年短絀 3、4 千萬元，自 2020 年以來逐年驟增，2022年度高達 7.2510 千萬元（表 12）。

復依「國立臺灣圖書館作業基金餘絀撥補決算表（2013－2022 年度）」，每年撥用積金填補，仍短絀，且連年增加，截止 2022 年度累計待填補短絀達 4.00272 億之多（表 13）。

表 12　國立臺灣圖書館作業基金收支餘絀決算表（2013－2022 年度）

單位：千元

項　　　目	2013 年度	2014 年度	2015 年度	2016 年度	2017 年度
業務收入	168,078	199,202	181,342	197,103	190,771
業務成本與費用	242,072	278,105	255,050	276,549	273,839
業務賸餘（短絀）	-73,969	-78,903	-73,707	-79,445	-83,068
業務外收入	41,392	43,636	42,909	39,878	48,998
業務外費用	183	0	0	2,540	0
業務外賸餘（短絀）	41,209	43,636	42,909	37,338	48,998
本期賸餘（短絀）	-32,759	-35,266	-30,798	-42,107	-34,069

表 12　國立臺灣圖書館作業基金收支餘絀決算表（2013－2022 年度）（續）

單位：千元

項　　　目	2018 年度	2019 年度	2020 年度	2021 年度	2022 年度
業務收入	197,830	199,830	202,976	203,784	206,444
業務成本與費用	271,577	281,454	296,373	310,734	321,152
業務賸餘（短絀）	-73,746	-81,624	-93,396	-106,958	-114,707
業務外收入	44,423	45,575	43,358	38,213	42,197
業務外費用	31	177	15	1,117	0
業務外賸餘（短絀）	44,392	45,575	43,343	37,096	42,197

項　　　目	2018 年度	2019 年度	2020 年度	2021 年度	2022 年度
本期賸餘（短絀）	-29,354	-36,048	-50,053	-69,862	-72,510

說　　明：1.業務收入：係勞務收入（服務收入）、教學收入（建教合作收入、推廣教育收入）、其他業務收入（社教機構發展補助收入、其他補助收入、雜項業務收入）。

2.業務成本與費用：係勞務成本（服務成本）、教學成本（建教合作成本、推廣教育成本）、管理及總務費用（管理費用及總務費用）。

3.業務外收入：係財務收入（利息收入）、其他業務外收入（資產收入及權利金收入、違規罰款收入、受贈收入等）。

4.業務外費用：係其他業務外費用（雜項費用）等。

資料來源：〈國立臺灣圖書館作業基金收支餘絀決算表〉，載於：國立臺灣圖書館網站，《預算、決算及會計月報》，上網日期：

2022.02.12. http://www.ntl.edu.tw/np.asp?cyNode=17888&mp=1

表 13　國立臺灣圖書館作業基金餘絀撥補決算表（2013－2022 年度）

單位：千元

項　　　目	2013 年度	2014 年度	2015 年度	2016 年度	2017 年度
短絀之部	212,549	220,940	224,508	245,792	259,771
本期短絀	32,759	35,266	30,798	42,107	34,069
前期待填補的短絀	179,789	185,674	193,709	203,865	225,702
填補之部	26,875	27,231	20,643	20,270	20,810
撥用公積	26,875	27,231	20,643	20,270	20,810
待填補的短絀	185,674	193,709	203,865	225,702	238,961

表 13　國立臺灣圖書館作業基金餘絀撥補決算表（2013－2022 年度）（續）

單位：千元

項　　　　　目	2018 年度	2019 年度	2020 年度	2021 年度	2022 年度
短絀之部	268,316	284,012	314,496	366,086	420,297
本期短絀	29,354	36,048	50,053	69,862	72,510
前期待填補的短絀	238,961	247,964	264,442	296,223	347,787
填補之部	20,352	19,570	18,273	18,299	20,025
撥用公積	20,352	19,570	18,273	18,299	20,025
待填補的短絀	247,964	264,442	296,223	347,787	400,272

資料來源：〈國立臺灣圖書館作業基金餘絀撥補決算表〉，載於：國立臺灣圖書館網站，《預算、決算及會計月報》，上網日期：2022.02.12. http://www.ntl.edu.tw/np.asp?cyNode=17888&mp=1

　　再依據「國立臺灣圖書館作業基金收支餘絀決算表（2013－2022 年度）」有關「其他業務收入」部分，如表 14，該館「其他業務收入補助收入部分」中，以社教機構發展補助收入、其他補助收入為大宗，均係來自政府經費補助款，占「業務收入總金額」比率，2013 年高達 98.54％之多，2014-2020 年平均也佔 96％以上，2022 年降至 82.76％，仍屬偏高。

表 14　國立臺灣圖書館作業基金其他業務收入補助金收入部分佔業務收入總金額比一覽表（2013－2022 年度）

單位：千元

項　　　　　目	2013 年度	2014 年度	2015 年度	2016 年度	2017 年度
業務收入總金額	157,794	156,018	161,318	172,378	190,036

項　　　目	2013 年度	2014 年度	2015 年度	2016 年度	2017 年度
其他業務收入補助收入金額	155,494	152,068	156,068	166,623	179,636
社教機構發展補助收入	132,994	129,068	129,068	129,068	129,068
其他補助收入	22,500	23,000	27,000	37,555	50,568
佔業務收入總金額比（％）	98.54	97.46	96.74	96.66	94.52

表 14　國立臺灣圖書館作業基金其他業務收入補助金收入部分佔業務收入總金額比一覽表（2013－2022 年度）（續）

單位：千元

項　　　目	2018 年度	2019 年度	2020 年度	2021 年度	2022 年度
業務收入總金額	170,851	170,770	167,384	178,665	206,444
其他業務收入補助收入金額	160,228	165,197	161,042	148,232	170,863
社教機構發展補助收入	131,260	131,260	131,260	118,134	121,724
其他補助收入	28,968	33,937	29,782	30,098	47,965
佔業務收入總金額比（％）	93.78	96.73	96.21	82.96	82.76

說　　明：業務收入：係勞務收入（服務收入）、教學收入（建教合作收入、推

　　廣教育收入）、其他業務收入（社教機構發展補助收入、其他補助
　　收入、雜項業務收入）。

資料來源：〈國立臺灣圖書館收支餘絀決算表〉，載於：國立臺灣圖書館網站，
　　《預算、決算及會計月報》，上網日期：2022.02.12.
　　http://www.ntl.edu.tw/np.asp?cyNode=17888&mp=1

四、館舍建築

改制更名揭牌典禮

　　行政院核定於 2013 年 1 月 1 日臺灣分館改制更名為國立臺灣圖書館，1
月 2 日下午 2 時舉行新館揭牌典禮。距 2004 年 12 月 20 日臺灣分館新館啓
用典禮的舉行，在新館主要出入處旁，就已矗立的「國立臺灣圖書館」館
銜牌（橫式石製），不覺已過了 9 年。

　　揭牌典禮採用新置館銜牌，為直立式，館銜「國立臺灣圖書館」上有
識別標誌（LOGO）。LOGO 的設計，以「圖書」的簡化造形構成面向四方
的圖形，象徵國立臺灣圖書館典藏豐富，提供給社會大眾多元知識資訊。
LOGO 並隱含臺灣的「台」字（簡體字）意象，象徵圖書館典藏臺灣學研究
重要典籍資產。LOGO 色彩則以清新淡雅的藍與綠協調搭配，呈現專業深度
與平易近人的視覺形象。

　　揭牌典禮前，先由車鼓陣沿着 823 紀念公園四周，進行踩街活動，讓周
遭的居民及讀者也能感染該館改制更名的歡樂喜悅。揭牌活動在新住民舞
蹈團表演下揭開序幕，嘉賓雲集，共襄盛舉，揭開了「國立臺灣圖書館」
館銜牌，在漢光人聲創藝樂團悠揚的樂聲中劃下完美揭牌活動的句點。為
慶祝該館改制更名，文史工作者郭双富、陳慶芳、廖慶六分別贈與珍貴的
臺灣學資料，以豐富該館館藏。

　　除揭牌典禮外，該館也在館內各樓層舉辦展覽與活動，包括 1 樓展出的

「知識寶庫‧歷久彌新——館史資料特展」（曾添福）、4 樓雙和藝廊的「圖書館與我——雙和四校藝術創作特展」（復興美工、永平高中、智光商工、能仁家商策劃）（余思慧）、5 樓特展室的「面面俱到——近現代書籍裝幀藝術展」（與臺南藝術大學合辦）（徐美文）、6 樓臺灣學研究中心的「直經橫緯‧縮地千里——館藏地圖展」（蔡蕙頻），並辦理「喜閱‧留言樹」及「愛臺灣——歡慶更名系列活動」（張燕琴）與讀者同歡。

　　自 2004 年 12 月遷中和新館至 2012 年底止，從遷館後第 1 位館長廖又生之後，先後歷蘇德祥、黃雯玲、陳雪玉主政。廖又生館長說，遷館後，「早已是以各界期許臺灣圖書館兼具公共圖書館和研究圖書館兩大功能，作為圖書館經營規劃的兩大基石，只是還被披着摔不掉的臺灣分館外衣。」黃雯玲館長道出改名的意義和重要性，是「更彰顯臺灣研究特色」。臺灣圖書館將發展成為國家級臺灣學研究重鎮。

　　廖館長在該館機關刊物《臺灣圖書館管理季刊》創刊詞指出：「在臺灣分館邁向 90 年之際，正好遇見新館落成啓用，（中略）這是由《國立中央圖書館臺灣分館館刊》功成身退，走向歷史的原因，也是《臺灣圖書館管理季刊》薪火相傳，承先啓後的緣由」。為着送走「臺灣分館」，迎接「臺灣圖書館」的新局，爰將刊名變更，卷期另起。

　　遷館之後，這 8 年的臺灣分館營運，奠定了當今臺灣圖書館館務開展的基礎。

調整樓層配置

　　該館於 2007 年 3 月 21 日奉教育核定籌設「臺灣學研究中心」。鑒於公共圖書館與研究圖書館兩種不同服務功能與屬性，爰於 2007 年 4 月起進行臺灣學研究中心閱覽、典藏、行政空間調整規劃，將該中心置該館 5 至 6 樓。2008 年獲教育部補助相關工程費及吳尊賢基金會捐助款項，2009 年進行臺灣學研究中心及 4 樓雙和藝廊空間改善工程，於 7 月 17 日完工。（周淑惠）

　　該館調整典藏臺灣學研究文獻的空間，整理該館臺灣學研究文獻，並將明清以降及日據時代迄今所蒐集的臺灣文獻分門別類，典藏於該館 4 至 6 樓的善本書庫區及密集書庫區。規劃設立研究小間、研討室，專供學者、研究生、大學生利用該館館藏圖書資料從事閱讀研討學術研究。並邀教授蔡錦堂、吳文星、鍾淑敏、溫振華等即協助中心草創之初的運作。

　　現行內部各樓層讀者服務空間主要配置如下：

　　1 樓：辦證、借還書區、流通服務櫃臺、預約書自助取書區、資訊檢索區、臺灣藝文走廊、讀者服務站、哺（集）乳室、親子資料中心、視障資料中心、期刊室、樂齡資源區、簡報室、筆記型電腦使用區；閱覽典藏組。

　　2 樓：中文圖書區 0、2-4（總類、科學類）、西文圖書區、日文圖書區、多元文化資源區、多功能討論室、影片欣賞區、視聽資料區、新書展示區、電腦教室、親子資料中心、輕食區；閱覽典藏組。

　　3 樓：中文圖書區 1、5-9（總類、人文、社會科學類）、大本書區、新書展示區、青少年悅讀區；閱覽典藏組、採訪編目組。

　　4 樓：期刊合訂本區、叢書區、雙和藝廊、4045 教室；採訪編目組。

　　5 樓：臺灣學研究中心（二）、臺灣學期刊合訂本區、臺灣圖書醫院、參考書區、特展室、特藏閱覽區；參考特藏組。

　　6 樓：臺灣學研究中心（一）、本土教育資源中心、臺灣學圖書資料區、特藏舊籍複製本區、微縮資料閱覽區；企劃推廣組。

　　7 樓：館長室、主任秘書室、秘書室、人事室、主計室、會議室。

　　地下 1 樓：國際會議廳、餐廳、樂學室（多功能活動空間）、八二三紀念館、地下停車場。

　　地下 2 樓——地下 3 樓：地下停車場。

五、發展願景與目標

（一）採訪政策

　　2013 年 1 月、2023 年 5 月，該館先後編印《國立臺灣圖書館館藏發展政策》，在〈本館簡介〉乙章，揭示了〈發展願景與策略〉。茲以 2013 年 1 月出版的《館藏發展政策》為例：

發展願景

　　1.建構兼具公共圖書館與研究圖書館雙重服務功能的國立圖書館，推動社會教育與發展臺灣學研究。

　　2.建立豐富特色館藏與發揮圖書維護專業，滿足讀者閱讀需求與提升閱讀風氣。

　　3.提供分齡分眾服務與重視弱勢族羣資訊需求，營造無障礙閱讀環境與強化終身學習。

　　4.展現圖書館專業形象，引領全國公共圖書館事業持續創新發展與邁向永續經營。

發展目標

　　1.建構豐富多元的館藏，滿足多元族羣閱讀需求。

　　2.加強推廣臺灣學研究，積極推展與國內外學術研究單位合作交流。

　　3.積極創新並重視讀者需求，提供精緻化及專業化的讀者服務。

　　4.強化「親子資料中心」功能，養成終身閱讀習慣。

　　5.強化資訊網路，提供便捷 e 化學習環境。

　　6.加強國內外館際交流與合作，提升能見度。

　　7.營造無障礙閱讀環境，提供相關資源與服務。

　　8.有效提升臺灣圖書醫院效能，傳承圖書修護技術。

　　9.提升專業知能，形塑優質服務形象。

10.有效運用資源，強化圖書館推廣與行銷，建立品牌形象。

該館擬定館務發展的 10 大目標，每個目標都訂有 4 項策略，共計 40 項策略。

（二）中程發展計畫

在「國立臺灣圖書館 2019 至 2123 年中程發展計畫」，勾勒了以「全民閱讀享智慧，臺灣研究啓未來；友善服務樂無礙，終身學習愛書香」為願景，並經環境分析，以「Wisdom──知識領航，拓展臺灣學研究」、「Innovativeness──創新服務，營造優質閱讀環境」、「Sharing──資源共享，傳承文化記憶」、「Hunmanity──人文關懷，開創終身學習新視野」為 4 大目標，共計 16 項策略，40 項行動方案，成為該館 2019 至 2123 年營運的發展方針，透過此目標達成圖書館願景。館長鄭來長指出：「『WISH』也正是本館推動閱讀的象徵，圖書館散播的每一顆閱讀種子，都是一個希望，藉由閱讀不斷學習，開創視野，這顆希望的種子終能成長茁壯」（鄭來長，《國立臺灣圖書館 2017 年度工作報告‧序》）。本項「中程發展計畫」，提出的發展願景、目標與策略方案，於 2023 年 5 月再度納入該館《館藏發展政策》。

六、圖書的蒐集保存

館藏發展政策

2010 年 8 月，為順應資訊環境的發展及服務內涵的擴增，由該館業務單位主任組成「館藏發展政策修訂小組」，研商館藏發展政策修訂事宜，至 2011 年 3 月為止，共召開 3 次研討會議。嗣後，因應該館更名國立臺灣圖書館後的組織架構與任務，接續進行內容修訂，以規劃館藏資源的長期發

展，並邀請學者專家組成「館藏發展委員會」，分別於 2011 年 5 月 20 日、
2012 年 5 月 18 日探討修正事宜，經研商參採委員意見後完成「國立臺灣圖
書館館藏發展政策初稿」，復於 2013 年 11 月 22 日館務會議通過。

　　本《政策》修正幅度不大，內容仍分，1.前言；2.本館簡介；3.館藏概
述；4.館藏發展原則；5.館藏資料選擇；6.館藏資料採訪；7.館藏管理與維
護；8 館藏發展政策的制定與修正，但刪除〈館藏推廣與行銷〉乙章。在
〈館藏資料選擇〉章，增加〈電子資源選擇〉乙節，包括資料庫、電子
書、電子期刊、網路資源。

　　2023 年 5 月復推出《國立臺灣圖書館館藏發展政策》，以配合館務與
環境變遷特予修正。

館藏統計

　　依據 2023 年 5 月出版《國立臺灣圖書館館藏發展政策》載：「館藏資料
量（截止 2022 年 12 月底）已達 200 餘萬冊（件）。包括：1.圖書 1,371,348
冊；2.期刊 3,092 種；3.報紙 307 種；4.非書資料 172,472 件；5.身心障礙圖
書資料 165,130 種／冊；6.電子資源 15,509 種」。該館中外文館藏出版年分
布情形如表 15。

表 15　國立臺灣圖書館中外文館藏出版年分布情形一覽表

區　　　　　　　間	各年代區間總數量（冊）	占總數量百分比（％）
各類數量	1,997,395	100.00
1895 年以前	165,844	8.39
日治時期至 1950	170,349	8.61
1951－1960	62,154	3.14
1961－1970	74,436	3.76
1971－1980	113,035	5.72
1981－1990	204,839	10.36

區　　　　　間	各年代區間總數量（冊）	占總數量百分比（％）
1991－2000	357,351	18.07
2001－2010	412,721	20.87
2011－2020	346,036	17.50
2021－2022	70,630	3.57

說　　明：資料統計至 2022 年 12 月。

資料來源：國立臺灣圖書館館藏發展政策修訂小組，《國立臺灣圖書館館藏發展政策》（新北市中和：該館，2023.05），頁 27。

七、閱覽及推廣服務

（一）閱覽服務

館內閱覽

　　依現行《國立臺灣圖書館閱覽服務規定》（2022.07.11 修正），仍持續《國立中央圖書館臺灣分館閱覽服務規定》，歷經修正。該館為便利閱覽人利用圖書資訊，仍採開架閱覽制。設置下列閱覽區：1.親子資料中心；2.視障資料中心；3.資訊檢索區；4.期刊區；5.視聽資料區；6.中外文圖書區；7.參考書區；8.臺灣學研究中心；9.本土教育資源中心；10.自修室；11.青少年悅讀區；12.樂齡資源區；13.多元文化資源區；14.行動裝置專區。各閱覽區除本《閱覽服務規定》外，並將圖書資料以外的其他圖書資訊借閱，別訂相關閱覽服務要點，如視聽資料、視障資料、特藏資料。

　　閱覽人如需調閱視聽資料，將依該館《視聽區閱覽服務要點》的規定利用，可自行至視聽資料區選片（限公播版；家用版與限制級影片僅供外借服務），憑本人或家庭借閱證至視聽服務櫃臺辦理借閱手續，並於座位管

理系統選位後自行對號入座欣賞。每人每次限借閱 2 件，每次限用 2 小時又 30 分鐘，如無人排隊，始可續用。讀者需依影片分級制度、著作權法及保護智慧財產權的相關規定使用該館視聽資料，違者應負法律責任。

借閱微縮資料，依本《閱覽服務規定》，仍先憑借書證向服務臺人員辦理登記。微縮資料供室內閱覽，每次限借微捲 5 捲、微片 50 片。微縮閱讀機每次限用 2 小時，如不影響其他閱覽人登記使用，得重新登記使用。

至於視障資料、特藏資料的借閱，另依該館《視障中心特殊讀者閱覽服務要點》（全 8 點）、《特藏資料閱覽要點》（全 10 點）的規定利用。後者，依該《要點》規定，基於保護原件的觀念，特藏資料已有重製品者，原件一概不提供閱覽使用。如有特殊情形需要使用原件時，須書面申請並敘明研究主題，經該館核可後填寫「特藏資料調閱紀錄單」並於指定區域內閱覽，每次最多 5 冊，限當日借還。

該館於 2 樓閱覽區設具團體討論學習、影片欣賞功能的多功能討論室 2 間，提供閱覽人、讀書會及機關團體，採電子化自助方式登記，預約使用。

電腦查詢資料

閱覽人利用資訊檢索區電腦查詢資料，亦須先憑借書證向服務臺人員辦理登記後使用。電腦每次限用 1 小時，如無其他閱覽人使用時，則可登記續用。

凡持有該館借閱證的閱覽人可自備可攜式電腦（以自備電源為原則），依循該館《無線網路使用管理要點》（全 7 點）、《自備可攜式電腦上網須知》（全 9 點）、《行動裝置座位區使用管理要點》（全 7 點）的相關規定使用。該館建置無線網路上網環境，可在閱覽區（地下 1 樓至 6 樓）上網查檢各項書目資訊及網路資源。此外，該館另設行動裝置座位區（3 樓），共有 50 席供電座位，各 25 席分別備供線上預約（1 週內線上預約）及現場登記使用，每人每次使用時間為 2 小時，使用時間終止，系統即自動登出，如欲續用，則重新登記劃位。

自修室

　　該館中和門 3 樓自修室設有一般座位 178 席（含 12 席可使用筆記型電腦座位）及博愛座 2 席（備供肢體障礙閱覽人）。採自動化系統管理，「現場刷卡登記」（92 席）、「線上預約座位」（86 席）制度並行。另館前門 2、3、4 樓閱覽區各有自修室座位 154、163、118 席座位。4、3 樓額滿時，2 樓始開放入座。現行開放時間為週二至週日上午 8 時至晚上 9 時，每週一及國定假日休館不對外開放。

館外借閱

　　依據現行《閱覽服務規定》，讀者借閱該館圖書資料，得申請個人借閱證、家庭借閱證、班級借閱證，並為了鼓勵閱覽人借閱及便利經由網路利用該館數位典藏，又設有白金卡借閱證、虛擬借閱證。申請該館借閱證，需填具申請書（申請書經該館建立電腦檔案存查 1 年後即予以銷毀），分別檢具下列證件，親自（或委託）辦理，如下：

　　1.個人借閱證。本國國民持本人國民身分證或駕駛執照正本；尚未取得國民身分證者得持戶口名簿申請。外籍人士檢具有效期內護照、居留證或使館證明文件正本其中一種申請。12 歲以下兒童由其監護人檢具雙方證件代辦。借閱證可擇該館核發的借閱證或自備悠遊卡的任一形式辦理。

　　2.家庭借閱證。本國國民持有國民身分證與戶口名簿正本或 3 個月內的戶口謄本得申請。

　　3.班級借閱證。公私立國民中、小學、幼兒園由導師以教師證明文件、身份證件或政府立案的證明文件正本申請。

　　4.白金卡借閱證。符合該館借閱獎勵條件者，持原有個人借閱證辦理。

　　5.虛擬借閱證。至該館網路辦理網頁詳細填各項欄位，並齊備依辦理類別上傳所需證件影像檔，以電子郵件寄送該館指定的電子郵件信箱（cir@mail.ntl.edu.tw），或以郵寄方式，檢附身分證明文件正反影本，並註明電子郵件信箱或聯絡電話，郵寄該館閱覽典藏組，經該館審核通過即核發虛擬借閱證。虛擬借閱證是僅限於使用該館各項數位資源的通行帳號，

不開放借閱實體圖書資料。各式借書證每人（戶、班）限申請乙張，申請資料若有變更，應向該館辦理更正；若不慎遺失時，應即向該館掛失登記。

個人、家庭借閱證使用期間為 5 年，班級借閱證使用期間為 1 年。大陸人士及外籍人士借閱證使用期同居留期限，居留期限延長可再更新。虛擬借閱證使用期間亦為 5 年。

外借圖書資料個人借閱證以 20 冊（件）為限，白金卡借閱證以 30 冊（件）為限，家庭借閱證以 30 冊（件）為限，皆借期為 30 天，續借以 1 次為限，借期延長 30 天。班級借閱證以 60 冊（件）為限，借期為 60 天，不得續借。外借視聽資料（公播版）個人借閱證以 5 件為限，家庭借閱證以 10 件為限，借期為 14 天，續借以 1 次為限，借期延長 14 天。借閱件數與圖書冊數合併計算。此外，各式借閱證皆可再借閱 10 冊熱門館藏，借期為 14 天，不得續借。電子書可借冊（件）數及借期，依各電子書平臺、資料庫的規定。

借閱人應依文化部《出版品及錄影節目帶分級管理辦法》的相關規定使用圖書館各項資料，違者應自負法律責任。

借閱證效期展延，應持原借閱證及身分證明文件至 1 樓流通櫃臺辦理。虛擬借閱證如逾使用期限，則依上開借閱證申請證方式，以電子郵件或郵寄擇一方式辦理效期展延。

歸還所借圖書可至各流通服務臺辦理歸還，或使用自助還書機、一般還書口歸還。以郵遞方式還書，請以掛號為之，還書日期以交郵當日郵戳為憑。視聽資料仍須至視聽服務臺辦理歸還。逾期歸還，以逾期冊（件）數乘以逾期天數計算停權日數，或以停權 1 日換算新臺幣 5 元繳交罰款。12 歲以下兒童可選擇以到該館「志願服務」或「參加閱讀推廣活動」方式抵免（每 1 小時志願服務、每參加 1 場次閱讀推廣活動，皆各換取停權 1 日）。停權與罰款均採累計計算，逾期停權上限為 90 日。如逾期 90 天仍未歸還者，除保留追訴權外，並通知其就讀學校、服務單位或家長協助催還。借

閱的圖書資料遺失或損毀的賠償，依賠書或計價賠償規定處理，每 1 冊（件）並另加工本費新臺幣 50 元。

加貼 RFID 晶片及預約書自助取書

2018 年在 1 樓流通服務臺側邊新設預約書自助取書區，凡持有個人借閱證者得利用該館館藏查詢系統預約圖書資料，以 10 冊（件）為限。爰將預約書全面加貼「無線射頻辨識（RFID）晶片」，方便讀者自助借閱預約書。並於 2019 年起分年分區將親子資料中心及一般閱覽區可外借圖書逐步加貼 RFID 晶片，提升服務品質與閱覽典藏管理效率。

提供「行動借閱證」服務

2018 年該館鑒於行動載具的普及，遵照國發會《政府網站服務管理規範》（2017 年 8 月頒布）的規定，乃將館藏查詢系統網站重新設計，導入「響應式網頁設計」（Responsive Web Design；RWD）的概念，方便使用者以不同載具瀏覽所需資料，並且新增東南亞語言（菲、柬、馬）導覽，以及自動化升級，提供更安全便利的網路環境。該館響應式網頁設計館藏查詢系統網站於 2018 年 12 月 22 日正式上線啟用。同時起該館提供「行動借閱證」服務。凡已申辦該館借閱證的讀者，只需攜帶手機或平板電腦，利用 RWD 館藏查詢網站，登入個人化服務，即可取得行動借閱條碼，在服務臺出示該條碼，即可借書或登記使用電腦及自修室、視聽座位、多功能討論室。

收費服務導入行動支付

國臺圖自 2019 年起規劃將補發借書證、電腦列印資料、逾期歸還圖書資料罰款、圖書賠償等 4 種收費項目導入「行動支付」服務，2020 年逐項完成，讀者能以手機安裝指定的 APP 即可支付相關費用。

辦理閱讀獎勵系列活動

該館經常辦理閱讀獎勵活動，以 2022 年閱讀獎勵系列活動為例，1.

「閱讀有樂趣」活動：包括（1）申辦借閱證：2022 年 8 月－12 月，每月到館新辦借閱證的前 10 名讀者，贈送資料夾 1 個；（2）借閱證升級：1－6 月、7－12 月，活動期間持個人借閱證外借圖書達 100 冊以上者，可升級為「白金卡借閱證」，借閱冊數提高為 30 冊；（3）閱讀集點樂：8 月－11 月，凡參加親子資料中心說故事活動、閱讀沙龍系列講座、1 次借閱圖書 5 冊（含）以上、參加該館其他講座等活動，每 1 場可集 1 點，每月集滿 10 點的前 5 名，贈送閱讀禮包 1 份（該館文創書籤、口罩、酒精噴瓶各 1 個，以及好書 1 本）；（4）閱讀沙龍：每場於講座結束後抽出參加者 10 名，贈送圖書 2 本。2.「讀吧！閱讀控」活動（2022.07.20－09.30）：包括（1）「好書加倍借」：個人、志工借閱證借閱冊數由 20 冊提高至 30 冊，家庭借閱證由 30 冊提高至 50 冊，白金卡、樂齡借閱證由 30 冊提高至 40 冊；（2）「閱讀京好禮」：每日借書 1 次達 20 冊的讀者，於活動結束後，由該館自動化系統產生抽獎名單，中獎者可獲得「閱讀袋」（文青專用袋＝Bag）1 個；（3）「自助還書抽抽樂」：凡使用 1 樓館前門旁的自助還書機 1 次還書 10 冊者，同樣的由自動化系統產生抽獎名單，中獎者可獲得「閱讀袋」1 個。該「閱讀袋」由繪本作家張筱琦設計，她畢業於高師大美術系、美舊金山藝術大學（Academy of Art University）插畫研究所，主修兒童繪本插畫，作品曾獲入選 2020、2021 意大利波隆那插畫展（Bologna Illustrators Exhibition）、美國 3X3 插畫獎（The 3X3 International Illustration Show）、2020 高雄市立圖書館第 1 屆「好繪芽獎」新銳獎。

公布「臺灣圖書館讀者閱讀興趣分析」

該館於 2011 年 1 月 31 日發布新聞「閱覽人口持續攀升，民眾樂以閱讀豐富生活」。回顧 2010 年讀者使用該館服務及資料利用情形，及研究讀者閱讀興趣與行為。就年度進館使用人次、圖書館資源及服務利用人次、圖書外借人次及冊數等，都較前一年成長，顯示閱覽人口持續攀升，圖書館應提供更豐富的資源，滿足讀者多元的資訊需求；並發布讀者「借閱預約圖書排行榜」。此後，每年發布「臺灣圖書館讀者閱讀興趣分析」。2022 年 1 月

28 日公布「2021 年各類圖書借閱、預約統計與借閱排行榜」，細分為所有類型圖書借閱、文學、非文學、武俠小說、科普、童書、漫畫、視聽資料、外文圖書、兒童外文書、中文圖書預約、視聽資料預約、電子書等類前 20 名（TOP 20）排行榜，提供各界參考。

試辦實施「公共出借權」制

2019 年 4 月 25 日行政院院長蘇貞昌在全國中小企業總會談話會會議，表示為了給著作人及出版者更合理的權利保障並鼓勵創新，將試行「公共出借權」制度。12 月 31 日教育部與文化部假國圖舉行記者會，宣告將試辦「公共出借權」，試辦期間為 2020 年 1 月 1 日至 2022 年 12 月 31 日止（共3 年），民眾向圖書館借閱書籍，由政府補貼著作人（作者）與出版者，由國立臺灣圖書館與國立公共資訊圖書館試辦。

「公共出借權」制度（Public Lending Right）起源於北歐國家，最早由丹麥於 1946 年實行。此項制度基於公共圖書館將圖書大量借給公眾，造成著作人重大損害，對著作人不公平，應由政府特別編列預算，另外給予適當的補償金（ compensation ）〔不是屬於使用報酬的「酬金」（remuneration）〕，而出版者對圖書發行貢獻卓著，出版者的利益與著作人相同，希望出版者在該制度中，發揮協助著作人的功能，也能獲得一定比例的補償金。

依據 2019 年 12 月 31 日訂定「國立公共圖書館試辦『公共出借權』實施計畫」，「公共出借權」制度係政府為落實公共圖書館的核心價值與鼓勵文化創作力，於成立公共圖書館提供圖書借閱公共服務的同時，為保障著作人權益所發放補償金。兩者是政府於整體文化政策下，所採取的推廣知識與獎勵創作的並行措施。爰由文化部規劃「公共出借權制度設計方案」，教育部執行試辦，兩部共同成立「試辦公共出借權專案小組」，推行試辦作業，並由國立臺灣圖書館與國立公共資訊圖書館共同執行，以兩館為試辦場域推動試辦實施計畫。簡略說明其要點如下：

1.適用著作範圍為本國人、法人或民間團體的創作（不包括政府機關機

構及公立學校在內），且在臺灣出版，具 ISBN 的紙本圖書。

2.發放對象為創作者與出版者。創作者須在試辦受理登記公告期為本國人、法人或民間團體。創作者已故，法人或民間團體已解散的著作，不再發補償酬金。

3.補償酬金發放以兩館的借閱資料計算補償金，以「借閱次數」作為補償酬金發放計算基準。續借不計。分配比率，創作者佔70%，出版者30%。補償酬金不得讓與。單次借閱發放金額新臺幣3元。補償酬金發放下限為30元。

4.彙整兩館借閱統計資料，經初步篩選、過濾非屬適用著作權範圍的圖書，於 2021 年起，每年 2 月 1 日公告符合補償資格的書目清單，開放出版者及創作者登記，分兩階段受理。第 1 階段每年 2 月 1 日至 3 月 31 日止，僅受理出版者登記，並由出版者代創作者登記；第 2 階段每年 4 月 1 日至 30 日止，開放創作者自行登記。分線上登記，現場登記。逾期未登記視同放棄。經兩館對登記資料審核確認，符合資格創作者及出版者，計算其補償酬金，達撥付下限者於 2022 年起每年 5 月開始發放，未達下限者累計至下一年度計算，試辦期滿，得全數發放。

5.經試辦館審核通過後，補償酬金將個別發放至創作者與出版者的帳戶。

6.本計畫所需經費，由教育部支應。

依上開試辦作業，補償酬金發放採事後登記制，先公布清單，次開放登記。「據中央通訊社向教育部取得資料，試辦第 1 年（2021 年）有 77 間出版社及 1,049 位創作者登記申請，核發補償金 401,673 元，包括出版者 158,580 元，創作者 243,093 元。本計畫推出時，教育部初估預算為 1 千萬元左右，與實際數字有極大的落差。出版社肯定政府美意，期許擴大範圍（如擴及至臺北市立圖書館），簡化流程（如註冊帳號、登記著作）。文化部認為申請多寡非試辦重點，將彙總更多意見再調整。」（中央通訊社、李怡瑩）「2022 年（第 2 年）共發 92 間出版社及 1,183 位創作者補償金 299,235

元。2023 年（第 3 年）針對 2022 年 1 月至 12 月圖書借閱情形，自 2 月 1 日起，開放出版者及創作者分階段線上登記申請補償金。」（聯合報社、趙宥寧，2023.02.01）

（二）因應疫情需求的服務

<u>COVID-19 疫情與因應服務</u>

　　2020 年因「嚴重特殊傳染性肺炎」（COVID-19）疫情，該館於 3 月 10 日起啓動入館人員體溫量測等措施。茲因遵照中央及新北市政府疫情警戒 3 級、強化 2 級警戒防疫措施的規定，自 2020 年 3 月 21 日至 4 月 16 日、2021 年 5 月 13 日至 7 月 26 日及 9 月 9 日至 15 日曾經 3 度暫停對外開放室內空間服務，原訂各項推廣活動也延期或取消辦理。

　　在疫情警戒從 3 級調整為 2 級，重新開放期間，仍得維持 2 級警戒，以落實分散人流，維持社交距離等方式適度開放，爰開放空間採梅花座方式使用。為維持公眾安全，入館讀者採實名制登記，仍應配合防疫措施，配戴口罩、體溫量測、酒精消毒。並需保持室內安全距離及不可在館內飲用食物。民眾若有發生體溫超過（含）37.5 度、持續咳嗽、未全程配戴口罩等狀況，即予禁止入館。自 2021 年 9 月 16 日起恢復開館。隨著疫情趨緩，該館逐步開放服務空間，11 月 3 日起取消「梅花座限制」，2022 年 4 月 28 日起取消實名制措施。但因仍維持 2 級警戒，入館讀者仍須全程配戴口罩，及體溫量測。2023 年 2 月 21 日起，入館讀者請自主決定是否佩戴口罩。

<u>疫情下的閱覽服務</u>

　　因應疫情閉館期間調整服務措施與流程：1.預約書借閱及還書服務。閉館期間，於館前門入口 1 樓大廳入口處置臨時服務臺，方便讀者取預約圖書及還書，讀者亦可透過戶外還書系統 24 小時自助還書。2.全面開放在架圖書預約服務。經系統開發與測試，自 2020 年 6 月 15 日開放本項服務，讀者仍可上網預約借書。3.提供線上閱讀活動。民眾除了透過原本的「臺灣學數

位圖書館」、「臺灣學電子資源」使用外，新增「雲端閱讀電子書整合查詢系統」等，以擴大提供電子資源線上服務的範疇。該館於網站設置「國臺圖帶您進入雲端圖書館 樂學無距離」「防疫·E 起上網閱讀」專區，針對不同學習目的、閱讀主題及適用對象，提供雲端資源區，民眾可以線上借閱電子書和雜誌，聆聽故事與音樂，觀看展覽與電影，瀏覽各主題講座，以及免費線上學習課程等服務。

電子書及雜誌免費計次服務

2019 年度研提「2019-2020 年度電子書閱讀推廣計畫」，獲教育部補助經費 600 萬元。2020 年 1 月 13 日該館置「雲端閱讀電子書整合查詢系統」（https://qebook.ntl.edu.tw/jumper/index.jsp），採購了 HyRead ebook（凌網科技）、臺灣雲端書庫（遠流出版公司）、iRead ebooks（華藝）共 3 家電子書服務平臺（E-Books Online Service），約 14 萬冊電子書、200 多種電子期刊，採用「讀者借閱，按次計付費用」的 B2B 電子書刊服務模式。提供具該館虛擬借閱證者，免費的線上電子書與電子雜誌借閱服務，可至每平臺每人上限 60 次，每次借期 14 天。該年為推廣數位閱讀風氣，辦理「喜迎 9 月開學季·閱讀點數加倍借」活動，由 60 點提升 120 點，使用期限至 2020 年 12 月 31 日。2021 年起每人每月限 10 次。依據該館編輯劉岱欣、吳奕祥的調查，2020 年全年該系統各類電子書使用狀況：

讀者使用「臺灣雲端書庫@國臺圖」方面：1.總使用次數 52,680 次，總使用人數 9,806 人次，總使用 IP 數 48,943。2.以商業類 6,451 次、生活類 5,714 次，及心理勵志類 4,572 次，為熱門前 3 名；以流行時尚類 10 次、有聲書類 57 次，及考試用書類 154 次，為冷門前 3 名。3.每日使用熱門時段（使用流量最大），依序為 10-11 時、14-16 時、21-22 時；最冷門時段為凌晨 2-5 時。4.使用讀者居住地以臺灣西部居多，而東部則為少數。臺灣北、中、南部的使用讀者多數集中於大城市都會區，鄉鎮區的使用分布較不顯著；臺灣東部使用分布相較於臺灣西部明顯減少。5.除臺灣以外，還有來自東南亞、歐洲、北美洲、南美洲、澳洲、非洲地區。

　　讀者使用「HyRead ebook」方面：1.總使用次數 111,271 次，總使用人數 11,419 人次，總使用 IP 數 92,232。2.以財經商管類 12,019 次、親子圖書類 11,305 次，及休閒生活類 10,845 次，為熱門前 3 名；以影音類 3 次、有聲書類 16 次，及題庫類 62 次，為冷門前 3 名。3.每日使用熱門時段（使用流量最大），依序為 21-22 時、22-23 時、20-21 時；最冷門時段為凌晨 2-5 時。其餘 4.和 5.與「臺灣雲端書庫」相同。

　　由於 COVID-19 疫情嚴重而閉館，致讀者無法入館參與電子資源推廣課程或活動，國臺圖爰透過 1.「成立電子書專區」，在該館網頁輪播區開闢「行動圖書館隨手可攜　熱門圖書隨選看」和「手機就是你的行動圖書館最新雜誌 e 機搞定」專區，網頁中新增多處連結節點，如「雲端閱讀電子書整合查詢系統」橫幅網頁海報（banner advertisement）、「電子資源查詢系統」中適用對象的電子資源推薦、年度電子書、電子雜誌「主題」熱門借閱排行榜，「並提供『網路辦證』服務申辦該館借書證（吳奕祥）及「線上閱聽」「線上電子書展」等服務；2.「製播電子書計次服務推廣短片」，《飛上雲端來閱讀》（包括 2 部預告片）、《閱讀夢想家》（包括 5 部不同主題的短片），同時配合影片辦理相關活動，如「飛上雲端分享抽——留言+分享 FB 影片抽好禮」、「閱讀夢想家——分享影片，得 Line Points」，影片與活動結合，可加強圖書館服務的曝光率；3.電子書閱讀推廣「跨館（與臺北市立圖書館）合作」，如國臺圖 X 北市圖聯手打造「e 書到手——悠悠在雲端」悅讀 HyRead ebook 抽獎好禮活動；4.「網（路）站討論區宣傳」，透過 Mobile01 討論區網站分享國臺圖電子書導讀「開箱文」10 篇，炒熱電子書討論度，引導網路讀者使用國臺圖電子資源等創新的閱讀推廣方式，進行館藏電子資源推廣。（劉岱欣、吳奕祥）

辦理線上讀書會——終結句點王

　　2020 年為因應疫情，避免羣聚活動，及落實無障礙閱讀推廣的理念，該館於該年 6 月 23 日推出「終結句點王・Online 讀書會」（「讀書會」）第 1 期活動，在該館 YouTube 頻道開辦直播。句號代表句子結束。「句點王」也

是「冷場王」，意指「不是故意的，卻老是終結對話的人」，別人不知道該說什麼來接「句點王」的話。本讀書會期許不僅要讓讀者讀到時下最流行，市面最暢銷的書籍，也要讓參加的讀者在團體中能話題不斷，知識爆棚，終結「句點王」稱號。

「終結句點王・Online 讀書會」邀請教育部第 1 屆閱讀磐石獎閱讀推手獎得主、新北市丹鳳國中教師兼圖書館主任宋怡慧擔任主講人至今，她是臺師大國文系、政大國文教學碩士班畢業，被譽為「閱讀傳教士」。

讀書會以兩個月為乙期，一年 6 期，每期設定 1 個主題，每月共讀 1 本時下最流行、市面上最暢銷的書。每月則舉行兩次讀書會，每次 1 小時，分別在第 2 及第 4 週的星期二 19：40－20：40。讀書會也不時邀請作家及閱讀推手現身和讀者一同分享書中的精采，書籍對談全程在國臺圖的 YouTube 上直播。直播過程中，讀者如有相關問題，也可以隨時在聊天室中留言提問，除了宋怡慧即時回應外，小編也會在一旁協助，隨時整理主講人的重點與金句（鄭明玲）。

第 1 期讀書會選擇了萬特特等著，《這世界很煩 但你要很可愛》（新北市：幸福文化出版、遠足文化發行，2020.01）乙書。這本書邀請了 27 位作家，寫出過來人成長的故事和經歷，並總結「新可愛」準則。播出現場由出版者幸福文化出版社總編輯黃文慧和主講人宋怡慧對談。

在讀書會前 3 至 4 個月，由宋怡慧提供館方讀書會的主題，雙方從半年內推出的新書中，找出流行且討論度高的書籍，並邀請作者或出版社編輯一起到線上與讀者共讀。宋怡慧並製作簡報，幫助讀者提前瞭解書籍重點。館方提供當期讀書會閱讀書籍作為抽獎贈品。並將訊息公告在讀書會粉絲專頁。2020 年底以當時最熱門的電視劇《想見你》為題，規劃首次粉絲見面會活動。讀書會鐵粉自行發起設計及製作的「句點王・潮人誌」潮 T。（鄭明玲）

讀書會會將書籍由國臺圖在讀書會前 1 個半月優先製作成無障礙版（有聲書或電子書等），方便視障讀者搶先閱讀，當天就能更專注參與。2021 年

起，直播開始提供即時聽打字幕的服務，協助聽障者和其他讀者理解直播的內容。

（三）參考服務

參考諮詢服務

　　依據現行《閱覽服務規定》，該館提供口頭、書信、電話、傳真及電子郵件等方式的參考諮詢服務，協助閱覽人查詢資料及利用館內各項資源。

　　前項服務不包括古書、古董或美術品的鑑定、醫療及法律問題、翻譯、投資理財、學校作業及其他不適宜回答的相關事項。

　　該館將讀者詢問問題中具有代表性者，載入「參考問題選粹」網頁，提供即時參考諮詢訊息。

館際合作業務

　　本項業務包括處理新申辦讀者權限的核准及館際合作相關問體的解決，如線上操作指導、權限延長、未寄達申請件追查、逾期件的催還等。本項服務績效於 2016 年中華圖書資訊館際合作協會年會中獲頒公共圖書館類別的服務績效卓越獎。

（四）分齡分眾服務

親子資料中心（1 樓）

　　該中心典藏中外文繪本兒童讀物、期刊、報紙與家庭教育圖書等 14 萬餘冊，每本書加貼 RFID 晶片無線視頻識別標籤，以 12 歲以下嬰幼兒、兒童及其家長、照顧者為服務對象。每層樓設置專屬區域，B1 為繪本森林區、閱讀起步走專區；1 樓劃為報紙期刊區、家庭幸福閱讀專區、電腦資訊檢索區及有聲書內閱視聽區；2 樓為中外文圖書區。及至 2021 年 3 月 4 日

起閱覽空間整修，歷 1 年，2022 年 3 月 22 日再度以嶄新風貌啓用。開放時間為週二至週日，每日 9 時至 19 時。B1 為中文繪本及外文圖書區，其中外文區兼具閱覽活動辦理空間的功能；1 樓為報紙期刊區、服務臺、電腦資訊檢索區及有聲書視聽閱覽區；2 樓為日、韓文及中文圖書區。

推廣親子共讀。1.繪本說故事活動，如「故事童樂會」：每週三下午舉辦本活動 2 場次，適合學齡前幼兒、國小低年級學童參與；「小黑熊（Little Bear）外文繪本故事時間」：每月辦理 1-2 場，由外語志工為學齡前幼兒及其家長導賞外文繪本；「寶寶熊（Baby Bear）繪本故事時間」：2017 年開辦，每月辦理 1 場，由具備說故事經驗的志工，帶領新手父母及嬰幼兒照顧者，認識更多適合寶寶看的書，學習說故事技巧並善用「手指謠」（指節奏輕快，並搭配手部動作的童謠，以引起幼兒學習的興趣）、音樂律動等活動，生動豐富其內容，為寶寶開啓閱讀之門；及繪本親子讀書會，2018 年開辦。2.辦理「愛書人書架認養活動」。該館與雙和地區的社區及學校合作，舉辦本項活動。3.親子電影欣賞，每月推出。4.兒童主題書展與新書展。配合時事、政令、閱讀推廣主題及節慶活動等舉辦，每年 10 場。5.兒童閱讀推廣活動。每月辦理各項多元、豐富的兒童閱讀活動。除了上開「繪本故事時間」外，還有「臺灣原創・繪本作家帶你玩東玩西」繪本遊戲創作坊：以臺灣繪本作家帶領親子認識在地原創繪本（2016 年開辦）；「英語童話故事城堡」；「STEAM 暑期英語科學營」；「繪本親子&樂齡讀書會」；「耕莘醫院早療發展中心說故事活動」；「世界宗教博物館奇幻精靈劇場」等。6.嬰幼兒父母學習講座。

推動隨母入監嬰幼兒閱讀。2019 年 8 月 22 日國臺圖館長鄭來長館與法務部矯正署副署長吳澤生在桃園女子監獄簽署「飛越高牆：用閱讀點亮世界的美好——送給隨母入監孩子一份閱讀禮」合作備忘錄，教育部終身教育司司長黃月麗與會，表示支持該項合作計畫。將「閱讀起步走（Bookstart）」計畫引介至矯正署，在桃園、臺中、高雄 3 所女子監獄提供服務，包括協助監獄設置嬰幼兒的閱讀專區、致贈「閱讀禮袋」（內包含 1

本圖書及閱讀手冊）及定期（2019 年 9 月起）派志工到監獄「說故事」等項目。讓監獄內的親子也能利用閱讀專區，陪伴親子學習閱讀成長。（鄭嘉雯）

「**書聲朗朗・部落新希望 扶助偏遠地區閱讀推廣計畫**」。該館結合新竹縣政府文化局圖書館及財團法人至善社會福利基金會深入偏鄉，合作推動部落幼兒閱讀活動。2020 年 7 月 16 日在新竹縣尖石鄉新樂國小辦理部落培訓課程，由該館針對至善基金會行動幼兒園、該縣尖石鄉、五峰鄉立圖書館館員規劃培訓課程，協助培訓部落媽媽擔任陪伴幼兒閱讀課講師，共計 17 人參加。8 月 7 日在新竹縣舉辦啓動儀式，終身教育司副司長顏寶月與會，有 64 人參加。贈送尖石鄉、五峰鄉立圖書館繪本圖書 100 本，致贈至善基金會行動幼兒園幼兒好書 100 本及該年度入選「閱讀起步走」優良圖書 51 冊，充實其兒童繪本圖書。竹縣提供幼兒一份閱讀禮袋，內繪本及閱讀手冊各 1 本，推廣在家由父母或祖父母陪讀。

「**愛閱起跑線**」活動。2022 年與衛福部所屬兒童之家為照護無依兒童，落實閱讀平權，合作推動嬰幼兒閱讀，推出「愛閱起跑線」兒童之家說故事活動暨培訓課程。

樂齡資源區（1 樓）

請見本章「八、特色服務」。

多元文化資源區（2 樓）

多元文化資源區（Multicultural Resources）設置初期，蒐藏泰國、緬甸、越南、印尼等 4 國語文圖書期刊及視聽資源，以供新住民學習及休閒，並增進在地居民認識多元文化。開架陳列圖書以小說、散文、保健、綠美化、居家為多；視聽資料約 2,500 件；期刊 16 種，其中泰國、越南各 4 種，印尼 3 種，緬甸 2 種，其他 3 種；報紙 3 種，越南、印尼、馬來西亞各 1 種。2018 年擴大閱覽空間並進行設備優化新增書架閱覽桌椅及電腦。使多元文化資源區面積由 5 坪擴大為 50 坪，閱覽座位由 4 席增為 32 席，陳列除

原典藏的泰國、緬甸、越南、印尼等 4 國語文圖書資源外，新增馬來西亞、柬埔寨、菲律賓等 3 國語文資源，書架由 8 座增加至 30 座，典藏容量由 4,000 冊增加至圖書 15,000 冊，並增設多元文化資源檢索區。

舉辦多元文化推廣服務。1.辦理學習班。2016 年 7 月 5 日至 8 月 30 日與伊甸社會福利基金會新移民家庭成長中心合作辦理「新移民電腦學習班」，課程以文書處理及電子資源應用為主，同時推廣該館館藏資源與服務，共 17 堂課，主要來自越南、緬甸、中國大陸等國家 360 人次參加。2.辦理講座。如 2017 年「中南半島風土記」，2018 年「鏡頭下的翁山蘇姬與緬甸：一位攝影記者的紀實」講座。3.辦理多元文化主題書展。展出越南、泰國、緬甸、柬埔寨、印尼、菲律賓、馬來西亞、星加坡等國家的歷史文化及旅遊相關書籍。如 2017 年舉辦「南朋友」，2018 年「南南自旅」、「通往南國的任意門」，2019 年「心之所向@東南亞」、「指針向南，新發現」，2020 年「來去『地球村』住一晚」、「這是哪裡人？」主題書展。4.辦理主題電影欣賞。如 2018 年舉辦「南顏之影」主題電影欣賞。5.辦理座談會。為增進新住民對圖書館的認識及與新住民團體的資源共享，於 2018 年 8 月 11 日與臺灣新住民家庭成長協會合辦「2018 年新住民培力計畫——培育多元文化講師網絡會議」，計 20 人參與。

辦理「樂在多元」系列活動。為滿足新住民及移工在生活、工作與學習上的閱讀和資訊需求，並提供一般讀者能快速認識東南亞文化資源的平臺，特別規劃辦理本項活動。期能引介讀者善用該館資源，透過多元學習，打開新視界，並鼓勵讀者學習東南亞諸國語言，搭建認識新住民生活語文化的橋樑，營造和諧社會。如 2019 年辦理「樂在多元——閱動新視界」系列活動。分別辦理越南、泰國、緬甸、柬埔寨、印尼、菲律賓、馬來西亞文化體驗活動。2020 年辦理「樂在多元@東南亞」系列活動，以東南亞國家人民日常生活中的「食、衣、住、行」為主軸，透過語言學習（如學習奧黛、旅遊、好食、童玩等主題越南生活用語）、文化講堂、文化小旅行、影展與導賞、以及來自外婆家的故事（以新住民親子為對象）等

活動，傳達東南亞文化豐富的內涵，以及移民工融入臺灣社會，努力奮發的精神。帶給大家滿滿的新文化體驗，促進文化的交流與對話。

開辦語言班。 為增進民眾對多元文化的認識並推廣東南亞語文學習，開辦語言班，如「2018 年樂在多元──越南語／泰語學習班」2 種課程共 16 場次，計 350 人次參加。「2019 年樂在多元──越南語／泰語學習班」，分初級班及進階班，透過互動教學、戶外教學體驗及影片觀賞。各 16 場次、48 小時，越語班計 372 人次，泰語班計 412 人次參加。

青少年悅讀區（3 樓）

青少年悅讀區包含「青春閱讀區」及「得獎好書區」。前者，開架陳列圖書約 5,200 冊，適合 13－18 歲青少年有關讀書方法、心靈成長、生涯規劃／人際關係、科普、運動／健康、史地、傳記、語言學習、藝術／設計、各類文學等主題讀物。後者為各類獎項的獲獎圖書約 3,600 冊。國內獎項如好書大家讀、Openbook 好書獎、金書獎、金漫獎、金鼎獎等；國外獎項如諾貝爾文學獎、西澳洲青少年書獎（WAYRBA）、普立茲文學獎、雨果獎等。

2020 年該館執行「書式生活圈」閱覽區空間改善計畫，以營造更加舒適的閱覽環境。爰更新青少年悅讀區主視覺，提升空間彩度與造型的俐落度，並將主視覺設計延伸成一個 L 型空間，創造連續、寬敞的空間感，並將玻璃隔間前的海報架撤除，使空間穿透且開闊，吸引自修室及行動裝置區的使用者走進閱覽區瀏覽圖書。

培養圖書館利用的興趣。 為鼓勵青少年到圖書館利用資源及培養興趣，辦理「青少年講座」，如「Heads up, Taiwan」英語講座、「原住民帶來的禮物」（由紀錄片導演馬躍・比吼主講）；辦理「喜閱青少年認養書架活動」；及「青少年主題書展」，每年各月辦理乙場，共 12 場。

辦理暑期系列活動。 每年在暑假期間舉辦青少年暑期系列活動，如 2016 年該館與財團法人光泉文教基金會合作辦理「找到自己，夢想起飛──青少年暑期衝充電」系列活動，包括「一行詩創作大賽」、主題書展、

影片導賞、專題演講；2017 年舉辦「盛夏萬事屋」青少年暑期系列活動」，包括「百工體驗家」系列講座、「市井觀察家」作文比賽、「生活寫真師」攝影比賽、「百種人生」青少年主題書展；2018 年「夏日文字燒」青少年暑期系列活動，探討文本結構分析與閱讀、如何進行論述與思辨、如何排版設計簡報，藉以提升青少年閱讀、思考、表達三位一體的能力。包括青少年閱讀推薦書單、閱讀課程、思考課程及成果發表；2019 年「語『諮』先修班」青少年暑期系列活動」，包括「文章分析課程」、「媒體識讀講座」，前者由深入淺出引導學員撰寫讀書心得、製作簡報，後者分「媒體現況」、「新聞產製」兩個主題進行討論；2020 年「追蹤者任務」青少年暑期系列活動，包括開立 38 本「青少年資訊素養推薦書單」、及「追蹤 AGR 遊戲」（一場另類實境遊戲），藉參加遊戲引導青少年玩家培養查詢資訊的技巧，分析資訊正確性和權威程度的習慣，整合現有資訊提出推論等能力，並抱持對外來資訊的警覺心，全面性提升資訊素養各方面的能力。

（五）推廣服務

提供展覽設施

　　美國圖書館學會「圖書館權利宣言」（The Library Bill of Rights）揭櫫了「備有供民眾使用展覽空間及會議室的圖書館，應排除使用者或團體的信仰或關係，在平等的基礎上提供使用的機會。」（毛慶禎譯）中和館舍雖然沒有常設展廳，但是館內因提供分齡分眾服務，也於不同樓層設置專屬的展覽空間。如 1 樓大廳兩側沿壁面展示壁櫃、臺灣藝文走廊（原稱臺灣歷史走廊，現為多功能場地）；2 樓、3 樓新書展示區；4 樓雙和藝廊；5 樓圖書修護展覽室；6 樓臺灣學研究中心特藏展覽室等，分別辦理各類展覽。

　　該館在 2 樓、3 樓及 6 樓因應多元族羣的閱讀需求，依各年齡層閱讀需求及主題，經常舉辦各式「主題書展」，如一般大眾主題書展、青少年主題書展、兒童書展、多元文化主題書展、館藏臺灣學研究主題書展及政府出

版品主題書展等。

　　國臺圖「為發揮社教功能，推廣藝文展覽活動」，提供臺灣藝文走廊和雙和藝廊，作為個人暨團體展出書法、水墨、油畫、水彩、攝影、篆刻、雕塑及其他各類適合該館展出的作品，訂定《國立臺灣圖書館展覽場地申請使用要點》（全 8 點）乙種。按「展覽檔期申請流程」，每年 1-3 月開放申請次年 1-6 月檔期，7-9 月開放申請次年 7-12 月檔期。復根據《國立臺灣圖書館展覽審查委員會設置要點》，該委員會會議每年召開兩次，審查年度各個申請展出計畫，以確保展出作品的水準及公平性。審查通過則安排檔期，每檔以 2－4 週為原則，開放時間為 9：00－17：00（逢休館日不開放）。展出期間只酌收每日 500 元的清潔費，不收取任何額外租借費用。佈展及卸展日也不收費。另訂定《國立臺灣圖書館展覽作業要點》（全 8 點）乙種，作為使用規範。

推出政府出版品主題書展及專題講座

　　政府組織再造，原行政院研考會有關政府出版品的權限業務，自 2012 年 5 月 20 日起由文化部承接。2013 年 12 月 13 日文化部訂定《政府出版品管理要點》（全 17 點），依該辦法有關「寄存圖書館」（Depository Library）的規定，臺灣圖書館被列為政府出版品寄存圖書館（完整寄存）之一，蒐藏所有政府出版品，供民眾免費閱覽使用。

　　該館為推廣優良政府出版品，促進流通，爰規劃辦理政府出版品主題書展及專題講座。近年來所辦理者，如 2016 年 6 月 7 日－7 月 10 日舉辦「性別平等最美好　快樂生活沒煩惱」，並於 6 月 29 日由黃蕙欣主講「男女互尊重　相處樂融融」。2019 年 5 月 1 日－5 月 31 日舉辦「臺灣小城故事」，並於 5 月 19 日由陳世一主講「走讀臺灣－基隆市」；8 月 1 日－9 月 1 日舉辦「原住民的故事」。2020 年 10 月 6 日－11 月 1 日舉辦「踏查淡水　走訪古今」，並於 10 月 17 日由曾令毅主講「從吳鶴記文書看清代淡水的發展」；11 月 3 日－11 月 29 日舉辦「失落的記憶：臺灣老建築的興亡」，並於 11 月 28 日由林思玲主講「危機四伏」。2021 年 8 月 24 日至 10 月 3 日舉辦「進擊的

1920——臺灣新文化運動超展開」，並於 9 月 4 日由陳德娜主講「以文化和
歷史作為品牌：〈掛號〉的設計編輯力」（採線上視訊會議方式）；10 月 5 日
－10 月 31 日舉辦「想像力是我們的超能力：虛／實融合的次元世界——
ACGN」，並於 10 月 31 日由周文鵬主講「次元展開：看見日漫、臺漫的御
宅之眼」。

持續辦理科普系列講座

該館經常辦理各類講座。其中，為提升民眾的科普素養，培養閱讀科
普圖書的興趣，規劃辦理科普系列講座。自 2017 年 10 月 1 日舉辦第 1 場，
至 11 月共舉辦 6 場次（第 1－6 場），迄今不輟。

2018 年（第 7－17 場）、2019 年（第 18－28 場）持續辦理。2020 年為
配合政府防疫措施，科普講座移至 7 月至 12 月共舉辦 12 場次（第 29－40
場）。2021 年 7 月至 9 月（10 月因疫情停辦）、11 至 12 月共舉辦 9 場次（第
41－49 場）。2022 年 3 月至 12 月共舉辦 11 場次（第 50－60 場）。2023 年
仍持續辦理。

持續辦理「與作家有約」活動

館長鄭來長提到，圖書館站在推動社會教育與提倡閱讀的角度，自應
積極推廣全民閱讀，以提升閱讀為主要任務。而閱讀的標的物即為各類圖
書，圖書又是出版社經營的核心產品，因此，圖書館與出版社的關係，即
為推廣閱讀的共同夥伴關係。國臺圖每年約辦理 24 場「與作家有約」活
動，由出版社推薦圖書並邀請作家與讀者面對面座談，創造書迷可親近作
家的機會，在分享與對談中，激發閱讀的趣味。現已有合作的出版單位及
民間基金會，共 20 餘家。（鄭來長）

持續辦理終身學習研習班

該館持續辦理終身學習研習班，自 2013 年 51 期迄今。2013 年 5 月 20
日發布「修正《國立中央圖書館臺灣分館終身學習研習班實施要點》，名稱
為《國立臺灣圖書館終身學習研習班實施要點》並修正全文」。研習班每年

開設兩期，每期授課 18 週，每週 2 小時。凡年滿 13 歲對研習課程有興趣者即可報名，報名費為新臺幣 2,500 元，其後也有提高為 3,000 元者（材料費上課時另繳）。依課程類別分有 6 大類（黃國正）：

　　1.藝術類：如攝影基礎、攝影進階、攝影（含手機）、古典藝術、拼布藝術（Patchwork）、蝶谷巴特（Decoupage）、篆刻、藝術賞析等。

　　2.音樂類：古箏（16 弦箏）、古箏（21 弦箏）、音樂賞析等。

　　3.語言類：基礎日語、英語會話等。

　　4.運動類：躬能瑜珈、塑身瑜珈、彼拉提斯（Pilates）、塑身彼拉提斯等。

　　5.書畫類：書法、國畫山水、國畫花鳥、國畫彩墨、水彩、速寫、意象素描、彩繪素描、漫畫、素描與藝術賞析、書畫藝術賞析等。

　　6.資訊類：成人電腦基礎、成人電腦進階等。

　　每年擇期舉辦研習成果展，展品以當年度學員優秀作品為優先。

　　2021 年因 COVID-19 疫情升高配合新北市政府政策，67 期終身學習研習班，於 5 月 12 日起停課，未完成的課程依比例退費；68 期於 10 月起開始招生，也因疫情延後，僅能上課 6 週，11 月 23 日開始上課，報名費 1,200元，開設 22 班。2022 年 69 期於 2021 年 12 月起招生，2022 年 3 月 1 日開始上課，報名費 3,000 元，開設 26 班；70 期於 2022 年 7 月起招生，2022 年 8 月 30 日開始上課，報名費 3,000 元，開設 22 班。

持續辦理「好書交換」活動

　　為推動閱讀風氣，鼓勵民眾以書會友與推廣圖書資源再利用，該館固定每年 1 月與 7 月各舉辦冬季與夏季乙次「好書交換」活動。仍採用讀者意欲交換的好書，送到圖書館累計點數，在擇定的日期，公開以積點的方式，到場選擇所需圖書，憑「好書記點卡」的點數交換的辦法。此外，2020 年還推出在活動期間來館辦證或用自動借書機借書也能憑「入場號碼牌」或借書收據換書，藉由圖書資源的交換流通，帶動民眾閱讀的風氣。

舉辦「臺灣閱讀節」及「臺灣閱讀公園」活動

　　「臺灣閱讀節」是由教育部指導國家圖書館自 2013 年起推出的大型閱讀推廣活動，邀請國立臺灣圖書館、國立公共資訊圖書館及 22 縣市立公共圖書館、學校、出版社、文教機構、讀書會團體等共同響應，經過歷年耕耘已成為公共圖書館界的年度盛會，帶動了閱讀風潮。該活動的啓動儀式初訂於每年 12 月 1 日至 7 日持續進行，以一週的活動為起點，至 2015 年起訂定每年 12 月的第 1 個週日（其後訂為週六）為「臺灣閱讀節」，整合全國推動的力量，引領全臺新的閱讀體驗。2017 年首次移師戶外，在中正紀念堂園區戶外廣場登場，他如 2019 年在大安森林公園，2020 年、2021 年又返中正紀念堂舉行，透過擺攤玩遊戲、說故事等活動，強調閱讀與生活的連結。

　　2016 年 12 月 3 日國立臺灣圖書館於假中和八二三紀念公園創意廣場（戶外）和財團法人溫世仁文教基金會、何嘉仁文教基金會、九昱文教基金會、技嘉文教基金會等 12 個機關團體攜手合作舉辦「2016 年臺灣閱讀節暨臺灣閱讀公園啓動」系列活動，開創了將閱讀的場域延伸到戶外，營造以藍天為幕、綠地為席的臺灣閱讀公園活動。是日以「閱讀‧悅讀‧越讀」為主軸，內容包括「大師講堂」、「拓遍臺灣‧i 閱讀」、「歡迎指點一下——認識點點視界」、「我是圖書醫生」、「閱讀繽紛樂」、「讓書本去旅行～漂書活動」、「樂讀中山樓」、「閱讀市集」、「銀髮勤勞動‧耕讀心生活」、「藝術公園」、「行動博物館」等共有 45 個攤位，以動態、多元、趣味的方式，同步舉辦書香嘉年華閱讀活動，引導民眾在大自然中感受不一樣的閱讀興趣。並於勵學廣場新設啓用「喜悅臺灣漂書小站」。「漂書小站」所置圖書供愛書人免費取用，也歡迎愛書人拿書來「放漂」交流好書。

　　該館座落於該公園內，掌握地利之便，結合公園之美與閱讀之趣的「閱讀公園」活動，自 2017 年起，在所在之地，每年春、夏、秋、冬季各舉辦 1 至 2 天的系列活動（期間因 COVID-19 疫情停辦兩季），冬季閱讀有時配合臺灣閱讀節擴大辦理。該館依 4 季規劃多元的閱讀活動，除閱讀活動

外，更增添多元的活動，並引進社會資源，透過異業結盟方式，與出版社、基金會及民間機構等合作。

推動「閱讀小護士 用心陪伴您」閱讀專區

2016 年 12 月 12 日該館與衛生福利部雙和醫院合作，推出「讓閱讀無所不在 臺圖讀 BAR@雙和」服務。在醫院兒科候診室設置閱讀專區，由館方定期提供贈書，院方提供良好舒適的候診環境，持續地分享好書，優良醫療服務，讓閱讀平復就醫身心靈的不適（不安與緊張），有助穩定情緒，邁向良好的醫病關係。圖書館主動「到府服務」，推廣閱讀無所不在的服務理念，將讀者服務延伸，讓書籍成為滋養每個人心靈的小護士。2018 年 10 月 12 日與天主教耕莘醫療財團法人耕莘醫院兒童發展中心、2019 年 9 月 6 日與臺北市聯合醫院中興院區眼科部視覺復健中心（治療或減緩老化）及兒童發展評估療育中心分別合作設置閱讀專區。該館期望藉由雙方的合作，透過衛教及閱讀推廣達到療育的效果，讓「閱讀」不論何時都是你我身邊的心靈小護士。

特聘首位「駐館作家」──王瓊玲

2019 年 8 月 14 日該館聘請中正大學中文系教授王瓊玲擔任首位榮譽職駐館作家，舉行「駐館作家記者會與捐書儀式」，到場有中研院院士曾永義、臺灣戲曲學院副校長游素凰、臺灣京崑劇團團長偶樹瓊、三民書局副總編輯關瑋茹、元華出版社總經理蔡佩玲、國語日報社副組長王評及曾寶玲、中央通訊社主任編輯王永志等多位貴賓。館長鄭來長希望透過駐館作家能有助於推動閱讀。採「真人圖書館」方式，舉辦多場講座，讓作家深度與讀者對談創作改編戲劇的心歷路程，激發彼此創作心得，進行心靈的交流，並提供青年學子跨領域創作學習的機會。王瓊玲說她研究古典小說，創作現代小說、散文，又編寫傳統的崑劇、京戲、歌仔戲、客家大戲以及現代廣播劇。創作的小說及戲劇，往往取材在現實人間，因此深深覺得也要回饋於現實人間。很幸運，有「教授」的職位可以安身立命，她更

要督促自己，以「創作人」的使命來發光發熱，嘉惠讀者。至於捐書像嫁女兒，因為無形的因緣聚匯、有形的選擇呵護，讓女兒有了最好的歸宿。今天捐出家中藏書的 1/5，大約 600 冊，日後還會持續捐出約 2,000 冊的圖書及資料給國臺圖。

2019 年先後舉辦「與駐館作家有約：系列講座」（1）「真假兩相宜——從現實人生到藝文世界」（2019.08.14）、（2）「三十六彎七十二拐的藝文路——從小說創作到戲劇改編、欣賞」（2019.10.06）、（3）「不信真愛喚不回——創作的陷入與救贖」（2019.11.30）等 3 場。及「與駐館作家有約：下午茶時間」（1）「小說《美人尖》與豫劇、歌仔戲、廣播劇」（2019.09.01）、（2）「《一夜新娘》的小說與舞臺劇」（2019.11.03）、（3）「《駝背漢與花姑娘》的小說與戲劇」（2019.12.01）等 3 場。

2020 年舉辦「駐館作家王瓊玲教授線上書房」分享創作，計「我的小說」（2020.04.23 世界讀書日首播）、「我的戲曲：雙面吳起」（2020.05.01）、「我的散文」（2020.05.08）、「我的戲曲：二子乘舟」（2020.05.15）4 場。2021 年 11 月 20 日國臺圖與三民書局合辦「與作家有約講座：王瓊玲教授新書分享」，計《人間至情——曾永義、王瓊玲新編劇本集》、《凡塵摯愛——王瓊玲劇本集》兩種各 1 冊。

開播 Podcast「愛閱索書號」

2022 年 8 月 9 日該館逢 108 週年館慶，同日推出全國首個以圖書館知識為主題的 Podcast「愛閱索書號」，向民眾介紹各種有趣的圖書館知識，並揭開館員的日常工作。Podcast 乙詞為蘋果公司的產品" iPod "和" broadcast "（廣播）的混合詞。2020 年被稱為臺灣 Podcast 元年，臺灣聽眾多使用智慧型手機、筆電收聽 Podcast。該館規劃「臺圖報你知」、「一日館員」、「圖書小知識」、「有礙無礙」4 個單元，內容除了介紹臺灣公共圖書館的歷史之外，也包含圖書修護、索書號等圖書館知識，以及親子共讀，身心障礙等相關主題。如第 1 集「走吧！來去臺灣最老牌圖書館」、第 2 集「攜子入監飛越高牆，讓書本化為希望的翅膀」、第 3 集「超越時空感應！RFID 晶片的

小秘密」、第 4 集「我是視障者，我在圖書館工作」。「愛閱索書號」在 Apple Podcasts、Spotify、Google Podcasts、KKBox、MP3 等平臺上架，每週更新乙集，每集 20 分鐘，以便利民眾訂閱收聽。

開張「友間聊癒室」

　　2022 年 7 月該館開張「友間聊癒室」，分「阿弘開講」和「巧瑜伽 恰恰恰」兩種。前者係透過賽斯（Seth）身心靈診所（衛福部核可的醫事機構，在新北市新店區）諮商心理師楊聖弘以閱讀為引導，佐以專業的分析及同理心，一邊傾聽，一邊和讀者們聊天交流，一邊摘要介紹好書，在自在無壓力的情境下，為讀者們梳理困擾的情緒，成為讀者的好伙伴。7 月至 12 月的主題分別是：「心事誰人知」、「轉念，最適合的角度是？」、「壓力這檔事」、「萬能的天神 請賜予我神奇的力量」、「愛，一直存在？」、「給自己一個安全的距離」。當月書分別為：葛利布（Lori Gottlieb）著、朱怡康譯，《也許你該找人聊聊》（新北市新店：行路出版、遠足文化發行，2020.04）；賴佩霞，《轉念的力量》（臺北：遠見天下文化，2021.10）；克洛斯（Ethan Kross）著、胡宗香譯，《強大內心的自我對話習慣》（臺北：天下雜誌，2021.05）；鐸利（Eckhart Tolle）著、周家麒譯，《當下的力量》（彰化：揚昇文化，2022）等譯本；陳永儀，《感情這件事》（臺北：三采文化，2019.11）；蘇絢慧，《立下界限》（臺北：天下雜誌，2021.04）（這 6 本書的副題名冗長，予以省略）。每月第 1 週六 14：00－15：00，採 FB 粉專直播，第 3 週週五，內容上傳 Podcast。後者由簡巧雯（Chacha）配合療癒主題，結合「阿弘開講」當月書，設計瑜伽靜心課程，和大家空中聊瑜伽，共享身心靈探索的療癒之旅。每月第 2 及 4 周週五內容上傳 Podcast。

參與「韌性都市林」計畫

　　「都市林」（Urban Forest）是指在都市範圍內與市民生活有關的所有植物與樹木的區域，包括市郊森林、市區公園、綠地和行道樹。在極端氣候（Climate Extreme）下，影響樹木的成長，因而影響遮陰、降溫及景觀等，

「韌性都市林」可以發揮其「韌性」（resilience）功能，承受強降雨、乾旱、高溫熱浪、低溫冷害、空汙等環境壓力，並能快速恢復。

2020 年 7 月 10 日該館、農委會林業試驗所、新北市中和區公所簽署合作交流備忘錄（MOU），以中和 4 號公園該館樂山區為建構「韌性都市林」示範區，進行試驗，引進臺灣本土樹種並豐富園區的生物多樣性，打造一個生態豐富的都市林。包括進行選拔在氣候變遷下可存活的樹種（選擇可適應當地條件的樹種），規範低維護成本且簡易可行的管理措施，以及持續監測氣候對樹木生長的影響。稍早（2020.02.23）由該館、林業試驗所、中和社區大學合辦「韌性都市林志工隊培訓」，有志工 37 人，每週研習。俾 4 方共同推動種植原生灌木及草本植物，建構生物多樣性灌叢，設置林木長期樣區與定期觀測，逐漸建構複層與多樣的都市林。2022 年 11 月 5 日開放民眾報名參加「韌性森林植樹活動」30 組（每組人數 3-4 人），每組種植 11 株植物。

舉辦多元參與提案活動

國臺圖為鼓勵該館館員踴躍針對業務進行改善及強化，每年館員都有「創新提案。」復鑒於社會的多元性，於 2021 年 9 月間推出「『閱讀的 100 種可能』多元參與提案計畫」活動，公開向擁有該館有效借閱證（含虛擬借閱證）的讀者，徵求有關該館閱讀推廣活動、策展規劃設計的創意提案。依該館「提案表」範本揭示的內容，包括提案名稱、提案人／團體名稱與簡介、提案概念、執行步驟、提案執行的預期成效、經費規劃、提案人／團體聯絡資訊等項，並可附上提案宣傳海報、簡報或影片等。徵件日期自 110 年 9 月 1 日至 10 月 31 日止。評選方式分該館初審，11 月 15 日該館將所有通過初審的提案及說明等上傳「多元參與計畫專區」及展示於 1 樓大廳供眾閱覽；次為讀者於 11 月 16 日至 12 月 5 日憑借閱證票選，每張選票可圈選至多 3 個提案，依得票數計分，佔總分 60%；最後是專家審查評分，依概念創意主題契合度（30%）、內容完整性（20%）、執行人力、經費、可行性（20%）、執行效益（30%）評比，佔總分 40%。總分前 10 名且

總分高於 80 分的提案，將分別致贈獎金 2 千元至 1 萬元、獎狀、該館文創品 1 組。排名前 3 名且高於 80 分的提案，該館將與提案人討論修正後，開始執行。其他優良提案該館將視經費狀況與預期效益擇合適提案，與提案人聯繫後執行。依該館官網 2021 年 12 月 29 日公布「第一階段票選結果，共有 5 個提案：辦理輕度身心障礙者參與身心靈成長活動（得票數 75；換算分數 48.91）、三研良語（46；30.00）、浮游花小夜灯製作（27；17.61）、基石與斜槓人生（67；43.70）、讀者？用「聽」的走進書的世界（92；60.00）。專家審查會議將於 2022 年 1 月上旬舉行。」（閱覽典藏組）〔雖然最終未有成果，但也不失為一項創新活動〕

八、特色服務

（一）臺灣學研究中心

徵集並整理國內外臺灣研究文獻資源

1.徵集整理臺灣文獻。採購臺灣及東南亞舊籍資料，如日據時期臺灣高等學校及商業專門學校的畢業紀念冊、各學科教課書及讀本、日文舊籍、零星少量的報紙、寫真帖，及新竹苗栗地區古文書等。蒐集近年來發行的臺灣學相關研究資源，包括一般圖書，政府出版品、學位論文、研討會論文集等灰色文獻，黨外雜誌，及影音數位資源。並獲得各界的書刊贈送，如孫婉玲、孫巧玲以其父孫曉鐘名義捐贈其父母（蔡月華）、祖父（孫媽諒）母典藏近千件中西日文舊籍資料及臺灣、東南亞圖書文獻，主題涵蓋文學、戲劇、音樂、社會及經濟領域；李筱峯捐贈祖父留下來相關舊版詩文線裝書籍 76 種 298 件；淡水吳家捐贈吳鶴記家族古文書 87 種 96 件；劉文甫（龍瑛宗=劉榮宗的長子）捐贈日文藏書 108 冊，以臺灣政治、經濟相關主題書刊為主；黃秀鳳捐贈深坑黃家資料等。

　　2.辦理合作典藏圖書文獻移回作業。該館與中研院臺史所上開「合作典藏」的圖書文獻，經 2004 年 12 月該館中和新館落成，館長廖又生與所長莊英章協商修正合約，約定分批送回該館，至 2016 年 3 月業自臺史所全數取回，並與臺史所繼續辦理合作典藏圖書館館際互借作業，促進「合作典藏」使用。

　　3.持續進行臺灣學出版品國際交換。與國外及中國大陸的大學及機構交換出版期刊迄 2019 年共有有 146 所，包括日本 31 所、中國大陸 21 所、美國 19 所、歐洲 17 所、東南亞 16 所、韓國 9 所、港澳 9 所等。如日本國立國會圖書館、東京大學總合圖書館、美國國會圖書館、史丹佛大學胡佛研究所、歐洲當代臺灣研究中心、歐洲漢學學會、韓國高麗大學臺灣研究中心、中國國家圖書館、中國社會科學院臺灣研究所等。

建構「臺灣學數位圖書館」

　　該館持續進行前臺灣總督府圖書館及南方資料館等館藏舊籍資料數位化及優化臺灣學研究中心網站。2016 年 10 月 25 日該館「臺灣學數位典藏查詢系統」正式上線，提供下列自建資料庫系統的整合查詢：

　　1.日文舊籍臺灣文獻聯合目錄。2003 年建置本聯合目錄資料庫，提供讀者線上查詢。主要收錄 1949 年以前出版的日文臺灣資料，包括泛指在臺灣出版或並非在臺灣出版的相關臺灣文獻資料；由於日本將臺灣視為南進的基地，爰將關於南支南洋（中國華南、海南島及東南亞各國）部分有關者亦予以選錄；並將少量中、西文臺灣資料及 1949 年以後重新覆刻的日文舊籍也一併收錄。合作單位由最初的 20 個，陸續增加至 2012 年，共有 42 個。至 2021 年 7 月，線上可查詢 47,112 筆書目資料。

　　2.日治時期圖書影像系統。2007 年 8 月進行前府圖書館典藏臺灣文獻的數位化工作，2008 年 10 月完成建置本系統，至 2014 年完成 15,000 本圖書影像檔。內容以日本時代臺灣出版品為主。「臺灣總督府圖書館和漢圖書分類法」以「070 臺灣」為臺灣資料專屬分類號，收錄以日文為主，部分中文及西文資料。目前本資料庫共收錄 23,391 筆（內含「臺灣史料稿本 8,323

筆）、摘要 2,175 筆，提供下載 PDF 影像檔。

　　3.日治時期期刊影像系統。2007 年 8 月進行府圖書館典藏臺灣文獻的數位化工作，2008 年 10 月完成建置本系統，目前收錄期刊雜誌以上開分類法「0705 雜誌」類索書號，約 322 種（改刊名算同一種），計著錄 291,405 筆、摘要 7,838 筆。提供下載 PDF 影像檔。

　　4.日治時期臺灣地圖資料庫。原外掛於「日治時期期刊影像系統」，目前收錄 1,649 種圖。

　　5.臺灣文獻書目解題。自 1987 年至 1998 年陸續出版本解題 20 冊。2007 年 12 月完成本資料庫，可進行全文檢索，下載 PDF 影像檔或 HTML 文字檔。2022 年 5 月 19 日該館公告，本資料庫已關閉，請利用本「數位典藏查詢系統」的「整合查詢」功能，再勾選「文獻書目解題」查詢。

　　6.臺灣文獻期刊論文索引。將該館典藏中文期刊自清末迄今，有關臺灣論文著作的文獻資料，編輯成本索引。目前收錄 10 萬 4,806 筆詮釋資料。

　　7.臺灣文獻資料聯合目錄。本目錄索引收錄該館、國史館臺灣文獻館、國立公共資訊圖書館、中研院、臺北市文獻館等 36 個單位館藏有關臺灣文獻資料 32,112 筆，包括中西文圖書及非書資料。惟未包括臺大相關館藏在內。

　　8.臺灣資料剪報系統。自 1988 年至 1995 年，將每日蒐集 23 種中文報紙剪輯有關臺灣論著文獻資料掃描建檔。索引部分開放線上查詢，建置 51,543 筆詮釋資料；全文影像部分限館內使用，可供下載 TIFF 影像檔。

　　9.臺灣政經資料庫。將該館典藏臺灣省行政長官公署至臺灣省政府時期政府出版品，其中以二戰後至 1961 年期間的政治、經濟等相關資料，於 2014 年予以數位化，並結合上開分類法「075 法制、經濟、統計、社會、風俗」類已數位化臺灣資料，建置本資料庫。目前資料庫收錄 4,206 筆詮釋資料。

　　10.臺灣學通訊資料庫。收錄該刊自 2007 年 6 月創刊以來各期，目前收錄 1,672 筆詮釋資料及全文影像，並自 2015 年 12 月上傳「臺灣政經資料

庫」下。

11.臺灣寫真帖資料庫。該館所藏日據時期出版臺灣寫真帖可分「政治宣傳類16冊、軍事類8冊、產業與建設類12冊、名勝風俗與民情類28冊、地方的紹介類9冊、植物類6冊、其他類14冊（黃國正）」，內含照片年代為清朝至日據時期。本資料庫由該館資深館員建置，翻譯日文照片說明為中文，共計10,215張。

12.館藏南方資料影像系統。2015年完成數位化約500本亞洲特藏資料，涵蓋範圍包括日據時代日本、中國（滿洲及華南）、韓國（朝鮮）及南洋資料。2017年建置本系統，匯入詮釋資料350冊、掃描35,000影幅，並將自上開暫匯入「日治時期圖書影像系統」的500本的數位化電子檔，轉匯入本系統。目前可檢索4,929本圖書。

13.館藏舊籍日本文獻影像系統。2017年接續「日治時期圖書影像系統」進行館藏日文舊籍數位化作業。以日本圖書館學暨文學為基礎，先將日本文獻相關典籍數位化約400冊，日後再持續擴充。

14.館藏古文書影像系統。該館自1987年起開始新收臺灣古文書，包括原住民契（日人舊稱番契）、漢契以及各種文書。2011年該館與臺大合作，簽署「古文書數位化合作協議書」，將該館收藏古文書2,867件，由臺大進行數位化，共掃描6,249影幅，建立3,579筆詮釋資料及古文書全文打字133萬餘字，隨後建置本系統，於2019年10月開放讀者查詢。

15.本土教育資源資料庫。2021年3月正式啟用，時收錄圖書426本，線上可閱讀全文。本資料庫的內容，除該館舊藏鄉土教育相關資料外，其他係透過該館徵集與授權而來的數位化資料。該館歡迎機關（構）團體提供與本土相關的資源並授權該館使用，包括圖書、期刊與雜誌、教案與教材、教學活動紀錄與影像、政策計畫與推動方案、研討會手冊與會議論文集、碩博士論文與期刊論文。因為徵集授權書中未註明可以開放讓使用者下載，所以不提供下載數位內容的服務。

此外，還有「臺灣政經人文剪報資料庫」，資料來源係由台灣研究基金

會及教授黃光男、陳鴻瑜提供的剪報（2022.09.19 上線，118.160.90.174 登入）。「臺灣名家手稿資料庫」，目前蒐集的名家不限某一領域，有卞鳳奎、李筱峯、康培德、吳宇凡、鍾芳玲、黃光男、劉宗銘、張之申、柯華葳、陳鴻瑜、林惠娟、周明德等。資料類型也不限論文／書籍，還包括藝術展覽、繪畫、英文書畫、隨手筆記、上課筆記、資料報表等（2022.09.06 上線，118.160.90.174 登入）。另「臺灣方志網」，原係由國立教育研究院教育資源及出版中心建置，收錄臺灣各縣市鄉鎮公所編纂出版的地方志，於 2019 年元旦起由該館接手營運並開放已獲得授權者，供眾使用。同時擴充「臺灣學電子資源整合查詢系統」，至 2016 年底已累計可整合查詢 151 個資料庫。

<u>館藏文獻史料的研究與出版</u>

1.定期發行臺灣學刊物。持續發行《臺灣學研究》和《臺灣學通訊》。前者，聘請臺灣學研究專家學者組織編輯委員會，採符合科技部《臺灣人文及社會科學引文索引核心期刊收錄要點》的期刊評比標準（如形式指標、引用指標等）進行編輯，具備匿名審查制度，並以刊載原創學術論文為主。每年出版 2 期各 600 冊，並獲得著者的同意授權，於臺灣學研究中心的網站提供可跨平臺閱覽的電子版，免費提供讀者線上瀏覽或下載。後者，仍每月以「主題」方式呈現，印製 3,000 份，並發行電子報（約 2,300 份），持續經營臉書粉絲專頁，及更新「臺灣學通訊」資料庫。

2.持續辦理「臺灣學博碩士論文獎助」。歷年來（2013－2022）臺灣學博碩士論文獎助人數，見表 16。

表 16　國立臺灣圖書館臺灣學博碩士論文獎助人數表（2013－2022）

單位：人

年度	博士（優等）	博士（佳作）	碩士（優等）	碩士（佳作）	合計
2013	2	2	6	4	14

年度	博士 （優等）	博士 （佳作）	碩士 （優等）	碩士 （佳作）	合計
2014	2	1	6	3	12
2015	2	1	6	3	12
2016	3	2	6	3	14
2017	3	3	7	5	18
2018	4	2	7	3	16
2019	3	2	8	8	21
2020	3	4	6	8	21
2021	3	3	6	8	20
2022	3	3	6	5	17
合計	28	23	64	50	165

資料來源：國立臺灣圖書館，「歷年來博碩士論文研究獎助名單」，上網日期：
2022.12.15 http://wwwacc.ntl.edu.tw/public/Attachment

　　3.整理出版館藏史料。2012 年 7 月與真理大學臺灣文學資料館名譽館長張良澤合作，出版《日治時期（1895－1945）繪葉書──臺灣風景明信片》專輯。內容係以日據時期所發行的明信片，依圖片分門別類，輔以時人撰寫的相關記事報導或旅遊雜記為文，分別為《全島卷上》、《全島卷下》、《花蓮港廳‧臺東港廳》（新北市中和：臺灣圖書館，2013.07）3 種。並於 8 月 9 日辦理新書發表會及「『片』覽全臺──明治時期臺灣風景繪葉書」特展開幕活動。另 2014 年臺南市政府也出版《臺南州卷》2 冊。

　　2016 年 11 月復刻《臺灣地輿總圖》，原件係文化部依據《文化資產保存法》於 2015 年經審查指定為「重要古物」。本《總圖》約於 1888－1891 年間繪製，清寫本，為官方所繪的臺灣行政區圖集；以「計里畫方」製圖法，並且套叠現代經緯線所編繪的地圖集。圖中清楚標示臺灣建省後的行

政區界、行政單位、地名、聚落、軍事、道路及電線系統、自然地理等訊息。

　　2018 年 12 月復刻《臺灣歷史畫帖》，原件係臺南市役所邀請畫家小早川篤四郎以臺南地區歷史為題，繪製一系列油畫創作，俾 1935 年所舉行「臺灣博覽會」臺南歷史館展出，1939 年出版本書。臺灣圖書館就原書中前頁的原始解說加以翻譯，並打上燙金編號，限量發行 200 冊；2019 年又 2 刷及另出版《臺灣歷史畫帖》單張圖卡與明信片組。

　　2020 年 2 月由曾令毅、曾添福、陳世榮編，復刻出版了《吳鶴記及館藏臺灣北部古文書專輯》。本書輯錄淡水吳鶴記家族後人捐贈該館 88 種、97 件的「吳鶴記文書」及館藏「竹南一保文書」，依文書形成年代排序成篇。

　　2021 年編印《番人觀光日誌》（該館，2021.12）。復刻總督府技師藤根吉春於 1897（明 30）所呈報的《番人觀光日誌》寫本，記 1897 年 8 月 3 日至 31 日總督府民政局選派成行原住民，包括魯凱族、鄒族、布農族、泰雅族共 10 人，從臺北出發，基隆搭輪，途經長崎、門司、宇品（今廣島）、神戶、名古屋、東京、橫須賀、大阪，回程再經宇品、門司、長崎回到基隆、臺北共 29 天的觀光遊記。參觀各項傳統與現代化工商業、學校、軍事設施、射擊演訓等，並謁見明治天皇。本書請臺中教育大學教授鄭安睎撰寫解讀及全文翻譯。該館期透過本書，得以加強館藏資料的多元利用。本書榮獲國史館臺灣文獻館 2022 年度獎勵出版「文獻書刊──學術性書刊」優等獎。

　　2022 年因逢「臺灣文化協會」成立 100 週年，為紀念先覺者對臺灣社會的貢獻，出版了《臺灣人士鑑》3 冊（該館，2022.12），復刻日據時期臺灣新民報社（後改名興南新聞社）所出版 1934、1937、1943 年版。

加強與各學術研究機構的合作

1.推動對國內外學術研究機構開放館藏臺灣學資源。國內方面，如該館自 2016 年至 2018 年與東南科技大學合作，及 2018 年與新北市復興高級商工職業學校共同合作。由該館整理並提供館藏資料檔案，以及提供場地與

資源進行展演與研習；由東南科大運用數位科技專業教師（數位媒體設計系與數位遊戲設計系）與臺灣文史研究學者（通識教育中心），並邀請相關領域專家學者進行課程諮商與教材審議，組織團隊製作「磨課師」（MOOCS）數位單元教材並開設臺灣古地圖與采風磨課師數位課程；再由復興高工以古籍作為素材進行數位教材與文創商品等設計專題，辦理設計競賽與公開展示設計成果，並且協助推動磨課師課程。（鄭來長）

　　2016 年由該館提供《臺灣番社圖》，經雙方不斷的討論與經驗交流，2017 年 4 月 7 日－16 日在該館舉辦「穿梭 3 世紀——悠遊臺灣古地圖展」，展示了《臺灣番社圖》3D 視覺動態影像及 3D VR 虛擬實境體驗，並在 4 月 8 日辦理「《臺灣番社圖》歷史與地圖工作坊」，邀詹素娟專題演講「『番』與『社』——清代臺灣古地圖中的原住民歷史」、魏德文「清代山水畫輿圖——《臺灣番社圖》解析」。2017 年 6 月本《臺灣番社圖 3D 動畫地圖》榮獲內政部「第 1 屆優良地圖獎」電子地圖獎優等獎。2017 年 7 月編印《穿梭 3 世紀——悠遊臺灣番社圖》專書乙冊。並「製作系列解讀臺灣早期古地圖、開發史及清初《裨海記遊》文獻的數位教材，共計完成 9 項。」（林惠娟）

　　2017 年該館再提供《六十七兩采風圖合卷》與相關歷史文獻，構想透過互動電子書的表現形式，展現 18 世紀臺灣原住民的常民文化；運用現代數位相關技術，重心將《采風圖》，結合實際生活文化與歷史地理空間，使 18 世紀的原民生活透過虛擬場域，讓現代人得以完整體驗與感受。

　　2018 年 6 月該館分別與東南科大、復興高工辦理「臺灣古地圖與采風數位課程暨智慧學習場域應用計畫」及「富饒之境・采風圖卷——臺灣古地圖與采風圖品牌形象設計展」。前者，舉行「博采東華——六十七兩采風圖合卷特展」，包括「數位設計與展示」和「數位教育與推廣」兩部分：參觀《采風圖》無限畫布視覺展示、體驗 AR 擴增實境導覽畫廊、互動電子書、互動遊戲、互動留影展區等；及辦理「《六十七兩采風圖》歷史與地圖工作坊」，邀蕭瓊瑞專題演講「島民・風俗・畫——六十七兩采風圖中的臺

灣原住民生活」、宋冠美「地圖及圖像史料之多媒體應用」、詹素娟「《番社采風圖》的虛擬與真實」。後者，為復興高工教師輔導該校美術及廣告設計方面的學生將《臺灣番社圖》中的符號與人物、《六十七兩采風圖》中的人物與風俗、花果等素材等進行文創商品設計發想應用。此外，整合地理、文史知識研發系列數位教材，「看見福爾摩沙──圖說十七、十八世紀的臺灣」，以 MOOCS 課程（4 單元 14 講）對外開放。

2020 年 6 月 6 日－7 月 5 日辦理「采風新繹：臺灣古地圖與風俗風物教育特展」，展出上開「看見福爾摩沙」新版本的國際化數位教材內容，有華語、英語、越南語、馬來語版本，並以 MOOCS 課程方式於空中大學TaiwanLIFE 臺灣全民學習平臺（http://taiwanlife.org）上線呈現；展出以古籍為基礎製作的上開解讀臺灣早期歷史文獻及古地圖 9 項數位教材和 3 種電子書；及數位創作，如裝置藝術、AR 教具、互動地圖、VR 地圖等數位教具，同時展出復興商工的大型立體書、桌遊、繪本、設計文具等實體教具。6 月 5 日舉行教學觀摩。

國外方面，2017 年 8 月 11 日臺灣學研究中心已正式被列入外交部「臺灣獎助金」（Taiwan Fellowship）外籍學人來臺研究的接待駐點研究單位，自 8 月 21 日起開放外籍學人申請。

此外，該館為推廣臺灣學研究，將陸續建置的「日治時期臺灣文獻暨南方資料影像系統」──「日治時期圖書影像系統」、「日治時期期刊影像系統（含「地圖資料庫」、「寫真帖資料庫」）、「館藏南方資料影像系統」、「館藏舊籍日本文獻影像系統」、「館藏古文書影像系統」等，開放使用權限，提供國內外各級學校（含系所）、圖書館、學術研究單位及該館讀者申請使用。國外學術單位截至 2019 年年底，共有 25 所申請併同意其使用，包括亞洲 10 所、美洲 3 所、歐洲 12 所。

2.持續辦理國際學術研討會。如 2013 年 3 月 15 日－16 日「東亞近代化與臺灣社會變遷國際學術研討會」；2013 年 9 月 6 日－7 日「近代東亞中的臺灣國際學術研討會」；2017 年 11 月 24 日－25 日「近代臺灣與東南亞：臺

灣學研究中心 10 週年國際學術研討會」（與臺師大臺灣史研究所合辦）。

3.進行國外臺灣學術研究機構學術交流。2013 年 11 月 5 日－11 日，該館企劃推廣組主任李玉瑾和助理編輯蔡蕙頻前往日本東京參訪臺灣學術研究機構與公共圖書館 7 所，計玉川大學教育博物館（1929 年創）、臺灣協會（1950 年結合舊臺灣協會及臺灣引揚民會成立）、東京大學總合圖書館、一橋大學附屬圖書館（保存修復工房）、一橋大學經濟研究所附屬社會科學統計情報研究中心，及東京都千代田區立日比谷圖書文化館、國立國會圖書館國際兒童圖書館。藉這次參訪該館與玉川大學教育博物館、臺灣協會達成學術出版品交換協議，每年該館以《臺灣學通訊》合訂本交換《玉川大學教育博物館館刊》、《玉川大學教育博物館紀要》及《臺灣協會報》。（李玉瑾、蔡蕙頻）

2023 年 3 月 3 日該館與日本拓殖大學アーカイブズ拓殖事業室學術合作，進行跨國研究案。由該校國際日本文化研究所教授長谷部茂擔任代表假國臺圖簽署學術交流協議書，雙方建立實質學術互助合作關係，共同推動「後藤新平」研究。首先調查國臺圖館藏「後藤文庫」，並結合藏於日本的後藤藏書，以建構後藤新平研究的基礎。

4.推動國際學術交流。該館持續派員參加國際圖書館界年會（如參加美國圖書館學會年會也會參加華人圖書館員協會（CALA）年會）、海報展、國際書展（藉國家圖書館漢學研究中心設置書展攤位展示解說有關出版圖書）等學術活動。例如 2013 年 3 月 21 日-24 日由採編組主任周淑惠和祕書室編輯余慧賢參加在聖地牙哥舉行的 2013 年亞洲研究學會年會，在國家圖書館漢學研究中心書展攤位展出所出版《臺灣學研究書展專輯》、《臺灣學系列講座專輯》、《享和三年癸漂流臺灣チョプラン島之記》（周淑惠、余慧賢）；同年 6 月 27 日－7 月 2 日館長陳雪玉和編輯孟文莉出席在芝加哥舉行的 2013 年美國圖書館學會年會，本次透過海報展（poster sessions，自 1982 年於費城開始舉辦迄今）推出 Exhibiting Taiwan Memories: Book Exhibitions of National Library's Collection 介紹臺灣學研究書展推廣策略，包括辦理

「館藏臺灣學研究巡迴展」、出版《館藏臺灣學研究巡迴展專輯》、推出「行動展覽館」、建置「數位展示」等（陳雪玉、孟文莉）。

2016 年 3 月 31 日至 4 月 3 日派典藏閱覽組主任張燕琴和助理員蔡靜怡前往美國西雅圖，參加 2016 年美國亞洲研究學會年會及其書展，該館在國家圖書館漢學研究中心書展攤位展出所印行的《雜誌《臺灣公論》鳥瞰圖選集》、《臺灣學通訊》、《典藏臺灣記憶——2008-2012 館藏臺灣學研究書展專輯》、《日治時期（1895－1945）繪葉書——臺灣風景明信片　全島卷》、《日治時期（1895－1945）繪葉書——臺灣風景明信片　花蓮港廳・臺東港廳》、《享和三年癸漂流臺灣チョプラン島之記》、《采風圖合卷》等 12 種出版品，行銷展示臺灣學研究中心的成果。（張燕琴、蔡靜怡）同年 6 月 23 日－28 日派主任祕書吳明珏出席在奧蘭多（Orlando）舉行的 2016 年美國圖書館學會年會，及 8 月 12 日－22 日派編審鄭嘉雯出席在美國哥倫布市（Columbus）舉行的 2016 年國際圖書館協會聯盟會員大會，以海報展出「行動圖書館——走訪全臺灣」（Reaching out across Taiwan: Library Mobil Exhibition），將該館近 3 年辦理的「館藏臺灣學術研究書展」內容包括寫真帖、美術技術、地圖、體育、廣告 5 大主題，製成可伸縮收納的易拉卷軸展架，免費提供全國各級學校及公共圖書館申請借展，在全臺各鄉鎮市 143 個地點展出的成效（吳明珏）（鄭嘉雯）。

2017 年 3 月 16 日－19 日派編輯陳世榮前往多倫多，參加 2017 年美國亞洲研究學會年會及其書展，該館在國家圖書館漢學研究中心書展攤位展出所印行的《臺灣地輿總圖》、《雜誌《臺灣公論》鳥瞰圖選集》、《典藏臺灣記憶》、《裝幀源流：傳世聚珍談裝幀特展》專輯、《臺灣學通訊 2016 合訂本》等。（陳世榮）

支援臺灣史課程教學服務

1.辦理「臺灣學特藏資料整合推廣」講座。鑑於臺灣中南部研究資源較為缺乏，2016 年在臺中教育大學、臺南大學、高雄師範大學，辦理「臺灣學特藏資料整合推廣講座」。支援相關系所開設的臺灣史課程，行銷該館各

種特藏及電子資源。

2.協助學校發展各領域教育課程。該館為配合政府推動十二年國民基本教育政策，運用該館豐富的臺灣學館藏資源與專業的人力資源，協助學校發展多元適切的學校本位或特色課程，爰推出「2016 學年度國立臺灣圖書館協助學校發展鄉土教育課程計畫」，包括「臺灣文史教學研習」、「臺灣鄉土教學優良教案徵選」、「建立中小學課程合作夥伴關係」等 3 項子計畫，期透過此計畫協助學校課程的發展與實施，引導學生對臺灣有進一步的認識，激發學生自主學習的能力。2018 學年度起計畫名稱改為「2018 學年度國立臺灣圖書館協助學校發展各領域課程計畫」，各子計畫不變，分述如下。

「臺灣文史教學研習」。早自 2015 年度起即開始辦理「臺灣文史教學研習」活動，以推廣該館臺灣特色館藏，協助各級學校教師發展鄉土教育課程及各校特色課程為旨。2016 年在國立臺灣文學館辦理，提供教師認識與利用該館臺灣學研究中心資源。自 2017 年起，結合該館上開「協助學校教師發展鄉土教育課程計畫」擴大辦理，分別在北中南部（偶增東部）各辦理 1 場。以 2018 年為例，北區課程為蔡錦堂（臺師大臺灣史研究所）主講「國立臺灣圖書館館藏特色」、鍾淑敏（中研院臺史所）「國立臺灣圖書館館藏總督府舊籍之教學應用」、何義霖（臺北教大臺灣文化研究所）「國立臺灣圖書館臺灣人物史料之教學研究」、蔡蕙頻（該館編審）「國立臺灣圖書館數位化系統介紹」（2018.07.09）；各區均開設蔡錦堂「國立臺灣圖書館館藏特色」、蔡蕙頻（該館編審）或周慧茹（該館研究助理）「國立臺灣圖書館數位化系統介紹」，其餘課程因區而異，中區課程有張素玢（臺師大臺灣史研究所）「中部地區臺灣歷史人物史料介紹」（07.19）；南區有陳文松（成大歷史系）「國立臺灣圖書館南部地區文史資料之介紹與教學活動」（07.21）。2019 年、2020 年並邀「臺灣鄉土教學優良教案徵選」得獎教師前來分享如何運用館藏於教學的心得，如賀華興（桃園市楊梅高中）、鍾瑋純（高雄市三民國中）、劉俐君（臺中市新社高中）、李思明（花蓮縣平和

國小）及張素惠（新北市漳和國中）、莊忠沁（北門高農工職）、顏弘欽（臺南市新生國小）。2021 年如李侑儒（海洋研究院）「國立臺灣圖書館館藏應用」、張育甄（臺北市立松山高中）「國立臺灣圖書館館藏教學分享」（2021.10.16、11.20）。此外，2022 年還開辦「人文社會議題探究工作坊」，協助將該館豐富的材料，設計成可操作的議題探究課程。如北區及東區場邀請張育甄主講「性別與歷史——以生產線上的臺灣女性勞動者為例」（2022.03.06、07.06）；南區場與高雄市立歷史博物館、臺灣大眾史學協會（2022 年 5 月 15 日成立）等單位合辦，講題為「國臺圖館藏與教學應用」，從數位資源來探索高雄的海洋與港都的故事，透過介紹該館數位資源與高雄有關地圖、老照片等，提供教師可於教學現場實際運用的館藏資源，以及該館其他關於支援教學的服務項目。（2022.06.11）。

　　「臺灣鄉土教學優良教案徵選」。該館復自 2017 年暑期，為因應十二年國民基本教育課程綱要，自 2019 年度起逐年實施，鼓勵中小學教師設計優良的臺灣鄉土教學教案以做為教師教學的參考，並激勵中小學教師運用該館館藏臺灣學研究中心文獻資料，將其轉化、融入課程設計與教學活動中，特辦理「發展各領域課程計畫——臺灣鄉土教學優良教案徵選計畫」活動。凡服務於國內各公私立國民小學、國民中學、高級中等學校的現職教師、代課教師、兼任教師、實習教師、教學支援工作人員，對撰寫臺灣鄉土教學教案有熱忱且有參與意願者，均可報名參加。依適用的教育階段，區分為國小、國中及高中（職）組等 3 組。參與徵選的教案，每件參與人數採「單人」或「團隊（2-4 人組成）」報名；採「團隊」報名者亦可跨校或跨縣市組隊參加。參與徵選的教案必須是利用該館館藏資源加以轉化設計並曾運用於實際教學者。獲獎者依組別每組特優 1 名，獎金新臺幣 2 萬元；優選 2 名，獎金 1 萬元；佳作 3 名，獎金 5 千元，並每人頒發獎狀乙紙。該館並辦理「臺灣鄉土教學優良教案得獎教師教學示範發表會暨頒獎典禮」。2019 年改稱「館藏資源融入各領域教學優良教案徵選計畫」活動，並將佳作獎金由 5 千元提高為 8 千元。歷年優良教案得獎件數共 19 件，如

表 17。其中，特優 3 件，分別是 2017 年高中組劉俐君《從鳥瞰圖看臺中》；2019 年國小組林心茹、王立衍（基隆市仁愛國小）《臺灣之美》，國中組鄭涵云（新北市五股國中）《數位史料資料庫的認識與鄉土實地踏查》。

表 17　國立臺灣圖書館館藏資源融入各領域教學優良教案徵選得獎件數表（2017－2020）

單位：件

年度	組別	特優	優選	佳作	合計
2017	國小組		2		2
	國中組		1		1
	高中組	1	1	1	3
2018	國小組		1	1	2
	國中組		1		1
	高中組		1	1	2
2019	國小組	1		2	4
	國中組	1	1		2
2020	國小組		2		2
合計		3	11	5	19

說　　明：1. 2017－2018 年稱「臺灣鄉土教學優良教案徵選」。

　　　　　2.實際得獎名額得以參賽作品品質及評選結果不足額給獎或從缺。

資料來源：國立臺灣圖書館，「歷年優良教案獎勵名單」，上網日期：2021.09.15 http://wwwacc.ntl.edu.tw/lp.asp?ctNode=22938&ctUnit=9968&BaseDSD=7&mp=5

　　2021 年 9 月 6 日及 9 月 29 日該館舉辦「教案影音剪輯工作坊」，以提升教師對影音教學錄影製作的熟悉度，鼓勵教師參與教案徵選。

　　「建立中小學課程合作夥伴關係」。國臺圖開展與中小學發展校定課程建立中小學課程合作夥伴關係，合作的對象為國內各公私立國小、國中、

高中等。首先與鄰近的新北市立錦和高級中學（完全中學）洽談合作方案，試辦「館藏支援高中課程教學合作」計畫，希望就地利之便提供課程支援。

　　2022 年 1 月 13 日錦和高中校長張純寧及教師團隊參訪該館，雙方就高中特色課程、教學活化、自主學習、高層次的教師教學互動合作，達成共識，期開創圖書館與高中合作課程教學新方向。首先呈現的是將該館資源融入高三國文科「語文表達應用課程」，讓學生透過新聞採訪與編輯，展現對身旁議題的關懷與觀點。2022 年 5 月 17 日至 29 日假該館大廳舉辦「青春紀事‧獨家報導──圖書館資源共享成果展」，展出學生自編報紙的館校合作成果。

　　在自主學習方面，鑒於自「2019 課綱」實施後，高中學生必須在 3 年內完成至少 18 小時的自主學習，自行安排學習的主體與方法，學習成果將成為升學時重要的評分項目。2022 年 2 月該館規劃的自主學習專區網頁上線（該館首頁> 認識本館> 本土教育資源中心）。專區的網頁節點，包含概述、自學策略、資訊素養、閱讀素養、寫作能力、圖像展示與表達、生涯探索、諮詢窗口。該館使用錦和高中的自主學習計畫範本，提供 2 份閱讀計畫，以《繪自然：博物畫裡的臺灣》、《世界圖書館紀行》兩本書作範例，及 2 份專題實作計畫，以該館的特色服務「『食物的身世』展覽手冊製作」、「『成為小小圖書修復師』活動設計」作範例，公開於網頁專區。經邀請 5 名高中圖書館主任提供意見後，於 4 月 29 日到錦和高中向老師介紹此專區網頁與相關資源。簡報時間 90 分鐘，內容為「教師者的自主學習網站」、「圖書館的自主學習支援：推薦閱讀、找資料、資源取得」、「國臺圖可供自主學習使用的特色館藏」等 3 項，並舉例說明對於引導自主學習有幫助的資源網站，鼓勵多加利用。（柯俊如）

　　此外，該館以文史館藏支援學校發展課程。新北市中和高中是新北市的國文課程發展中心，該校運用國臺圖文史資源，發展校訂課程，連結中和區的舊地名「擺接樓」，創作「擺接風華」、「擺偕行旅」特色課程，於

2023 年 3 月 29 日－4 月 30 日假國臺圖藝文走廊舉辦「袞河：漫溯時光河
——中和高中采風成果展」，展出學生研究成果及藝術創作，展現新課綱素
養導向的新課程設計。

　　3.辦理「臺灣歷史現場踏查」。「踏查」乙詞係日文，意指「實地採訪調
查」。2021 年開辦「臺灣歷史現場踏查」，每年配合教育部重大政策或各級
課程規劃年度主題，帶領教師深度走訪各地歷史現場，分北中南東區辦
理，每梯次各為 1 天，招收國小以上至高中職各級學校教師 30 名，邀請講
師導覽並安排踏查路線，用以協助各級學校教師發展鄉土教育課程及各校
特色課程。2021 年規劃研習主題為「海洋與港市發展」。北中南區分別「走
訪基隆」（2021.04.10、11）、「走訪鹿港尋港市」（10.17）、「文協百年 走讀
霧峯林家」（12.25、26）、「走訪牡丹社事件遺址」（11.21）。以南區為例，
踏查路線為屏東車城→龜山紀念碑→日軍軍事營址紀念碑→統埔→大日本
琉球藩民 54 名墓→石門古戰場→西鄉都督紀念碑等，由林瓊瑤擔任講師。
2022 年研習主題為「移民與聚落」。北中東南區分別「探討饒平客移民聚落
——新竹六張犁林姓單性聚落」（2022.09.17）、「探討木材之都」（10.01）、
「探尋花蓮吉野、豐田移民村」（03.26、27）、「深入走訪美濃」（11.12）。
以中區為例，踏查路線為嘉義順益木業→儲木原料區→愛木村（原阿里山
林木工廠）→嘉義獸魂碑→嘉義城隍廟→洪雅書房等，由余國信擔任講
師。

臺灣學研究推廣服務

　　1.辦理「臺灣學系列講座」。該館於 2007 年 3 月成立臺灣學研究中心即
開始辦理本講座，截至 2022 年 11 月 12 日已辦理第 154 場。配合講座內容
提供「館藏延伸閱讀書目」，著錄各書書名、作者、館藏地（樓層）、索書
號。自 2009 年 10 月起出版《2007 年臺灣學系列講座專輯（一）》，按年編
印，自 2014 年出版《2012 年臺灣學系列講座專輯（六）輯》起，改採線
上，發行電子版。講座內容，徵得講座授權，上傳錄影音檔至該館「線上
演講廳」，以線上隨選瀏覽方式服務遠距讀者。

　　2.辦理「館藏臺灣學研究書展」。如舉辦「直經橫緯・縮地千里——館藏地圖展」、「大展身手——館藏舊籍體育類書展」（2013 年），「話語留聲——館藏舊籍語言類書展」（2014），「跨越國際線——館藏舊籍涉外關係類書展」（2015），「殖民教育的光與影——館藏舊籍公學校『國語』教科書展」、「讀書・說書・愛書——館藏舊籍出版類書展」（2016），「望見南方——館藏舊籍南方資料展」（2017），「帝國之眼——館藏舊籍警務類書展」、「馳風行旅——館藏舊籍鐵道暨旅行類書展」（2018），「統治者的煉金術——館藏舊籍專賣類書展」（2019），「臺灣好地方——館藏舊籍地方制度暨方志展」、「『原』來如此——館藏舊籍原住民類書展」（2020），「日治時期文青們的消閑時光——懷舊老照片展」（2021），「走入臺灣學第一步 國立臺灣圖書館臺灣學出版展」（2022）等。同樣，不定期將各年度展出所有內容集結出版，如《典藏臺灣記憶——2013-2014 館藏臺灣學研究書展專輯》（2014.12）。

　　3.辦理「館藏臺灣學研究書展——行動展覽館」借展活動。自 2013 年起將展覽內容轉製成行動展覽模式，供各級學校及公共圖書館借展迄今，每半年辦理一次申請借展作業。所提供展覽主題如美術設計、地圖、體育運動、涉外關係、廣告、望見南方、馳風行旅等。

　　4.辦理館藏舊籍特展。如在誠品書店敦南總店合辦「百年好圖——國立臺灣圖書館@誠品特展」（2013 年），「唯讀 100 年——國立臺灣圖書館館史特展」、「百藏・臺灣——館藏精選特展」（2014），「林獻堂先生與霧峯林家特展」（與林家花園明台高中合辦）（2015），「自覺年代：蔣渭水歷史留真油畫暨資料展」、在臺南林百貨舉行「鳥瞰摩登時代——國立臺灣圖書館＋林百貨特展」（展出該館出版《雜誌《臺灣公論》鳥瞰圖選集》中所收錄一系列臺灣各地鳥瞰圖）、在臺灣史前文化博物館展出「鳥瞰臺灣——國立臺灣圖書館館藏特展」（展出《雜誌《臺灣公論》鳥瞰圖選集》中一系列臺灣各地鳥瞰圖）、「殖民教育的光與影——公學校『國語』教科書展」（與臺北教育大學合辦，並結合該校圖書館典藏的二次大戰前初等教育資料展出）

（2016），「真正有影──百年臺灣電影特展」（2018），「弦歌不輟──新北市教育影像及文物展」（2019），「采風新繹──臺灣古地圖與風俗風物教育特展（2020）」。

5.推動臺灣學研究向下紮根教育推廣。2019 年暑假首次推出「福爾摩沙偵探營──臺灣文史兒童（親子）夏令營隊」（3 天），是以「2019 年課綱」（「12 年國民基本教育課程綱要總綱」於 2014 年 11 月發布，因於 2019 年 8 月正式上路，又稱 2019 年課綱）為主軸，臺灣文史為課程的夏令營。課程設計上結合動畫、繪本、地圖、桌遊、漫畫等，透過不同的媒材，希望兒少讀者能夠以「偵探」的角度，認識臺灣，探索歷史的意涵及樣貌。〈鄭來長〉

為落實臺灣學研究向下紮根教育推廣的理念，《臺灣學通訊》自 2019 年推出特刊，按年發行。如《少年福爾摩沙：建築》（臺灣學通訊‧特刊；1）（2019.07）；《少年福爾摩沙：遇見 1920'》（臺灣學通訊‧特刊；2）（2020.07）；《少年福爾摩沙：1920'躍動的青春》（臺灣學通訊‧特刊；3）（2021.07）；《少年福爾摩沙：校史探究》（臺灣學通訊‧特刊；4）（2022.07）；《少年福爾摩沙：探究國臺圖》（臺灣學通訊‧特刊；5）（2023.07）。

6.試辦引入遊戲式學習。遊戲式學習（Game-based Learning）的概念正式應用於圖書館，源自 2005 年美國圖書館協會開始舉辦「遊戲、學習與圖書館」論壇，2011 年改稱「遊戲圓桌會議」（The Games and Gaming Round Table），每年年會舉辦活動（ALA Play at ALA Annual）。近年來臺灣圖書館界有些圖書館引入作為圖書館導覽與圖書館利用教育（資訊尋求與利用）活動的新模式。

2019 年國臺圖嘗試利用「密室逃脫」（Escape Room Game）」遊戲，推廣該館特藏資源。密室逃脫遊戲是由團隊的成員，在時間限制內共同解決多個不同類型謎題以逃脫房間的遊戲。3 月 23 日先試辦兩場試玩活動，第 1 場「跨時空越讀者：特藏搜查趣」，第 2 場「好事花生：特藏尋寶記」，每場

都有 100 人參加。

　　同年 7 月 3 日在「福爾摩沙偵探營（「臺灣文史兒童（親子）夏令營隊」（2019.07.02－07.04，共 12 節課，以升 5－8 年級為對象）推出「福爾摩沙偵探與花生助理的冒險」活動 1 節課（07.03，16：00－17：00）。故事利用了英國作家道爾（Arthur Conan Doyle, 1859－1930）所著，以私家偵探福爾摩斯（Sherlock Holmes）為主角的系列偵探小說裏的人物，福爾摩斯、華生（John Watson）、艾德勒（Irene Adler）來設計本遊戲 3 個角色──福爾摩沙（Formosa Detective）、花生助理花生、演員愛玲，營造一個好玩，引人想探索的學習動機。

　　本遊戲共有 8 個關卡，上開兩個試玩階段的題目整合為 3 個關卡，另設計其他新的 5 個關卡。8 個關卡分別是粉關（特藏背景知識類）、紅關（《六十七兩采風圖》知識類）、橙關（微縮機操作類）、黃關（該館自建資料庫操作類）、綠關（該館購置資料庫操作類）、藍關（總督府舊藏區找書類）、靛關（全島鳥瞰圖觀察類）、紫關（特展區觀察類）。本活動報名參加者為 11 至 14 歲的學生及少數陪同家長共 51 人，分成 8 隊。每個隊伍會領到 1 個信封袋，內有活動背景故事、信紙、6 樓平面配置圖、粉關提示卡、藍關題目卡、靛關題目卡、紫關題目卡等 7 張。該遊戲活動提供利用困境、謎題等造成挑戰，使玩者享受解題的成就感並產生學習樂趣。讓學生透過遊戲瞭解圖書館的空間、服務、設備和資源，促進圖書館的利用。（柯俊如）

　　7.設置資訊服務站。國臺圖於 2017 年在館內 1 至 6 樓讀者出入口處設立資訊服務站（Kiosk），設置內容分為臺灣學電子書、遊戲互動專區，及國臺圖精彩活動、各樓層平面圖等 4 部分。前兩部分用以推廣行銷館藏特藏資料；後兩部分係提供讀者尋路指引和最新活動訊息。

　　8.與電視臺合作。如 2019 年與大愛電視臺合辦「青春愛讀書」走讀臺北城系列節目；與民視電視臺合辦「臺灣演義──百年臺灣語言政策史」節目，以宣傳該館臺灣學研究資料。

（二）本土教育資源中心

<u>設置「本土教育資源中心」</u>

　　2021 年 3 月 26 日上午在國臺圖 6 樓舉行「本土教育資源中心」揭牌儀式。溯自 2002 年教育部成立「本土教育會」，廣邀各界學者專家參與，研商規劃全國本土教育發展的方向。2018 年制定「教育部本土教育實施方案」，作為推動本土教育的方針，及推行本土教育政策的依據。為使本土教育資料能有專責單位蒐集與整理，讓致力於本土教育教學的教師或本土文化研究的學者，及一般大眾能夠有便利運用本土教育資料的管道，教育部規劃由國臺圖籌設「本土教育資源中心」。（潘文忠）

　　「本土教育資源中心」分本土教育資源、原住民族教育資源、日治時期臺灣民族運動史料等 3 個圖書專區。以全國範圍的本土教育資源為盤點及彙整對象，並將徵集的資料加以數位化及建置「本土教育資源資料庫」，資料庫的發展成為本土研究與本土教育教學的重要資源平臺，提供學術研究與教學之用。本中心徵集的範圍：1.本土教育歷年執行的政策、計畫及推動方案；2.本土教育教案；3.本土教育教學活動紀錄、影像及教學理論等資源。徵集資料的類型包括圖書、研討會手冊、會議論文集、期刊、報紙、小冊子、電子資料等資源，歡迎各機關（構）或團體及個人提供本土教育資源予該館，並同時授權該館將該資源進行數位化與典藏於本中心及「本土教育資源資料庫」。另發行《在地》本土教育期刊，以推展本土教育論述與研究。自成立以來，主要業務：

　　1.建置「本土教育資源資料庫」（http://herd.ntl.edu.tw/）。彙集本土教育數位化資源，提供關心本土教育教師與研究者一個查詢與研究的平臺。

　　2.充實「日治時期臺灣民族運動史料專區」。該專區主題除包含臺灣民族運動外，也包括 1920－1930 年代左翼運動，以及臺灣二次大戰後初期的政治運動，迄至 2019 年 12 月底，計收錄相關人物 50 位，設置個人專區 31 位，圖書資料含著作及通論性著作計 679 冊。

3.舉辦研討會。2021 年 11 月 26 日至 27 日於假該館 B1 國際會議廳舉行「本土三十　前瞻踏實——2021 本土文化教育研討會」。由教育部國民及學前教育署主辦，該館承辦。以文學、美術、音樂、科技、歷史、地理、生態、教育、社會、民俗等 10 個本土文化學理主題為主軸，分就「特色與前瞻」、「如何走進教室」進行深入對談，期待為本土文化教育學術論述建立更寬廣完整的基礎。全國 22 個直轄市及縣市教育局（處）、國立臺灣博物館、國立臺灣文學館、國立臺灣圖書館以海報展演的形式，配合 10 個主題，呈現本土教育在地經驗與實踐，分享成果。

4.辦理展覽。2021 年 7 月 10 日至 9 月 11 日展出，「樂齡『印相』中的讀冊年代——臺灣日治時期教育寫真簿冊暨裝幀特展」，並邀臺北科技大學文化事業發展系助理教授吳宇凡撰《印『相』中的讀冊年代——日治時期臺灣教育寫真簿冊特色與文化意義》（2021 年 1 月印行）。該書「着眼於日治時期教育寫真簿冊的內容、結構到符號轉化，更藉由產生的方式探討簿冊的編輯與製作」，並指出當時寫真簿冊裝幀的特色是橫式右翻為主，「裝幀方式在概念上，與『活頁』的形式、目的與功能相近，但細節上卻有『結綴』（むすひとじ）、『大和綴』（やまととじ）的綴訂方式兩種類型，成為日治時期教育寫真簿冊主要裝幀方式」。（吳宇凡；楊時榮）

5.辦理專題講座。2021 年 3 月 26 日於本中心揭牌儀式，特邀臺北教育大學臺灣文化研究所榮譽教授林淇瀁（向陽）主講：「沒有鄉土　那有文學　臺灣文學與本土教育：以 1970 年代的臺灣文學場域為例」。

6.發行《在地》：本土教育半年刊。2021 年 3 月創刊，每年 3、9 月出版，為一兼具學術性與推廣性刊物，提供本土教育（Homeland Education）的專業論述和教學現場的實務案例。請參見本章「十一、出版刊物」。

（三）臺灣圖書醫院

強化臺灣圖書醫院效能

1.每年增購修護器材加強維護工作。採購手工紙張及無酸紙張等修護用紙，俾便修補手工書葉，保存舊籍文獻。每年修護中西式書籍、地圖、檔案等 300 冊／件，如特藏線裝書 80 冊，西式平精裝書 100 冊，檔案地圖古文書 120 件；圖書冷凍除蟲約 2,000－3,000 冊。

2020 年 7 月慈濟土耳其志工胡光中曾送給證嚴法師（上人）乙部具 500 年歷史的阿拉伯文手抄本古蘭經（1619 年版，莎草紙，約 504 頁），得自伊斯坦堡舊書市場，但嚴重受損，由國臺圖接受委託進行修護。2022 年 11 月該館徐美文修護團隊向上人報告進度，已「修舊如舊」修復到 350 頁，預計 2023 年可全部完成。2023 年 6 月 5 日該館將修護完成手抄本及其數位化複製品呈送給證嚴法師。7 月 4 日－28 日該館特籌劃「殊勝因緣——《古蘭經》特展」，提供臺灣圖書醫院修護經驗分享。2023 年 9 月 15 日及 10 月 6 日國臺圖主辦「臺灣圖書及檔案文獻保存維護研討會」臺北場和嘉義場，特邀徐美文主講「國立臺灣圖書館修護《古蘭經》始末」、「臺灣的《古蘭經》修護之旅——尋紙與染紙」。

2.持續培養紙質文獻維護人才。為增進圖書文獻保存修護相關從業人員專業知能，特辦理研習班。依據徐美文、王梅玲的乙項該館辦理圖書維護研習班統計資料，筆者彙總累加，自 2009 年至 2020 年該館辦理「圖書維護研習班」，12 年間共辦理 100 場，參加研習人員 2,580 人次；另該館與圖書館學會合辦研習班，每年辦理 1 場，採收費制，共辦理 10 場，參加研習學員 401 人次（徐美文、王梅玲）。例如 2015、2016、2017 年分別與圖書館學會合辦「圖書文獻的修護與保存研習班」（2015.08.24－28）、「紙質文獻的修護與保存研習班」（2016.08.22－26）、「圖書裝幀與保存研習班」（2017.08.21－25），各計 5 天 30 小時。參加的學員以國內為主，兼及來自港澳、馬來西亞及中國大陸人士。

　　自 2019 年該館與圖書館學會再度合辦「圖書維護研習班」（2019.09.03
－05）。2020 年（2020.09.08－10），課程為：丘世馨主講「圖書文獻的預防
性保存與展示材料」，李慧音「圖書文獻蟲害防治」，陳信泰「認識圖書紙
張與紙質分析」，姜正華「認識紙張修護黏著劑」，趙飛鵬「中國古籍裝幀
之演變」，葉弘毅「書畫立軸的裝幀保存」。2021 年因疫情停辦。2022 年恢
復辦理，開設「走入圖書、檔案修護小日常──圖書醫生培訓初級研習
班」（2022.09.13－16），課程為：1.薛理桂主講「臺灣典藏重要檔案及價
值」，2.徐美文「清潔與簡易修護（含實作）」，3.張璉「中國古籍裝幀形
式」，4.徐美文「紙張與中式經典縫法（含實作）」，5.葉弘毅「檔案基礎裱
褙與黏著劑調製（一）（含實作）」，6.葉弘毅「檔案基礎裱褙與黏著劑調製
（二）（含實作）」，7.陳窈明「西式經典縫法（含實作）」，8.吳宇凡「傳拓
技術及其他地方文獻保存實踐──以桃園航空城大園區段為例（含實
作）」。

　　3.持續辦理圖書維護工作坊。為推廣圖書保存維護觀念並培訓圖書修護
人才，辦理圖書維護工作坊。如 2017 年度邀聘闞雅慧主講「我的寶物盒
DIY」，張正松「檔案裱褙（一）」，姜正華「檔案裱褙（二）」，溫台祥「做
舊如舊（一）－（五）」，分述古籍複製、書籤編織、手工書製作、創意禪
繞畫與燙金（上）、（下）。 2019 年度邀聘陳宜柳主講「書籍修護與維護」，
溫台祥「圖書脫酸介紹與古籍」，徐建國「浮雲有紙藝」，周川智「認識顏
料與修復補色操作」，余慧賢「寫意時光隨身筆記本」，闞雅慧「創意露背
裝幀」。2020 年度邀聘徐統主講「顯微鏡下的漿糊與書籍維護」，姜正華
「檔案漿糊製作與夾紙」、「檔案托表與檔案裝訂」，吳宇凡「手工上色的絕
美年代──古寫真上色技術及其文化特色」，陳姿婷、陳窈明「粉彩書籤與
燙金」。2021 年度邀吳宇凡主講「樂齡『印相』中的記憶刻劃──早期蠟紙
油墨印刷工作坊」，林蘭東「紙──在你心中　紙──要你能懂（上）
（下）」，吳宇凡「蛋白印象的絕美年代──傳統蛋白的銀鹽相片製作」，余
慧賢「書寫自己的內心時光──我的筆記本」，陳窈明「傳承的裝幀職人

──給自己縫製一本精裝書（上）（下）」。2022 年度鍾芳玲「西洋古書在臺灣」，溫台祥「『來讀冊』──穿越古代做線裝」，吳宇凡「閱讀『印』起來：臺灣傳統文獻網製版與印刷實作」，余慧賢「初學者的手工製本──美背的長針與法式縫法」，林蘭東「救救它──紙上談病」，林蘭東「萬種風情──紙的博覽會」。

　　期間，2020 年與國家圖書館合辦「圖書保存與修護工作坊」，邀夏滄琪主講「蟲蟲危機 vs.重重危機──從圖書文獻黴菌及蟲害談起」，蔡斐文「紙本圖書保存修護淺談與案例分享」，徐美文「國立臺灣圖書館修復用紙介紹與修復經驗分享」、「簡易書籍清潔與修補實作」、「簡易書籍清潔與修補實作 I」。

提供大專院校學生實習

　　為培訓圖書維護人才，傳承修裱技藝，特提供大專院校相關系所在學學生圖書維護實務學習機會，申請實習。實習項目包括中式線裝書修護，西式精、平裝書修護，圖書除蟲、除黴、除酸及庫房的典藏維護工作等。實習方式採學徒制，由實習生觀摩見習後，在指導下協助實作，經認同下執行實習項目等程序進行。實習期限為期 1 個月，經同意得再延長 1 個月。實習生於實習結束後兩週內，須將實習報告提交館方存查。實習期間為每年暑假（7、8 月份）及寒假期間。每年寒暑假實習時段開始前兩個月，由學校以公函向館方提出申請。如 2016 年寒假與政大圖檔所合作「檔案修裱實務」課程，有研究生 18 人；暑假有臺大、南華大、佛光大學生各 1 人，共 21 人到館實習。2017 年寒假有臺大、臺師大學生各 1 人；暑假有臺大、輔大、南藝大學生各 1 人，及與政大圖檔所合作「圖書資訊實習」課程，有研究生 17 人，共 22 人到館實習。2018 年寒假與政大圖檔所合作「圖書資訊實習」課程，有研究生 10 人；暑假有雲科大學生 2 人、南藝大學生 1 人，共 13 人到館實習。2019 年寒假有臺大、輔大圖書資訊學系學生各 1 人；暑假有輔大圖書資訊學系、雲科大文資系、政大語言所學生各 1 人，共 5 人到館實習。

建置圖書維護資訊網路平臺

　　該館建置「線上展覽」平臺及「線上學習」課程。前者，賡續將該館所展出圖書維護專題展覽的圖像及文字內容，置放在網路上，提供遠端民眾透過網路觀賞。如「傳世聚珍談裝幀特展」、「學有紙境 永保安康──古籍線裝揭密特展」、「樂齡『印相』中的讀冊年代──臺灣日治時期教育寫真簿冊暨裝幀特展」等展覽。後者，陸續整理所辦研習班的講座內容，取得主講人同意授權後，建置在網路上，提供讀者透過網路自我進修學習。如著錄 2013 年「紙質文物的裝幀與保存研習班」主講人趙飛鵬、徐建國、林清福、蕭浚垠、溫台祥；2016 年「紙質文獻的修護與保存研習班」陳信泰；2017 年「圖書裝幀與保存研習班」吳哲叡、葉竑毅等的課程講義等。還有「愛書小集」平臺，內容包括「圖書清潔」、「沾黏物移除」、「手工漿糊製作方法」等。

推廣圖書資料維護觀念

　　1.持續辦理圖書維護專題講座。為推廣圖書文獻保存維護觀念，並提供學習紙質文物的保存修護觀念及技術，該館參考特藏組每年辦理圖書維護專題講座，3 至 4 場，每場次以 30 人為原則。如 2014 年度與圖書館學會合作辦理「圖書維護專題系列講座」，邀聘薛理桂主講「大開眼界──檔案與生活應用」、陳家杰、夏滄琪「好檔麥照──鈷六十照射應用於蟲黴害圖書文獻之處理」，趙飛鵬「古書的版本與藏書家趣譚」，溫台祥「鮮為人知的古書裝幀形制（含實物欣賞）」。2015 年度邀聘美國猶他大學圖書館保存修護人員徐統主講「談美國猶他大學圖書館藏品保存與維護」，美國會圖書館亞洲部古籍修護義工王季新「美國會圖書館中文古籍保存維護趣譚」，郭江宋繪畫修護工作室修護義工周川智「俄國保存修護所見」。2017 年度邀林巧敏主講「個人檔案保存」，余慧賢「西洋書裝幀（含簡易製作）」，王梅玲「臺灣的圖書館館藏的故事與資料保存維護」。2018 年邀夏滄琪主講「蟲蟲危機 vs.重重危機──談文獻圖書之害蟲與防治」，薛理桂「從臺灣典藏看歷代檔案典藏與聚散」，趙飛鵬「藏書與文化保存」。2020 年度邀葉竑毅主講

「裝池之美與修護」，徐建國「臺灣常見書畫用紙介紹」，關雅慧「不只檔案修護（含手縫小書）」。2021 年度邀鍾芳玲主講「西洋古書店好風景」，鍾芳玲「西洋古書有什麼好看？」吳宇凡「從寫真印『相』到教育印象——日治時期教育寫真簿冊的製作、結構與學園記憶」。2022 年度邀林巧敏主講「檔案資料保存利用」，夏滄淇「文獻圖書之蟲害與處理」，王梅玲「圖書館館藏的故事」，徐建國「淺談手工紙與書畫之關係」。

　　2.辦理圖書維護專題展覽。如 2016 年適逢臺灣圖書醫院成立 10 週年，特於 7 月 26 日－12 月 31 日辦理「傳世聚珍談裝幀特展」。本次展覽為該館與圖書館學會圖書文獻保存與修護委員會溫台祥合作主辦，由中華民國文化資產維護學會、中華文物保護協會協辦。展覽由中國古籍裝幀形制、印刷方法、各種工具及傳真實體複製等 4 個主軸的實物構成。並出版《裝幀源流——傳世聚珍談裝幀特展》（圖錄）乙冊。

　　2017 年 10 月 21 日－12 月 31 日辦理「西式圖書裝幀大觀特展」。本次展覽為該館與臺大檔案館、（意）藏書家 Tullio Zanazzo 合作辦理。展出該館珍藏各種西式圖書裝幀封面材質與設計樣式共 54 件，Tullio Zanazzo 自所藏《莎士比亞全集》（1788 年 John Bell 版，全 20 冊）中挑選數本呈現修護前後樣態及特別的西洋古書燙金工具 1 套 36 件，臺大檔案館提供手作書盒與創意工具盒 50 件。

　　2018 年 11 月 1 日－12 月 31 日辦理「歲修圖‧書有巧手」館藏修復特展。本次揀選已修護完成的西式裝幀圖書、線裝書及地圖展出，並搭配修護工具展示及現場手工 DIY 區讓觀眾參觀。

　　2019 年 4 月 12 日－26 日臺北科技大學（原臺北工專）與該館合辦「幀‧本事：書籍裝幀應用暨北科大光華館紀實聯展」，緣起於臺灣分館遷館後原館舍移撥北科大使用，改名北科大光華館，作為該校創新育成空間，因原館舍動土施工屆滿 60 年，為歡慶雙方老情誼特舉本項展覽。

　　2020 年 10 月 20 日－12 月 28 日該館辦理「學有紙境　永保安康——古籍線裝揭密特展」。為因應疫情，展出自特藏中挑選與中醫相關，且經由圖

書醫院修復人員修護古籍，涵蓋宮廷御藥方、宮廷御纂書籍、中醫學門、中醫各類藥方、中醫經典藥學、土地上的植物與藥本草系列、中醫內科、中醫外科、中醫兒科、中醫婦科等 10 大主題。展場免費提供自製中醫防蟲藥包，及限量推出手工修護袋（備供置放修護工具的帆布袋）優惠價銷售。

　　2021 年 7 月 10 日－9 月 11 日該館與北科大假該館合辦「樂齡『印相』中的讀冊年代──臺灣日治時期教育寫真簿冊暨裝幀特展」。

　　3.持續提供「臺灣圖書醫院裝訂室參觀導覽」服務。分 1.自行參觀：每週三 9：30－11：30，可自行透過玻璃窗瀏覽；2.室內導覽：每週三 14：00－17：00，採於參觀日 5 天前預約制，每場次 30 分鐘，由館員中文導覽解說。

　　4.編印圖書維護文宣品。如 2013 年編印「寶貝圖書的 12 種方法」（摺頁）；2018 年編印「花間日誌」線裝筆記書乙種，結合線裝、日誌及信箋形式，並透過特藏書籍修護圖片，提供讀者認識書籍裝幀。

參訪文獻機構文獻保存和維護

　　2017 年 8 月 27 日－9 月 4 日該館派參考組組員徐美文和典藏閱覽組助理編輯歐淑禎前往中國大陸參訪浙江圖書館孤山分館古籍修護部、寧波天一閣、奉化棠岕紙古法造紙工坊、南京大學圖書館古籍修護室、南京圖書館古籍修護室、揚州中國雕版印刷博物館、徐家匯藏書樓、上海圖書館文獻保護修護室。（徐美文、歐淑禎）

（四）視障資料中心

　　臺灣圖書館視障資料中心的前身是 1975 年 7 月成立的盲人讀物資料中心，迄今已近 50 年的歷史。主要業務為製作出版及供應視障者讀物，並提供視障資料流通借閱、參考諮詢及舉辦多元終身學習課程等服務。2011 年 12 月、2014 年 11 月，先後經教育部指定為視障者資源利用專責圖書館、身

心障礙者資源利用專責圖書館，肩負落實及推動視覺功能障礙者電子化圖書資源利用、身心障礙者數位化圖書資源利用的重大任務。

視障資料中心開放時間為每週二至週六 9:00－17:00（週一、日及國定假日，本中心不開放），由該館館前門進入右手邊位置。

人員

目前中心置約僱人員 7 人，其中明眼者 2 名，負責行政、視障圖書製作及加工、典藏、設備管理、活動辦理等工作；視障者 5 名，負責視障圖書製作。另有派遣人力 2 名，協助視障資料借閱、郵寄及服務等事宜。（林嘉玫）

視障資料館藏

視障資料典藏量迄 2019 年 12 月底達 157,526 種／冊，以有聲圖書 127,009 種（80.64%）為最多，含錄音帶 121,930 種、DAISY 格式 3,306 種、MP3 格式 1,773 種；次為紙本點字圖書 15,288 冊（9.7%）；電子點字圖書 9,702 種（6.1%）；電子書 4,398 種（2.8%），含 EPUB 格式 4,235 種、PDF 格式 163 種；雙視圖書 1,119 種（0.7%）；臺灣手語電子書繪本 10 種（0.06%）。（《國立臺灣圖書館 2019 年度工作報告》）紙本點字書及錄音帶因借閱需求日漸減少，已暫停製作。另將過去較受歡迎的錄音帶，轉製成 MP3。

閱覽服務

中心為便利視障及身心障礙者借閱該館特殊圖書資料，設個人借閱證、團體借閱證兩種，2013 年正式導入自動化流通系統加速服務，全面換發視障者磁條式借閱證或與悠遊卡結合。

個人借閱證。凡領有身心障礙證明（手冊）或醫療院所、各級學校、其他政府機關或組織所出足以證明其係屬無法閱讀常規圖書資訊文件的上開法定特殊讀者，均可檢附證明文件影本、切結書（同意遵守為尊重智慧財產權、維護網路使用秩序的相關約定，善盡使用的義務），並填妥申請

書，以線上、郵寄、傳真或親自到館方式，申辦視障借閱證或其他特殊讀者借閱證。

團體借閱證。凡依法立案的各級學校，為專供視覺障礙者、學習障礙者、聽覺障礙者或其他感知著作有困難的特定身心障礙者使用的目的，得以學校為單位，指定 1 名聯絡人（聯絡人如有異動，應通知該館變更相關資料），檢具申請書及切結書發函申辦。

持有個人借書證，可借閱一般圖書 20 冊，借期 30 天，視聽資料 5 件，借期 14 天；視障資料（雙視圖書、點字圖書、有聲書）借閱最高以 6 種為限，借期 30 日。視障者及身心障礙且行動不便者，由館方依相關規定提供免費專用郵包郵遞服務。團體借閱證可借閱一般圖書 40 冊；視障資料借閱最高以 12 種為限，借期 30 日。持有個人或團體借書證可預約一般圖書、視聽資料合計以 10 冊（件）為限；視聽資料以 6 種為限。外借中且尚未逾期的圖書資料（不包括視聽資料），得辦理續借乙次，借期自續借次日起延長30 日。

2016 年該館向中華郵政公司申請「收件人繳納郵費特約用戶」，並採購寄送點字圖書或視聽資料的圖書專用袋，大小袋各 200 個，對因行動不便無法到館者，提供借閱圖書資料免費郵遞服務。

中心為了提供讀者多元服務，規劃有聲資料閱覽區（12 席位）、視障圖書資訊閱覽區（20 席位）、錄音室（錄製有聲書之用）及電腦教室及推廣教室（推展視障教育研習場所之用）。另設置盲用電腦組（含觸摸顯示器）（32 組）、盲用筆記型電腦（3 部）、盲用攜帶型觸摸顯示器（3 部）、錄放音機（12 部）、中英文自動閱讀機（9 部）、點字電動打字機（5 部）、遠近擴視機（3 部）、雙面點字印表機（1 部）、盲用點字圖形印表機（1 部）、教學用平版電腦（4 部）等資訊設備及輔具，便利讀者、視障機構及專業教師使用。

近年更擴大服務對象至聽覺障礙者、學習障礙者或其他感知著作有困難的特定身心障礙者（即《圖書館法》第 9 條第 1 項所定特殊讀者），協助

身心障礙者取得該館各項無障礙圖書資源及服務。中心所提供的資訊設備，專供視障及身心障礙者使用，憑視障借閱證或其他特殊讀者借閱證向服務臺人員辦理登記後，每次可使用 3 小時，必要時得延長 3 小時。

視障者資源利用專責圖書館

2006 年 12 月 13 日聯合國大會通過《身心障礙者權利公約》（*The Convention on the Rights of Persons with Disabilities*）。2013 年 6 月 27 日世界智慧財產權組織（WIPO）通過促進盲人、視覺功能障礙者及其他對印刷品有閱讀障礙者，接觸已公開發表著作權益的《馬拉喀什公約》（*Marrakesh Treaty*）。國內配合該兩公約陸續通過《身心障礙者權益保障法》、《著作權法》相關條文的修正，並 2014 年 8 月 20 日公布《身心障礙者權利公約施行法》於 12 月 3 日施行。

教育部乃依據 2011 年 2 月 1 日修正公布的《身心障礙者權益保障法》第 30 條之 1 第 2 項的規定，12 月 15 日發布《視覺功能障礙者電子化圖書資源利用辦法》（全 13 條），該法所稱「電子化圖書資源」，指視障者運用輔助設備可讀取的電子化格式文字檔、有聲圖書、大字體圖書、點字圖書及其他圖書資源。12 月 26 日指定國立臺灣圖書館為上開辦法的視障專責圖書館，負責規劃辦理視障電子化圖書資源服務事項，包括資源徵集、編目、典藏及閱覽服務（得視需要採遠距、到館或其他方式）、推廣研究、館際合作等。該館透過「強化視覺功能障礙者電子化圖書資源利用中程計畫（2012－2015 年）」推動，並於 2012 年 12 月 21 日假教育部 5 樓大禮堂舉辦 2012 年成果發表會，藉此行銷視障資訊服務，並鼓勵政府機關、出版社等機構響應捐贈出版品電子檔案，供作視障資料製作素材，加速視障資源的出版。嗣後也舉辦了 2013、2014 年記者會。

1.強化視障電子化圖書資源徵集，豐富視障館藏。

（1）徵集視障資源。透過自行製作、委外製作及贈送／索贈等管道，新增視障資料典藏量。

（2）訂定視障者電子化圖書資源捐贈獎勵。2012 年為鼓勵各界捐贈電

子化圖書資源訂定《視覺功能障礙者電子化圖書資源捐贈獎勵辦法》乙種。

（3）轉製各界捐贈電子檔案。自該館訂定上開《捐贈獎勵辦法》及2014 年文化部修訂《輔導數位出版產業發展補助作業要點》後，公私出版社捐贈圖書電子檔的意願，逐漸提高。例如該館接受文化部、教育研究院、新北市文化局、臺灣文學館、空中大學及遠流、聯經、渣打商銀&左腦創意行銷、小魯、尖端、潑墨、秀威、城邦、華品、聯合線上、普生、書虫、商鼎、大塊、群傳等出版機構捐贈電子檔案（格式主要為 WORD、TXT、EPUB、PDF、DAISY 等）。另購置圖書電子檔案及紙本，加速身心障礙資源轉製。

（4）推動《圖書館法》及其子法修訂。該館自 2013 年開始針對視障資源徵集所涉及相關法規內容，委請學者進行研究，並提案修正《圖書館法》及擬訂「圖書資訊特殊版本徵集轉製及提供辦法（草案）」。2015 年 2 月4 日總統令修正公布《圖書館法》第 9 條第 1 項，增訂第 9 條第 2 項規定，擴大了「特殊讀者」的範圍，除視覺、聽覺障礙者，擴及「學習及其他閱讀困難障礙者」；並根據《著作權法》第 53 條第 2 項規定，授權中央主管機關就圖書館辦理視覺、聽覺、學習及其他閱讀困難等的身心障礙讀者的圖書特殊版本的徵集、轉製、提供及技術規範等事項訂定相關辦法，俾落實《著作權法》的規定及服務「特殊讀者」的美意。2015 年 12 月 7 日教育部發布施行《特殊讀者使用圖書資訊特殊版本徵集轉製提供及技術規範辦法》乙種，以利執行。

2.辦理視障電子資源編目及典藏，建置視障資源共享平臺。

（1）辦理視障資料中心館藏資料回溯編目建檔作業。

（2）建置「視障電子資源整合查詢系統」（http://viis.ntl.edu.tw）（符合AAA 等級無障礙網頁規範），於 2012 年 12 月 21 日正式啓用，為視障資源單一查詢窗口。透過該系統以書目資料匯入或分散式整合查詢方式，陸續與淡江大學視障資源中心、清華大學盲友會、彰化師範大學圖書館、國立

公共資訊圖書館、臺北市立圖書館、高雄市立圖書館、新北市立圖書館等機構建立資源合作關係。2014 年又與清華的「視障有聲書通報系統」及愛盲基金會「有聲書平臺」連結，充實有聲書書目資訊。本系統聯合上開圖書館館藏視障資源的書目資訊，包括電子點字書、紙本點字書、有聲書（CD、DAISY、MP3）、雙視圖書、大字書、視聽資料（EPUB、PDF）等，截至 2015 年 12 月整合書目已有 46,933 筆（其中電子點字全文 14,834 筆），查詢使用人數歷年累計 89,349 人次，均仍持續成長。2014 年復與國家圖書館資訊系統介接，提供視障者一般圖書資料、期刊論文與博碩士論文書目資訊延伸查詢服務。

本系統提供書目資料查詢、電子點字書全文線上瀏覽與下載閱讀、個人化操作設介面、新書通報、圖書推薦、介接視障資源相關網站連結等功能。另提供手機版行動查詢介面。該館與上開圖書館簽署合作建置該系統「聯合書目暨館際互借」功能，方便讀者以單一帳號取得相關視障圖書館及機構的各項資源能夠有效流通利用。

（3）開發「視障隨身聽 APP」。適用於 iOS、Android 系統環境，透過智慧型手機或平板電腦，隨時隨地查詢「視障電子資源整合查詢系統」，取得最新消息、視障資源等，及個人服務，如聆聽電子點字書、有聲書收聽、視障資源教室線上學習服務、館藏借閱郵包寄送處理狀態追蹤、將館方各項資源加入個人收藏，建立屬於自己的虛擬圖書館。

2019 年更進一步，提供能因應不同障別的資源閱讀介面，如可使用輔助工具（旁白、talkbook）、精讀文章（視障）、高度標示文字（學障）、大型操作按鈕（肢障）等設計的閱讀介面。同時推出個人專屬功能「我的雲端資源」及「推播訊息匣」等，讓資源運用更方便；「網路新聞」及「隨選隨聽」服務，提供多元訊息與精選優質內容，讓閱讀及學習隨時帶着走（聯合線上公司）。

該館為了解上開「視障電子資源整合查詢系統」和「視障隨身聽APP」使用者的使用過程與意見，委託政大圖檔所教授林巧敏（研究計畫主

持人）進行專題研究，完成《視障電子資源整合查詢系統易用性研究研究報告》（2021.11）乙種。

（4）開創「視障者定位及導覽（引）系統」。這是為視障者提供的專屬語音導覽服務，將館區樓層服務簡介從「聽」影片的方式，轉換為「行動+語言」的導引模式，藉由該導覽系統的協助，讓視障者瞭解該館的服務資源與空間環境。該系統利用無線感應器、空間描素及點字導覽書籤，結合視障者既有的定向訓練，視障者只要隨身攜帶導覽機並戴上耳機，經過該館擇選各樓層閱覽專區及公共區域 10 處感應點，導覽內容就會透過耳機自動播放，介紹該館 1 樓至 6 樓各閱覽區域的館藏特色等相關服務及設施資訊。該館在導覽動線鋪設金鋼砂條或條狀地毯，視障者只要追跡金鋼砂條或條狀地毯，就能前往各個導覽點，便於利用視障資料中心及其他樓層的服務，得以融入人羣自主終身學習。

（5）提供身心障礙者自助往返該館及捷運永安站交通動線指引。製作「觸摸式地圖」（視障中心黃建棠製作）往返圖書館共兩幅，分別置於「捷運永安市場站」詢問處及該館視障資料中心服務臺，有使用需求的視障者，可逕行向上述地點服務人員洽詢瀏覽（不提供外借）。在地圖右下角有一「QR Code」，可選擇連結此畫面或連結「捷運永安市場站往返臺灣圖書館定向解說」（https://viis.ntl.edu.tw/qa/cp/15），讓已受過定向行動訓練者，首次前往該館或嘗試自行前往該館之前，先行聆聽（人聲錄音帶），提前建構心理地圖，方便前往。「定向解說」內容並非即時路況，請以實際路況為準。為避免發生危險，請勿於步行途中聆聽。

2020 年 10 月復改善中和路 400 巷及中安街行人交通。該館偕同新北市交通局、養工處、中和區公所、臺北市捷運局等單位，打造捷運永安市場站往返該館之間安全行走的廊道。主要改善該捷運站到該館必經的中和路 400 巷，如包括標線型人行道拓寬整平、沿線各巷弄路口增設「導盲行穿線」、劃設視障引導標線、提升標線防滑係數及厚度、鋪設警示磚、路口設置紅綠燈有聲號誌、路緣斜坡道斜率改善、局部增設安全護欄等，同時進

行沿途障礙物移設、水溝蓋更換為細目型格柵等設施，提升了巷道環境美觀及安全性。另4號公園勵學廣場到該館館前門入口延伸新設導盲磚，可幫助視障者在寬闊的廣場上辨認行走路線。

此外，為營造視障友善生活區，提供視障者更友善的自主自立用餐環境，該館與鄰近 4 號公園周邊餐廳合作提供「點字菜單」、「雙視點字菜單」、或用手機掃描菜單上 QR-Code 取用無障礙格式的「線上菜單」，以打造視障者自助悠遊圖書館路徑。截止 2022 年 9 月已有 13 家餐廳，分別在中和路 9 家，安樂街、永貞路、中安街、新興街各 1 家。可使用「無障礙閱讀APP」（原「視障隨身聽」）查詢視障友善餐廳。

（6）開發「固定式翻拍支架」視障專用輔具。由視障中心黃建棠開發，視障者只要把文件放在支架底盒，將智慧型手機放置於支架頂端，使用藍芽遙控器按手機快門（減少手機震動），即可翻拍清晰且端正的 A4 尺寸影像，有效提升光學字元辨識（Optical Character Recognition；OCR）的成功率。

（7）創新投入手語影像書製作，搭配繪本製作手語圖示；及與各級單位推廣手語活動，加值深化閱讀服務。

3.推廣視障者資訊服務，改善閱覽空間。

（1）改善視障資料中心閱覽環境，旨在營造溫暖舒適的閱覽氛圍，兼顧空間可多用途使用。

（2）委託大學進行相關專題研究。完成淡江大學資訊與圖書館學系教授宋雪芳（研究計畫主持人）《視覺功能障礙者電子化圖書資源利用研究報告》（2012.12），銘傳大學教授汪渡村（計畫主持人）、章忠信（協同主持人）《視覺功能障礙者電子化圖書資源徵集與合理使用機制法制化之研究研究報告》（2013.10），輔仁大學圖書資訊學系教授毛慶禎（計畫主持人）、謝宜芳（協同主持人）《視覺功能障礙者書籍資訊利用使用需求研究報告》（2014.09）、大業大學助理教授章忠信（計畫主持人）、江雅綺（協同主持人）《視障者使用電子化圖書資訊特殊版本相關規範之研究》（2014.11）、大

業大學助理教授章忠信（計畫主持人）《身心障者使用數位化圖書資訊特殊版本相關規範之研究》（2015.06）、世新大學教授葉乃靜（計畫主持人）《特殊版本圖書資源合作共享制度規劃之研究研究報告》（2017.03）等 6 種，俾作為館方及各界的參考。

　　（3）開始辦理「視覺功能障礙研究優良學位論文獎助」。該館為鼓勵國內各大學校院博碩士研究生進行視覺功能障礙的相關研究，以供視障圖書館資訊服務相關實務工作的參考，特於 2012 年 10 月 18 日第 786 次館務會議通過《視覺功能障礙研究優良學位論文獎助要點》，凡國內各大學校院博碩士研究生其學位論文屬視覺障礙者資訊素養、資訊需求、資訊行為、資訊資源利用及資訊應用技術、圖書館無障礙空間規範及法律規範等相關主題者，均得申請。獎助名額每年以博士不超過 3 人、碩士不超過 5 人為原則，獎助金額博士論文每篇新臺幣 5 萬元、碩士論文每篇 3 萬元。並得增列佳作若干名，致增獎狀乙紙。

　　該《獎助要點》於 2014 年 12 月 23 日第 821 次館務會議修正通過，將法規名稱改為《身心障礙研究優良學位論文獎助要點》，擴大了獎助研究範圍，除視覺功能障礙外，兼及學習障礙、聽覺障礙或其他感知著作有困難的特定身心障礙（身心障礙）等相關學術研究。獎助名額每年博士論文及佳作各 1 至 3 名為原則，獲評為優良者每名獎助 5 萬元、佳作每名 1 萬元；碩士論文及佳作各 1 至 5 名為原則，獲評為優良者每名獎助 3 萬元、佳作每名 8 千元。並另增訂《優良學位論文計畫書獎助要點》，每年以博士班研究生 3 名、碩士班 5 名為原則，獎助金額博士班每篇 2 萬元、碩士班每篇 1 萬元。2017 年 12 月 13 日復修正獎助範圍，從學位論文擴及至期刊論文，獎助名額每年 1 至 5 名為原則，獲評為優良者每名獎助新臺幣 1 萬元、佳作每名 3 千元。獎助對象亦從博碩士研究生擴及現職圖書館從業人員暨中小學及幼兒園教師。2019 年 12 月 4 日、2020 年 12 月 8 日再次修訂擴大獎助範圍至所有身心障礙類別，研究範圍為針對身心障礙者應用於圖書資訊的相關研究。

　　自 2013 年度首度辦理論文獎助甄選活動迄今，歷年身心障礙研究優良論文獎助得獎篇數表如表 18，共論文 45 篇獲得獎助。

表 18　國立臺灣圖書館歷年身心障礙研究優良論文獎助得獎篇數表（2013－2022）

單位：篇

項目　　　　年度	學位論文	期刊論文	合計
2013	5		5
2014	6		6
2015	3		3
2016	3		3
2017	4		4
2018	3	2	5
2019	5	1	6
2020	4	1	5
2021	5	1	6
2022	2	0	2
合計	40	5	45

說　　明：1.本獎助於 2013－2014 年稱「視覺功能障礙研究優良學位論文獎助」。

　　　　　2.各年度經甄選為優良學位論文者，皆為碩士論文（含佳作），惟 2014 年含博士論文 1 篇在內。

　　　　　3.本獎助自 2018 年起增優良期刊論文獎助。

資料來源：國立臺灣圖書館，「身心障礙獎助論文」，上網日期：

　　　　　2022.12.22 http://www.ntl.edu.tw/np.asp?ctNode=2707&CtUnit=1289&

BaseDSD=7&mp=1

　　（4）舉辦視障讀者資訊教育訓練課程。如與逢甲大學、高雄市立圖書館合辦北中南區計 4 次訓練課程，內容包括「智慧型手機」與「Window 7 作業系統」，並製作多媒體講義光碟，輔助學員學習。

　　2022 年暑假期間，舉辦視障讀者資訊教育推廣課程。分北中南東區計 7 場次，內容包括「智慧型手機進階課程」，分「相機與翻拍架應用班」（課程 1 日，上課 7 小時）和「自動旅遊規劃班」（2 日，12 小時）與「電腦文書處理課程」，分「Word 班」（1 日，7 小時）和「PowerPoint 班」（1 日，7 小時）。為適合全盲及不便以視力觀看電腦螢幕畫面的低視能者參與，教學方式分「智慧型手機課程」採「聆聽 iPhone 手機『旁白（VoiceOver）』」及「聆聽 Android 手機『TalkBack』」的操作方式進行；「電腦課程」採「聆聽 NVDA 螢幕報讀語音」或採「摸讀點字顯示器」搭配鍵盤操作電腦方式進行（全程不使用滑鼠）。北區 4 場次，2 項課程 4 班各 1 場，假該館舉行；中南東區各 1 場，皆為「自動旅遊規劃班」，分別假臺中市視障生活重建中心、高雄市立圖書館新興分館、社團法人花蓮縣視覺障礙福利協進會舉行。各場次主講 1 人，助教 3 人。

　　（5）舉辦館員與志工視障專業知識教育訓練課程。如「視障圖書資料整檔」、「點字研習」、「數位錄音教學」、「視障者行動導引」等，增進專業知識與技能。

4.加強資源分享與經驗交流，推動館際合作機制。

　　先後參訪國立公共資訊圖書館、清華大學盲友會、彰化師範大學圖書館、臺北市立圖書館啓明分館、高雄市立圖書館、淡江視障資源中心，推展合作機制並進行經驗交流。

身心障礙者資源利用專責圖書館

　　2014 年 6 月 4 日《身心障礙者權益保障法》再度修訂，擴大其適用範圍，除原有視覺功能障礙者，更及於學習障礙者、聽覺障礙者或其他感知

著作有困難的特定身心障礙者（身心障礙者），為因應此法條文的修正公布，原《視覺功能障礙者電子化圖書資源利用辦法》，於 11 月 21 日改名《身心障礙者數位化圖書資源利用辦法》，並擴大服務對象至學習障礙者、聽覺障礙者或其他感知著作有困難的特定身心障礙者，同時教育部也指定臺灣圖書館為落實及推動《身心障礙者數位化圖書資源利用辦法》的專責圖書館。2016 年 2 月 23 日該館啓動「強化身心障礙者數位化圖書資源利用中程發展計畫（2016－2019 年）」，並於 2019 年 12 月 18 日舉辦成果發表會。

1.建置「無障礙閱讀資源整合查詢系統」。

隨着科技日新月異，該館也不斷提升精進無障礙數位載體，2022 年 2 月起將原有「視障電子資源整合查詢系統」（https://viis.ntl.edu.tw）升級為本系統，使服務對象不局限於視障，並包括各式身障人士。依據該中心 2022 年 8 月 20 日本系統「各項資源數量統計」，包括收錄該館、彰化師範大學圖書館、臺北市立圖書館視障電子圖書館、清華大學盲友會、高雄市立圖書館、國立公共資訊圖書館、新北市立圖書館的館藏視障資料有 78,274 種／冊，其中以有聲圖書 46,801 種（59.79%）為最多，含 MP3 格式 25,794 種、錄音帶 15,050 種、DAISY 格式 5,957 種；次為電子點字圖書 16,481 種（21.06%）；電子書 8,554 種（10.92%），含 EPUB 格式 7,875 種、PDF 格式 679 種；雙視圖書 4,934 種（6.30%）；紙本點字圖書 1,353 冊（1.73%）；視聽資料 100 種（0.13%）；紙本圖書 51 冊（0.07%）。可見本系統典藏以有聲圖書 MP3 格式、電子點字圖書、電子書 EPUB 格式為主。查詢使用人數歷年累計 106,745 人次。均仍持續成長。

持續擴充本系統，增加「資源教室」線上課程資源，都為該館曾經辦理的各類講座及活動，且獲有著作財產權人同意授權利用者，如「臺灣學系列講座」、「與作家有約」導讀系列、「科普系列講座」、「閱讀講座系列」、「身心障礙相關講座」、「身心障礙相關資源」、「圖書館專業講座」、「獎助論文」、「研究報告」、「有聲繪本創作」、「電影聽賞」（邀約專家擔任

賞導人口述電影劇情，如同早期無聲默片的「辯士」，如資深影評人黃英雄老師）等。該系統透過點字、錄音、數位轉化、口述影像及附加手語等數位化模式轉製，另引進「易讀」（Easy to read）公用版模式，轉化內容，製作易讀版本，如《歡迎來到○○圖書館》、《如何借還書》易讀版，使視障、聽障或其他感知著作有困難的讀者，能夠親近閱讀，兼及提供館員自主學習的管道。

　　2020 年 7 月開辦「答題智慧王」線上有獎徵答活動，以視覺、聽覺、學習及其他閱讀困難障礙者（無法閱讀常規圖書資訊者）為對象，參加者根據當月問題（5-6 題）至本系統或無障礙閱讀 APP（原視聽隨身聽）查找題目中指定閱讀書籍（5-6 本），完成借閱（下載），再回答問題（未有借閱記錄，直接答案者視為不符抽獎資格），有「好禮月月抽」、「全當季全勤獎」，當月、當季答對 1 題即可參加抽獎，及「年度特別獎」，全年完成借閱後答題正確次數最高者獲獎。以 2022 年為例，獎品有 7-11 商品卡 100 元（每月 7 名）和 7-11 商品卡 300 元（每月 1 名）、勁量 10W 無線快充行動電源（每季 3 名）、Google Pixel 5 手機（每年 1 名）。

2. 委託大學進行相關專題研究。

　　完成圖書館學會、政大圖檔所教授林巧敏（研究計畫主持人）進行相關研究，如《圖書館身心障礙讀者服務指南研究報告》（新北市中和：臺灣圖書館，2016.03），旋出版《圖書館身心障礙讀者服務指引》（2016.05）；《圖書館身心障礙讀者服務主題資源網站研究研究報告》（2018.12）；《圖書館身心障礙讀者服務之館員數位學習課程研究與建置研究報告》（2020.01），俾作為促進各圖書館身心障礙讀者服務工作的展開及服務規劃的參考。

3. 舉辦工作坊及實務專業訓練。

　　自 2015 年起迄今，每年分別於北、中、南區假該館、國立公共資訊圖書館、高雄市立圖書館舉辦「提升圖書館員身心障礙服務專業知能」工作坊及實務專業訓練課程兩天，以全國各級公私立的圖書館、學校圖書館從

業人員及特殊教育教師為主要對象，以使其對身心障礙者特質及需求有基本認識與瞭解，俾為更多身心障礙者提供適切的服務。所開課程如汪育儒主講「身心障礙者之認識與服務原則」、余虹儀「圖書館的通用設計（Universal design）」（2015年）、林巧敏「圖書館身心障礙讀者服務指引」、溫志傑「開啓視／學障者的閱讀天空——強化館員服務能量」、林聖弘「視障服務實務」、章忠信「身心障礙者使用數位圖書資訊權益保障相關議題的探討」、林淑珍「與聽損者共舞——提供有幫助感的服務」、劉永寧「誰把我的聰明藏起來——揭密學習障礙」（2016）、河西羊「有聲書錄製技巧」、黃英雄「口述電影的概念與實務訓練」、黃毓雯「點字教學課程」（2017）、陳書梅「書目療法與身心障礙者之心理健康促進」、「書目療法素材示例（一）：繪本、小說、心理自助書」、「書目療法素材示例（二）：音樂與歌曲、電影」、趙又慈「口述影像在圖書館服務的應用」、「視障者的資訊需求」、「口述影像與視障服務」（2018）、張榮興「認識聾人語言與文化及圖書館相關服務」（2019）、張忠信「圖書館身心障礙讀者相關政策與法規介紹」、郭惠瑜「資訊平權：身心障礙者的易讀服務與圖書館服務領域之應用」、吳可久「無障礙與通用化之圖書館建築」、林巧敏「圖書館身心障礙讀者服務」（2020）、郭馨美「如何協助學習障礙——許孩子一個未來」、陳宥達「讓發展障礙兒童擁有親子共讀的快樂時光」、陳明聰「營造閱讀無礙的圖書館」、劉金鐘「圖書館無障礙空間之規劃」（2021）等。

4.製作「圖書館身心障礙讀者服務的館員數位學習課程」。

2019年完成6門身心障礙主題專業知能線上學習課程，於2020年3月上傳至該館視障系統供線上觀賞，同時上架至國家圖書館遠距學園、教師e學院、臺北e大等數位平臺開放選課。2020年完成5門課程於2021年1月上傳上開系統，提供了館員自主學習的管道。

5.辦理「圖書館身心障礙者閱讀服務」國際研討會。

2015年10月22日至23日假該館國際會議廳舉行。邀請李秉宏、林易佐、胡庭碩、賴欣巧4位傑出的身心障礙者為大家分享使用圖書館的經驗。

此外，邀請美國舊金山公共圖書館館長 Louis Herrera、日本圖書館協會身心障礙服務委員會委員長佐藤聖一、韓國國立中央圖書館館長 Lim Won-Sun 與國內身心障礙閱讀領域的學者專家，分享現行推動身心障礙者閱讀服務策略、圖書館服務如何遵循著作權法的規範兼顧身心障礙者的閱讀權益、如何藉由資訊科技協助改善無障礙服務等課題。

6.建置電子檔數位版權保護系統（DRM）。

該館為將購置及徵集的電子書提供視障者或身心障礙者透過網路連線檢索與瀏覽。本電子書平臺建置範圍包含製書管理平臺系統、書目與全文上傳作業、電子書製作、流通借閱管控、統計報表、與既有「無障礙閱讀資源整合查詢系統」整合等，讓使用者透過原有視障平臺介面，在熟悉的網頁環境下即可查詢借用新增的電子資源；並搭配服務平臺及 DRM（Digital Right Management）控管（存取權限控管及保護）機制，確保數位格式資源安全無虞，加速電子資源上傳與利用。

7.提供視障者 EPUB 電子書借閱服務。

2016 年 3 月 11 日與遠流出版公司簽訂「臺灣雲端書庫合作備忘錄」。由遠流建置臺灣雲端書庫無障礙專區及提供無障礙格式電子書，該館進行電子書使用點數採購並提供平臺介皆查詢介面，供該館視障讀者登入使用。2017 年 6 月底引進，7 月正式開放使用。至 2022 年 3 月起終止本項服務。該館在「無障礙閱讀資源整合查詢系統」「圖書精選」提供服務。

8.完成「聽障感應線圈」鋪設。

該館在 B1F 樂學室（面對影幕前半部 15 坪空間）、演藝廳（面對舞臺左側前區 5 排）、1F 簡報室（全區）、視聽資料中心電腦教室及研習教室（全區）、4F 4045 室（面對正前方影幕前半部 25 坪空間）等活動展演空間，鋪設「聽障感應線圈」（Hearing Loop/Induction Loop），聽損者只要將助聽器的「T」功能（T-Coil/Telecoil）打開，至上開空間看到看到有國際專用圖形標示及文字說明「本區設有聽覺無障礙迴圈系統 請將您的助聽器或電子耳切換到電話線圈（T 功能）」，選定鄰近的座位，便可聆聽講員清晰聲音的演講

內容。此外，全館各服務臺備有「聽吾」（日本廠牌 Primo）手持式輔助溝通器，像聽電話一樣簡單話筒式造型握柄，貼近耳朵，減少聽力不佳者與館員溝通的聽力障礙。

9.辦理障礙密碼——真人圖書講座。

該館與中華民國身心障礙聯盟合作，邀請其典藏的真人圖書蒞館演講。該聯盟典藏的真人圖書均為國內各領域身心障礙卓越人才（如肢體障礙者、多重障礙者等）或與身心障礙者密切相處的相關人員（如手語翻譯員等），由其分享自身成長、求學與工作等豐富人生經歷。並與讀者互動交流，提供社會大眾與身心障礙者直接對話的環境，透過面對面的閱讀一本真人圖書的過程，打開心靈，平等對話，翻轉偏見。每年分區舉辦共 3 場。場地已鋪設「聽障感應線圈」者，聽障者請將助聽器的「T」功能打開即可利用。沒有鋪設的場地提供申請手語翻譯或同步聽打服務。配合肢體障礙者、視覺障礙者，凡 3 人以上的團體報名，館方提供單一定點租車接送。

10.開始辦理「身心障礙者數位圖書資源捐贈獎勵」。

為鼓勵各界捐贈數位圖書資源（無障礙版本），爰根據《身心障礙者數位化圖書資源利用辦法》，訂有《身心障礙者數位圖書資源捐贈獎勵要點》（全 5 點）。敦請著作財產權人、出版者，同意將其著作以無償、非專屬授權方式永久授權該館得將全部內容數位化，或直接提供著作的數位檔案，該館並得將數位檔案重製或轉製作成專供身心障礙者運用輔助設備可資接觸的數位格式文字、聲音、圖像、影像或其他圖書資訊。另得將上開數位檔案永久存置於該館為身心障礙者所建立的各項資源平臺，以利典藏及專供身心障礙者使用。

國臺圖邀請出版社合作攜手「公益授權合作計畫」，該館持續透過點字、錄音、數位轉換、口述影像及附加手語等數位模式轉製，使視覺障礙者、學習障礙者、聽覺障礙者、身心障礙者，能夠親近閱讀，獲取知識食糧。2022 年 1 月 28 日，麗文文化事業公司（董事長楊宏文）支持投入國臺圖「公益授權合作計畫」，率先簽署協議，承諾持續捐贈圖書電子檔。這項

捐贈將加速圖書資源製作，完成轉製的無障礙格式版本，成為身心障礙者永續的數位典藏資源。

11.設立身心障礙區域資源中心。

2017 年 11 月 28 日與國立公共資訊圖書館簽訂合作備忘錄，並於 2018 年 3 月 26 日完成區域資源中心所需閱覽輔具設備安裝及教育訓練，以增進聽視障者的服務。2018 年 10 月 19 日另與高雄市立圖書館簽訂合作備忘錄，於 10 月 24 日於該館新興分館完成設置，延伸國臺圖視障服務的據點。2019 年 6 月與花蓮市立圖書館國聯一路館舍的閱覽區及樂齡閱覽區新設點，於 9 月完成東部據點輔具設備安裝，擴大服務。

12.參訪身心障礙者服務圖書館。

2014 年 8 月 16 日－22 日館長陳雪玉和研究助理張映涵前往法國里昂（Lyon），參加第 80 屆國際圖書館協會聯盟（IFLA）年會暨海報展，本次透過海報展報導該館視障服務（Touch of reading: an experlence of the National Taiwan Library services for the visually impaired people），包括視障資源製作流程、視障資源整合查詢系統建置等。（陳雪玉、張映涵）

2016 年 5 月 22 日－28 日該館派主任周淑惠、編輯黃婉婷和研究助理邱振綸前往中國大陸，參訪北京中國盲文出版社及中國盲文圖書館、國家圖書館、北京聯合大學特殊教育學院、一加一殘疾人文化服務中心，及上海市盲童學校、上海圖書館、浦東圖書館。（周淑惠、黃婉婷、邱振綸）

2018 年 5 月 21 日－25 日派編審蔡美蒨和研究助理莊易儒，前往日本東京參訪重要身心障礙服務圖書館，計日本點字圖書館、國立國會圖書館、墨田區曳舟圖書館、琦玉縣立久喜圖書館、調布市立中央圖書館、八王子市立中央圖書館。

（五）樂齡者服務

根據世界衛生組織（WHO）定義，65 歲以上人口占總人口數比例 7%

以上，稱為「高齡化社會」（aging society），達 14%稱為「高齡社會」（aged society），達 20%稱為「超高齡社會」（super-aged society）。臺灣老化速度飛快，於 1993 年超過 7%，邁入高齡化社會。依據內政部宣稱，於 2018 年超過 14%，步入高齡社會。行政院經建會「2012－2060 人口推計」的報告指出，臺灣將於 2025 年進入超高齡社會。國發會推估 2070 年會上升至 41.6%。值此之際，2019 年 11 月國家圖書館發行《臺灣老年讀者圖書資訊服務指引》乙冊，期望本指引可作為圖書館在預備及提供老年圖書資訊服務時，有所依據，並透過集體的努力，讓公共圖書館成為高齡社會老年生活的好夥伴。

2020 年國臺圖提出樂齡服務計畫，以「共創、共好、共老」為願景，用創新創意，建立圖書館各族羣融合共好，重視老人讀者需求，學習健康快樂共老。提出「友善環境」、「世代共融」、「資訊加值」、「第三場域」、「科技近用」5 項目標，並據以發展 7 項策略，16 項行動方案。

友善環境：樂齡資源區（1 樓）

該館為提供更好的樂齡閱覽服務，於 2018 年 4 月至 10 月進行空間設施優化。樂齡資源區自 2 樓遷至 1 樓期刊室。期刊室空間、設備與樂齡資料整合，以增進樂齡讀者使用的便利性；其照顧者也可在旁陪伴，放心閱覽圖書資訊。並增設討論室，供樂齡讀者討論及休憩之用。

依據樂齡者的需求，採購中外文圖書、視聽資料、電子書等相關資源，除原有樂齡圖書主題如醫療保健、散文與小說、音樂美術、茶藝花藝、休閒旅遊、武俠小說（大字版）、戲劇舞蹈外，並加強蒐集失智、樂齡健康照護、終身學習／自我學習（二度就業／志工）等主題資源。營造友善、安全的環境，增進館員相關知能，讓樂齡讀者在圖書館場域能安心學習與活動。

樂齡專用閱讀設備有網路檢索電腦（8 部）、擴視機（5 部）配備 22 吋螢幕、桌上型放大鏡閱讀燈（4 部）、放大鏡及老花眼鏡、65 吋觸控閱報機、血壓身高及體重測量器、輪椅設備（10 部）等。

建置樂齡服務網站

2020 年著手籌劃樂齡服務專屬網站，依據高齡者需求，彙整友善服務資源，內容含最新消息、近期活動（健康篇、研習篇、學習篇）、活動行事曆、活動剪影、失智友善服務、樂齡設施及網網相連等。

持續推廣樂齡讀者閱讀服務

2020年該館辦理：1.電腦學習課程。該館為鼓勵樂齡讀者終身學習，增進資訊素養和應用能力，與技嘉教育基金會合作辦理「樂齡學習 e 起來」資訊學習系列課程」，如「Facebook 臉書金促味（臺語：很有趣）」、「Line 在一起入門班」、「智慧手機聰明學！實用 APP 入門班」、「Pixlr 修圖入門班」、「創意手機短片製作班」、「手機資料管理&資安的認知班」、「電腦免費多媒體工具應用班」等學習課程。2.影片欣賞活動。每週四舉辦「主題電影院」，連播兩場，每月辦理 1 場「假日熱門電影院」活動。其他還有 3.祖孫節活動，4.樂齡表演藝術活動，5.失智友善服務等。

辦理「祖父母節」活動

教育部鑒於家庭是社會穩定力量的來源，倫理是家庭和諧不可或缺的條件。在現代社會中，祖父母在家庭中的功能日益顯著，成為家庭倫理中不可忽視的一環。所謂「父母慈、子女孝」的二代家庭倫理有待擴展與重建。從家庭教育的觀點而言，如何建立一個良好的跨世代互動關係，在現代社會家庭結構變遷下，益顯其重要性。（教育部《祖父母節之由來及意涵闡述》）2010 年 8 月 29 日教育部發起第 1 屆「祖父母節」，並定每年 8 月的第 4 個星期日為「祖父母節」。教育部希望藉由此節日的宣導，喚起民眾更加重視家庭世代關係，並以「教育」搭起世代橋樑，透過祖父母（包括外公外婆）連結傳統與現代，讓年輕世代認識老化，悅納老人，也讓祖父母在晚年生活與家人更親密，並鼓勵年輕世代更樂於接近長者，分享他們人生智慧及生命經驗，發揮「老吾老以及人之老」的社會理念，進而達成無年齡歧視的社會願景。教育部為擴大宣導，規劃辦理第 1 屆祖父母節一系列

慶祝活動（及辦理日期）：1.召開記者會，假中央聯合辦公大樓 1 樓大廳舉行。由部長吳清基與祖孫代表（平溪天燈師傅林國和與孫子）共同完成象徵祈福的天燈上題字，獻上教育部對所有祖父母的祝福，並宣布「祖父母節」正式啓動（2010.8.18）。2.教育部委請臺北縣、南投縣、屏東縣政府分北、中、南區舉辦「祖孫互動傳真情‧代代同樂學習趣（去）」嘉年華活動（08.29 北區、南區；09.04 中區）。3. 25 縣市家庭教育中心配合辦理「祖孫夏令營」（08.23－08.29）。4.部屬館所及縣市社教文化館所辦理慶祝活動並提供免費或門票折扣（08.23－08.29）。5.「學校開學日」當天，各縣市政府請所轄學校（包括社區康齡班）規劃辦理「大手牽小手——代代（帶帶）攜手學習趣（去）」活動（08.30）。6.由各家庭教育中心結合各鄉鎮市區樂齡學習資源中心、圖書館及國民小學，依北、中、南順序輪流於每週六、日辦理「全國祖父母節」系列活動（09.05－09.26）。7.委託中正大學辦理「祖父母節日國際實務論壇——世代溝通『齡』（零）距離：感恩與傳承」活動，假國圖舉行（09.20－09.21）。8.教育部表揚「第 2 屆銀髮教育志工獎」，假國圖舉行頒獎典禮（10.07）。爾後，教育部每年設定主題，辦理「祖父母節」系列慶祝活動，各直轄市、縣市政府、部屬館所及縣市社教文化館所、縣市家庭教育中心等也配合規劃相關活動。

　　國臺圖為推廣祖父母節，傳遞溫馨祖孫情，舉辦系列活動，如 2016 年辦理「阿公阿嬤我愛您——許願卡書寫」活動；2017 舉辦「祖孫同閱真快樂、藝術吸管 DIY 活動；2018 年舉辦「祖孫一起玩轉數學——藝術摺紙」活動，祖孫們同享溫馨的美時光。

　　2019 年 8 月 25 日第 10 屆「祖父母節」，教育部假臺灣圖書館辦理系列慶祝活動。本次主題為「愛在一起 Being together——Family for all age」。在記者會中，臺師大教授林如萍發表「2019 年臺灣民眾之祖孫互動專題調查」結果，這次調查發現有近 5 成的年輕世代表示，學校已經有以祖孫相關的課程活動，孫子女最常把祖父母視為「歷史學家」（傳述家族）、「救火隊」（如幫忘了帶東西的孫子送去）、「教導者」、「寵愛者」、「守護者」。本

次活動為感恩祖父母輩對家庭及社會的付出，以打造「無年齡歧視社會」精神，「友善的理解」為理念，聚焦於「同樂、共學、動健康」3 大主題活動。包括「祖父母節 10 週年回顧與展望」展覽（08.25－09.15），祖孫相交遊園遊會、祖孫表演活動（10：30－14：00）等。國臺圖也舉辦「祖孫節活動串起祖孫情」系列活動，如祖孫傳情電影欣賞、童話故事劇場、優質家庭教育暨樂齡期刊展示。

2020 年 8 月 28 日該館與與技嘉教育基金會合作辦理「祖孫鬥陣來『玩』程式」活動，祖孫 e 起來學電腦。8 月 18 日至 31 日在 1 樓樂齡資源區，舉辦「優質樂齡圖書展示」以及「祖孫悄悄話（畫）」活動，讓小朋友畫下或寫下藏在心裡，最想跟阿公阿嬤表達的話。

2022 年 8 月 28 日該館舉辦「大聲說出愛之語」——祖父母節系列活動。8 月 20 日至 30 日推出「祖孫情主題書展」，8 月 28 日電影欣賞「阿公當家」（10：30－12：00）及「祖孫逗陣尬釣魚闖關活動」（14：00－16：00），共 4 關，完成闖關者送好書乙本。

樂齡者服務跨業合作

國臺圖除持續提供樂齡者服務，引進和裝置適用的資訊及通訊傳播科技產品外，也開創了跨業合作的模式：

1.與文化部國家表演藝術中心國家兩廳院合作。兩廳院擬訂「樂齡表演藝術產地直送計畫」，邀集音樂、戲劇、舞蹈領域藝術家，規劃辦理樂齡系列活動。採單位申請制，只要年滿 55 歲，20 人以上（建議 25 至 60 人），符合場地條件的單位、團體，即可提出單一場次的申請，由兩廳院核選，藝術家會到指定的地點帶領 2 小時體驗活動，全系列課程皆採免費及到場授課。其主要目的在於以參與特選活動的方式，提升 55 歲以上長者生活品質，同時達到推廣表演藝術的效益。

自 2017 年國臺圖與兩廳院合作，辦理樂齡表演藝術活動，藉助兩廳院邀集的藝術家專才與資源，使圖書館到館長者有更多的資源。如 2017 年 10 月合辦「大家一起來扮戲」表演藝術體驗活動，計 3 場次共 55 人次參與。

2018 年 3 月、6 月、10 月合辦「大家一起來跳舞」、「FUN 鬆抒壓戲劇遊戲」、「大家一起來歡唱」計 3 場次共 75 人次參與。2019 年合辦「音樂養生大補帖」、「樂齡讀劇坊」、「隨著現代舞動起來」計 3 場次共 61 人次參與。2020 年 11 月 3 日「大家一起跳芭蕾」，計 19 人次參與。

2.與衛生福利部（「衛福部」）八里療養院合作。該館與八里療養院合辦「第 21 個學生——失智繪本導讀活動」，藉由「稚智力量」團隊的護理師及專業志工導讀失智讀本——徐嘉澤撰、林芸軒繪《第 21 個學生》（臺北：聯經出版公司，2017.11）為方式，引導親子對失智症有更正確的觀念，同理失智症患者的現況。

3.與新北市復興國小樂齡劇團合作。隸屬於新北市中和區樂齡資源中心的復興國小樂齡劇團，係由一臺 60 歲以上的爺爺奶奶組成。自 2014 年起每年與該館辦理兩場以上繪本戲劇活動。

4.與世界宗教博物館合作。該館與世界宗教博物館合辦樂齡影片欣賞活動，挑選出與高齡相關議題的影片，並邀請專家於放映後進入相關討論。
（國家圖書館、林珊如）

辦理公共圖書館館員增能課程

國臺圖為提升公共圖書館對老化議題的認識，培養專業服務知能，於 2020 年 10 月 5 日，與臺中市政府社會局長青福利科、財團法人弘道老人福利基金會「（弘道基金會）」合作，假弘道基金會附屬機構「不老夢想 125 號」舉辦「樂齡樂學 Plus：全國公共圖書館增能課程」，課程內容包括分享如何規劃適合銀髮族圖書館空間及服務、認識博物館創齡行動及老化體驗課程等，有 44 人參加。

全臺圖書館串聯——「書」適友善圈·樂齡樂學 Plus 計畫

依據國發會推估，臺灣將於 2026 年邁入超高齡社會，面臨社會人口結構的改變，圖書館為社區營造的重點單位之一，如何讓圖書館成為友善社區的一環，是現今重要的思考議題。國臺圖串聯全臺公共圖書館，共同在

2020 年 9-10 月期間辦理樂活銀髮族的相關閱讀活動，讓民眾從在圖書館獲得相關知識，瞭解老化社會所面臨的問題及因應之道，讓圖書館成為銀髮族的友善據點之一。

辦理失智友善服務

　　根據衛福部的調查，臺灣失智人口估算 2020 年已逾 30 萬人，2031 年逾 46 萬人，屆時每 100 位臺灣人有 2 位失智者。2061 年失智人口將逾 85 萬人，等於每 100 位臺灣人有超過 5 位失智者。面對失智人口的增加，政府及民間都應及早準備。「國際圖書館協會聯盟（IFLA）認為圖書館可以帶頭為失智者提供服務及館藏，透過閱讀及聆聽音樂，可激發大腦不同功能，減緩焦慮。圖書館員建立認識失智症的基本知識，學習溝通與互動技巧，一旦有機會服務失智者，才能有明確的指導原則，更放心地執行勤務。更主要的是，摒除心中的刻板印象與抗拒的態度，才是營造友善服務的重要關鍵（李秀鳳）。」

　　國臺圖為發展成為失智友善圖書館，2020 年 9 月 24 日通過「失智友善服務前置作業計畫」，包括前置作業、推廣活動兩部分。「前置作業」分：1.館內建立共識；2.召開專家諮詢會議（2020.10.27）及邀請專家針對失智者服務，重新檢視國臺圖環境和館舍設施；3.標竿學習，參訪失智症相關服務的社教單位；4.為建立館內共識，讓館員了解失智症議題，採不記名電子問卷發放方式，並設計開放性題項，蒐集該館館員對服務失智者相關建議；5.辦理館員培訓課程──館員想想工作坊（2020.12.21），及第一線人員培訓課程 3 場（2021.03.12、2021.03.19、2021.04.09）。「推廣活動」分：1.與社團法人臺灣失智症協會合辦「遇見德曼莎（Dementia）──沙發講座」，由該協會秘書長湯麗玉、白婉芝主持，雙和醫院精神科醫師李耀東及蘇惠美、曾清芳解說（2021.02.23）；2.由館員帶領失智長者圖書館導覽。

　　國際失智症協會（ADI）自 1994 年開始將每年 9 月 21 日定為「國際失智日」，2021 年 1 月 28 日復提議，將 9 月定為「國際失智月」（World Alzheimer's Month；WAM），俾便推動宣導等活動。國臺圖攜手臺灣失智症

協會、失智症相關單位及 9 個直轄市縣市圖書館等 24 個合作單位，自 2021 年 8 月至 10 月推出 10 場「在圖書館遇見德曼莎講座」，邀請失智者及專業醫師分享，希冀透過圖書館場域傳達友善學習環境的重要性。

2022 年國臺圖編印《國立臺灣圖書館失智友善服務———基礎篇》小冊子，分：1.圖書館推動失智友善服務的原因；2.認識失智症；3.與失智者互動及溝通技巧；4.在圖書館遇到疑似失智者的應對方式；5.延伸閱讀資源等 5 節，供館員參考。

舉辦長期照顧主題書展暨系列活動

2022 年 8 月 16 日至 10 月 2 日國臺圖與衛福部長期照顧司合辦「翻轉長照 一切照常」全民共讀主題書展。本次書展主視覺以「魔術方塊」為焦點，構成以象徵「翻・轉・長・照」4 個意涵的小島，並以路徑連接，希望透過閱讀重新認識長期照顧，翻開書就是一個心的轉念、新的解方、新的世界，甚至卸下心中沉重的包袱一條新的途徑。在「翻（翻書）・轉（轉念）・長（常看書）・照（照亮下一代）」4 個主軸字中，各類選 15 本書。衛福部也推出該部新出版的《阿祖是虎克船長》、《阿祖要上安親班》長照繪本套書。特邀長期關注圖書館高齡讀者服務的臺大圖資系教授林珊如擔任閱讀推廣大使。本次展出圖書類似逛書店一樣可以逕行取閱，期盼民眾透過圖書閱讀，從長期照顧基礎觀念的認識、實務經驗的分享、專題知能的建立、孩子的代間溝通等長照面向，都能獲得完整的瞭解。小朋友們也可以在活動期間參加填寫學習單兌換好禮（長照提袋或長照口罩）活動。此外，8 月 20 日辦理主題影談：「照護人，有你真好」（10：00－12：00），邀請弘道基金會社工師戴瑜擔任與談人（電影導聆人）。該電影拍自日本《葵照護》乙書，2019 年由愛福家協會與弘道基金會引進臺灣公播版，為一失智議題的溫馨電影。9 月 3 日辦理「名人講座：翻轉長照，如何翻轉？」（14：00－15：30），由家庭照顧者關懷總會秘書長陳景寧擔任主持人，長照司司長祝健芳及長期照顧者演藝人員謝祖武為與談人，進行座談。

舉辦青銀對話互動展暨系列活動

　　2022 年 10 月 4 日重陽節，國臺圖、新北市政府社會局、弘道老人福利基金會攜手自即日起至 10 月 30 日合辦「不老而惑——青銀對話互動展」。本次展覽分為「青銀交流」、「青銀共融」、「青銀共居」、「青銀共讀」4 大主軸。2021 年 5 月 13 日適弘道基金會附屬的「不老夢想 125 號」（臺中市雙十路一段 125 號，原宮原武熊眼科醫師宅邸，1933 年落成）成立 5 週年，策劃本項「對話互動展」，邀請 6 位年齡在 85 歲以上的長輩，如鍾波球（96 歲）、龔海瑞（96 歲）、周銀仙（82 歲）等，深入中部流行文化指標地「一中商圈」，體驗潮店特色包含美甲、接髮、刺青、健身房等 10 間，藉由攝影師江可豫攝影街拍、文字記錄長輩探索「一中商圈」與潮店年輕人對話互動過程。年輕世代要開啓跟長輩（銀髮族）閒話家常，過程中自然有了對話的共同主題，彼此更能融合認識。除了影像展覽外，並加入相關書展。此外，本次展覽針對健康養生、幸福生涯、人生終章、心靈支持 4 個面向，推出「晚美人生——青銀交流對話攻略 TALK 系列講座」4場，以電競、科技、桌遊、職場為主題，透過青銀對話交流，開始改變既有的偏見，打造理想的共老、共好的高齡社會。該館並推出「洋蔥故事徵文活動」，以散文類徵文，每篇文字 1,500 字，題目自訂，須扣合「青銀共融」主題，分享與家中長輩的生活故事。經評審選出首獎范祐寧《外婆的回憶錄》，貳獎林昕栩《擁抱》，參獎賴詩霓《洋蔥故事——阿祖的菜頭粿》，及佳作 10 名。國臺圖將上開選出作品，特編印出版《「青銀共融」洋蔥故事主題徵稿活動作品集》乙冊，盼能吸引更多不同年齡層的讀者，勇於開啓青銀交流的對話框。另串聯基隆市安樂區圖書館、新北市青少年圖書館、南投縣政府文化局圖書館與 4 處弘道老人福利基金會所經營的共生場域舉辦衛星展。期全齡民眾來訪體驗、觀展，敲開彼此的心門，開啓世代交流的對話框。

九、開發文創產品

建置「臺圖文創」品牌

　　國臺圖於 2020 年委託「點睛設計」團隊進行「臺圖文創」品牌（LOGO）的規劃建置，包含品牌形象、論述、識別形象規劃、視覺設計、標語等。此外，也製作形象影片，拍攝商品情境照，規劃國臺圖文創展示區，製作各種文創品。茲錄其品牌名稱、文案、設計理念，如下：

　　1.品牌名稱：臺圖文創 National Taiwan Library Culture and Creative。

　　2.品牌文案：

　　（1）標語：臺圖文創：讓文化記憶走向生活。

　　（2）文案：臺圖文創，以「臺圖」傳承歷史記憶，以「文」化「創」意融入生活。運用館藏「臺灣學」舊籍圖樣，開發生活中的用品，不僅賦予圖樣新生命，在關注每個文創品背後的故事同時，業連結了過去與現在，每閱讀一次都能有不同的體驗與感受。

　　3.設計理念：以「臺圖文創」作為品牌名稱，保留「臺圖」二字作為文化的傳承，「文創」則是依循圖書館文化脈絡的發展過程。LOGO 設計圖樣以翻閱書籍的想像，呈現國臺圖的知識及文化根源從書中被發掘，透過文化創意的轉譯結合，融合於生活當中。其中元素的巧思，結合了英文字母「C」與「C」，分別表示 Cultural（文化）及 Creative（創意）。設計圖樣係以該館的「靜思長廊」與文化創意英文 Culture Creativity 的縮寫字 CC，結合書本的意象而成，猶如在圖書館內翻閱書本，沈浸於頁頁的精彩中，進而激發出文化的創意，走過長廊，穿越萬卷書籍，享受歷史文化的洗禮。

（國立臺灣圖書館編，《國立臺灣圖書館 2020 年度工作報告》；程藍萱）

首創圖書館利用桌遊遊戲（文創商品）

　　2022 年 1 月該館推出《福爾摩沙歷險記》（桌遊）文創商品，運用該館特藏《享和三年癸漂流臺灣チョプラン島之記》作為故事背景，將故事主

角文助從日本漂流到臺灣的所見所聞設計成遊戲任務與關卡，並將圖書館利用相關知識與技能融入遊戲機制中。將遊戲式教學理論融入館藏資源，開發設計圖書館利用教育及臺灣學教材教具，讓讀者透過「玩中樂」更瞭解該館的服務與特色。本遊戲適合國小中高年級以上學童體驗，人數為 3－6 人，遊戲時間 40 分鐘。玩家須運用線索搜尋相關書籍與知識，幫助文助解決問題並順利回家。

十、推展志工業務

臺灣圖書館為有效運用人力資源，推動與協助辦理各項社教活動，充分發揮圖書館功能，特籌組該館志工隊。凡年滿 18 歲以上，經館方公開召募、甄選、訓練，試用期滿且考核合格取得該館授予志工證者，得為志工隊隊員。凡志工年滿 80 足歲（自 2015 年起新進志工，尚須於該館服務年資 10 年以上者），得向閱覽典藏組申請頒發榮譽志工證書，於年終由館方公開表揚時致贈禮品，並頒發榮譽志工證書後，即終止服勤事宜。

志工隊組織與執掌

志工隊設隊長、副隊長各 1 人，並按任務編組分為採訪編目組、閱覽典藏組、參考特藏組、企劃推廣組、秘書室等 5 組，各組室分置組長、副組長各 1 人，並得視實際需要分成若干小班運作。

隊長執掌：1.綜理隊務，負責志工隊與館方間的聯繫；2.協調及分配館方交付任務；3.編定志工隊全年行事曆；4.策劃各項志工會議、年度服務檢討、幹部改選事宜及聯誼；5.瞭解志工成長及服務需求，提供館方具體建議事項；6.傳達館內資訊，並隨時反映志工意見；7.志工隊通訊羣組管理。副隊長：1.襄助隊長處理隊務；2.統籌及協調志工幹部完成各項會議紀錄；3.協調及分配館方交付任務。組長執掌：1.協調該組室志工的排班管理與人力調度；2.辦理該組室志工資料的整理、統計與建檔；3.負責該組室志工的通

訊、聯誼等事項；4.協調該組室志工支援館方各項活動；5.支援志工隊隊長辦理各項隊務活動及聯誼。副組長：襄助組長處理組室事務。

　　隊長由全體隊員投票選舉產生。組長／副組長則由該組室志工投票選舉產生；若無人登記競選時由館方各組室志工協調人推薦產生。隊長、組長／副組長任期兩年，隊長連選以連任乙次為限，組長／副組長連選得連任。歷屆隊長於卸任後，得受邀擔任志工隊顧問。副隊長資格與隊長相當，由隊長遴選符合資格者充任，任期與隊長同。

　　隊長資格：凡於該館服務滿 2 年，且達當年度最低基本服務時數者，可提名登記競選隊長；組長／副組長資格：當年度於該館服務達最低基本時數者，均可登記競選。

　　隊長、副隊長、組長、副組長、顧問為志工隊幹部，均為無給職。

志工會議

　　志工會議有兩種。1.隊務會議：由隊長於年終定期召開乙次，改選志工隊隊長或議決志工隊各項提案；2.幹部會議：由隊長定期召集各組室工作幹部，進行工作檢討、研擬隊務相關提案、執行隊務會議決議事項及館方交付任務。

　　志工各項會議應由隊長指定專人製作會議紀錄，送館方備查。因會議的需要，得由志工幹部填具申請表敘明用途，向閱覽典藏組申請適當場地使用。館方得視年度經費狀況酌予補助。

志工服務項目

　　依上開任務編組，服務項目分別為協助、支援性工作。1.採訪編目組：圖書資料整理，複本查核及加工作業，視障資料的整理加工；2.閱覽典藏組：服務臺諮詢服務，圖書資料借閱流通、整理排架及清潔維護，逾期圖書資料催還、破損圖書資料的簡易修補，親子閱讀推廣服務；3.參考特藏組：參考諮詢服務，書庫讀（整）架、上架及盤點作業，閱覽區秩序維護，圖書資料的簡易維護及相關導覽解說，電子資源檢測與徵集等；4.企劃

推廣組：各項閱讀推廣活動，展場安全及秩序維護，參觀導覽服務，研習班課程相關庶務；5.秘書室：檔案室資料管理，環境清潔及空調、照明、消防、水電、監視器等設備巡檢通報，植栽修剪及養植維護，各開放空間的秩序管理及衛生防護工作。

志工服勤時段

志工服勤時段分早班（9－12 時）、午班（12－15 時）、中班（14－17 時）、下午班（15－18 時）、晚班（18－21 時）。一般志工每週至少服務 3 小時，服勤總時數每年不得少於 120 小時。青少年志工，依服務組室排班，每次服務 1－3 小時。閱讀推廣及導覽志工，依實際需求排班，每次服務以 3 小時計算（含活動事前準備、排練及辦理活動），每年至少服務 36 小時。服勤應守時，勿遲到早退，並按排定的時程出勤，因故無法出勤時應事先請假。

志工獎勵

志工服務表現優異，除該館公開表揚，得視服務累計時數，分別頒給感謝狀，及 3 等、2 等、1 等、特別、終身榮譽獎；有特殊貢獻者則頒發特殊貢獻獎牌，並各致贈禮品或禮券外，並得推薦下列獎勵：1.依衛生福利部《志願服務榮譽卡作業指引》，凡服務滿 3 年，且服務時數達 300 小時以上者，館方得檢具證明文件，向地方主管機關〔如新北市政府社會局〕請發志願服務榮譽卡，憑卡可免費或優惠進入全國部分文教休閒場所、風景區，使用期限為 3 年，期限屆滿後，得重新申請，其服務年資及服務時數不得重複計算；2.依衛生福利部《志願服務獎勵辦法》，館方推薦從事志願服務累計達 3,000、5,000、8,000 小時且表現優良者至該部請頒發志願服務銅質、銀質、金質徽章及得獎證書；3.依教育部《教育業務志願服務獎勵辦法》，館方推薦至該部請頒發銅質、銀質、金質、鑽質獎等獎勵；4.志工於上列獎勵記錄完整且確有績效或具特殊貢獻者，館方得推薦至「中華民國志願協會」參與「志願服務獎章」或志工最高榮譽「金駝獎」評選。

十一、承辦教育部圖書館閱讀推廣計畫

閱讀植根與空間改造（第 2 期計畫）

　　教育部為永續發展公共圖書館閱讀推廣業務，推出「閱讀植根與空間改造：2013－2016 年圖書館創新服務發展計畫」（第 2 期計畫），投注 12 億元，以「全民在閱讀中感受幸福」為願景，持續支持圖書館的硬體空間的改善與軟體的充實。計畫內容分「扶植公共圖書館發展計畫」、「優化國立圖書館服務計畫」、「攜手提升圖書館品質」等 3 大面向重點工作，計 20 項子計畫。在「扶植公共圖書館發展計畫」中，2013 年起仍由國臺圖賡續辦理其中的「公共圖書館閱讀推廣與館藏充實實施計畫」，該子計畫下分「閱讀起步走：0-5 歲嬰幼兒閱讀推廣活動計畫」及「多元悅讀與館藏充實計畫」兩項目。前者乃將「閱讀起步走：0-3 歲嬰幼兒閱讀推廣活動計畫」，除持續推動 0-3 歲嬰幼兒閱讀推廣活動外，並將嬰幼兒閱讀年齡層提高至學齡前兒童，由 0 歲延伸至 5 歲；後者係將館藏資源整合，透過建立核心館藏與充實特色館藏，推動閱讀活動，讓公共圖書館更貼近民眾生活，將閱讀帶入家庭，吸引民眾走入圖書館，讓臺灣各角落的公共圖書館成為全民的大書房，大眾的精神糧倉，深耕閱讀，共創書香社會的願景。（國立臺灣圖書館；李玉瑾、孟文莉）

　　1.「閱讀起步走：0-5 歲嬰幼兒閱讀推廣活動計畫」。依據「公共圖書館統計系統」，自 2013 至 2016 年間（4 年），全國公共圖書館辦理嬰幼兒閱讀共 20,565 場次，1,761,074 人次參與。見表 19。

表 19　2013－2016 年全國公共圖書館閱讀起步走活動統計一覽表

項次年度	補助館數	活動辦理補助經費（元）	閱讀起步走圖書購置經費（元）	閱讀禮袋（份）	嬰幼兒活動場次	嬰幼兒活動參與人次
2013	434	15,631,770	17,000,000	89,067	7,036	452,412

項次 年度	補助 館數	活動辦理 補助經費 （元）	閱讀起步走 圖書購置經 費（元）	閱讀禮 袋（份）	嬰幼兒 活動場 次	嬰幼兒活 動參與人 次
2014	522	12,588,501	35,000,000	203,315	2,458	315,376
2015	537	15,325,909	21,500,000	150,000	3,256	536,801
2016	525	16,298,929	26,500,000	182,000	7,815	456,485
總計	2,018	59,845,109	100,000,000	624,382	20,565	1,761,074

說　　明：閱讀禮袋含地方配合款支應。

資料來源：國立臺灣圖書館，《2013－2016 年「閱讀推廣與館藏充實」實施計
　　　　　畫成果》（新北市中和：該館，2017.12），頁 3。上網日期：
　　　　　2022.12.22。http://www.ntl.edu.tw/

　　2014 年教育部為全國 22 縣市 522 所公共圖書館購置 1 套由專家學者建議的「適合寶寶看的書」推薦圖書共 80 冊，充實嬰幼兒專區的圖書，並成立嬰幼兒閱讀專區（櫃），提供嬰幼兒專屬的閱讀領地，營造舒適的親子共讀環境與氛圍。另教育部也補助各縣市購書經費，以充實嬰幼兒的閱讀資源。

　　2.「多元悅讀與館藏充實計畫」。透過本計畫的補助，每年約可增加 20 萬冊圖書。依據「公共圖書館統計系統」，2016 年國人擁書率為 2.18 冊，每人借書率已提升到 3.12 冊。2013 年至 2016 年共辦理各式閱讀推廣活動 416,939 場次，65,176,844 人次參與活動。（國立臺灣圖書館）

　　3.「本土語言閱讀推廣計畫」。2014 年起，教育部挹注補助經費，鼓勵各縣市圖書館辦理本土語言閱讀推廣活動，培訓有語言能力及文化資本的志工，成為「本土語言種子志工」，藉由閱讀繪本、說故事及其他互動方式，為社區或圖書館進行本土語言教學，期待將志工的語文資產，提供給需要的家庭與社區，讓本土語言能永續長存。2014 年至 2016 年共辦理 3,683 場次，231,802 人次參與活動。見表 20。

表20　2013－2016年本土語言閱讀推廣活動統計一覽表

年度 項次	2014	2015	2016	小計
閩南語志工培訓及活動場次／人次	495/34,508	726/32,465	661/25,752	1,882/92,725
客語志工培訓及活動場次／人次	232/30,383	236/11,869	226/11,142	694/53,394
原住民族語志工培訓及活動場次／人次	135/7,898	467/41,641	475/24,524	1,077/74,063
其他活動場次／人次	0	0	30/11,620	30/11,620
總計活動場次／人次	862/72,789	1,429/85,975	1,392/73,038	3,683/231,802

資料來源：國立臺灣圖書館，《2013－2016 年「閱讀推廣與館藏充實」實施計畫成果》（新北市中和：該館，2017.12），頁 7。上網日期：2022.12.22。http://www.ntl.edu.tw/

　　4.公共圖書館館員專業知能培訓。國臺圖 2013 年至 2016 年共規劃 21 場次培訓課程，總計 1,984 人次參與。見表 21。

表21　2013－2016年公共圖書館館員專業知能培訓統計一覽表

項次 年度	研　　　　　　　　　　　　　　　　習	場次	人次
2013	嬰幼兒閱讀推廣人員專業知能培訓	4	325

項次 年度	研　　　　　　　　　　　　　習	場次	人次
2014	青少年閱讀推廣人員專業知能研習 高齡者專業知能研習	4 2	460 56
2015	iCan 閱讀推廣研習營暨標竿學習（參訪欣榮紀念圖書館、新北市立圖書館總館、高雄市立圖書館總館）	4	826
2016	閱讀培力交流暨標竿學習（參訪桃園市立圖書館新屋分館、龍岡分館、大湳分館） LibmonGo！公共圖書館閱讀推廣研習	3 4	135 182
合計		21	1,984

資料來源：國立臺灣圖書館，《2013－2016 年「閱讀推廣與館藏充實」實施計畫成果》（新北市中和：該館，2017.12），頁 8。上網日期：2022.12.22。http://www.ntl.edu.tw/

　　5.《閱讀推廣智庫文案》徵選與出版。國臺圖為將館員執行閱讀推廣活動成功的案例傳承，規劃出版「閱讀推廣智庫文案 Idea Bank」。2015 年 4 月發函縣市文化（教育）局（處）徵集已辦理具創新有學習價值的案例，撰寫成企劃文案，包括推廣對象、推廣期程、設計理念、推廣策略、所用預算、執行方式或成果、執行效益與參考資料等。計徵得 17 縣市 103 件文案，經邀請專家學者審查，共入選 41 件，並於 2015 年 12 月出版《閱讀推廣智庫=Idea Bank》紙本及光碟各乙份，除寄給全國圖書館典藏參考外，於2016 年研習培訓中，提供館員及志工學習並運用。

補助公共圖書館多元閱讀推廣計畫

　　教育部為輔導圖書館提升閱讀環境及服務品質，並鼓勵其推廣各項閱讀活動，於 2016 年 11 月訂定發布《教育部補助辦理國家圖書館及公共圖書館提升閱讀品質實施要點》。本要點先後於 2018 年 11 月、2019 年 12 月修

正。

自「閱讀植根與空間改造」（第 2 期計畫）完成後，教育部於 2017 年至 2019 年，每年依據該《要點》，持續補助各縣市公共圖書館推廣閱讀活動。

2017 年教育部委託國臺圖辦理「閱讀起步走前置作業計畫」。2018 年、2019 年教育部再委託該館辦理「2018 年補助公共圖書館多元閱讀推廣輔導團工作計畫」及「閱讀起步走活動前置作業計畫」。各縣市公共圖書館在原有（包括兩期 8 年「閱讀植根」計畫）基礎上持續精進。國臺圖規劃辦理各縣市多元閱讀推廣計畫審查，並協助推動本計畫；辦理各項分區（分北西南東區）館員研習培訓課程；辦理各項嬰幼兒閱讀活動，如邀請幼兒教育、兒童文學學術專長背景、小兒科專業醫師等共同組成圖書評選小組，協助評選並採購優良嬰幼兒圖書，採購「閱讀禮袋」圖書分送各縣市公共圖書館，製作閱讀手冊（增越南語及印尼語版本），編印《創意閱讀開麥 Library Talk：公共圖書館閱讀推廣優良文案》等；及協助各縣市辦理本土語言閱讀推廣活動。

推動嬰幼兒閱讀計畫 10 年

教育部為落實閱讀向下扎根，鼓勵親子共讀，並讓學齡前嬰幼兒體會閱讀樂趣與圖書館的良好氛圍，從小培養閱讀習慣，自 2009 年至 2016 年，兩期「閱讀植根」將「閱讀起步走——嬰幼兒閱讀推廣活動計畫」列為閱讀推廣要項，由國臺圖執行辦理。「閱讀植根」計畫結束後，持續於 2017 年至 2020 年挹注經費進行「補助公共圖書館多元閱讀推廣計畫」，將嬰幼兒閱讀併入該計畫共同辦理。2021 年將「閱讀起步走推廣計畫」獨立，持續輔導公共圖書館推動嬰幼兒閱讀並落實政策，編列預算補助公共圖書館製作圖書禮袋，辦理親子共讀相關活動。在教育部的推動下，經營 10 多年，各縣市已發展出各具特色的嬰幼兒閱讀推廣模式，每年皆會辦理多元的活動。

國臺圖藉由跨縣市、跨域合作，串聯全國公共圖書館、機關團體與基金會共同合作，提供嬰幼兒閱讀服務與相關資源、專業人員培訓等。期使

該嬰幼兒閱讀計畫延伸得更廣更深，創造加乘的加值效益。

建構合作共享的公共圖書館系統中長程個案計畫

　　教育部繼「閱讀植根與空間改造」（第 2 期計畫）之後，推出「建構合作共享的公共圖書館系統中長程個案計畫」，報奉行政院 2017 年 12 月核定，復經行政院 2021 年 3 月修正核定。計畫期程為 2019 年至 2024 年（6 年期），總預算經費 44 億 3,983 萬 5,492 元。計畫目標為「健全直轄市立圖書館營運之運作體系，並強化城市競爭力」、「建立公共圖書館協調管理之組織體系，整合縣市公共圖書館資源」，分別由「健全直轄市立圖書館營運體制計畫」、「推動公共圖書館總館——分館體系計畫」、「建立縣市圖書館中心實施計畫」、「躍升公共圖書館事業發展及服務品質計畫」等 4 個子計畫實行，由國圖、國資圖、國臺圖合作執行。

十二、出版刊物

《在地》：本土教育半年刊

　　2021 年 3 月創刊，每年 3、9 月出版，半年刊。旨在 1.推廣本土研究與教育相關的研究成果，促進本土教育知識體系的發展；2.引進世界的本土教育相關資訊，以提升本土教育的水準，並與國際交流。本刊刊載本土教育的相關研究，為兼具學術性與推廣性的半學術性刊物。內容包括學術論文、新知報導——新知與論文轉譯、本土教育課程與教學——教育經驗分享或教案實施情形、人物專訪等本土教育相關文章。第 1 期至第 4 期分別為歌留多（Karuta）、地名、地方學、在地文學專輯。本刊不以營利為目的，發送對象為全國各公立圖書館、大專校院、高級中學、國中及小學。

臺灣學研究

　　2006 年 10 月 26 日創刊，2007 年 6 月起，改為現刊名，現為半年刊，

為一研究臺灣文史方面的學術性刊物。採雙向匿名專業審查制度，符合
THCI－Core 標準的方式編輯及發行。邀集臺灣學各領域專家學者投稿，發
表深入的文史研究新論述。（參見第 4 章「臺灣學研究中心」乙節）

臺灣學通訊

2007 年 6 月 1 日創刊。自 2013 年 1 月第 73 期起改為雙月刊，每單月
中旬出刊，「以主題式方式呈現臺灣史的多元議題，讓讀者能在淺顯易懂的
閱讀中認識臺灣歷史的繽紛樣貌（鄭來長）。」2013 年 9 月 29 日起經營「臉
書粉絲專頁」提供訊息。

為配合 2019 課綱的實施，於 2019 年 7 月起，按年發行《少年福爾摩沙
特刊》乙種，期盼通過各種主題，凸顯臺灣文史的眾多樣貌，提供親子共
讀，培養文史思辨能力。尤其 12 年國教 108 課綱、課程，歷史學習以系統
性的方法、時空的交流做整體理解，並採「同心圓」帶出臺灣史、東亞
史、世界史的輪廓。（參見第八章「特色服務（一）臺灣學研究中心」乙
節）

十三、陽明山中山樓

（一）簡史

緣起

1959 年底國防研究院第 1 期畢業的研究員上將黃作霖等人欲贈送一棟
住宅為院長（即總統蔣中正）祝壽，取名嵩壽樓，由建築師修澤蘭負責設
計。當院長看過後，隨即召見修澤蘭前往士林官邸修改圖樣。修澤蘭
（1925－2016）於 1998 年 6 月 20 日在〈中山樓的設計〉演講稿中講到：
（鄭昭民、吳南葳）

我記得他笑著說，不要送他住宅，要建一座開會用的房屋。會議室要能容 800 人開會。他自己用藍色鉛筆改圖一次，後用紅色鉛筆改一次，後又用毛筆改一次。他要的是一座能容 800 人開會的地方，命名為中山樓，這是第 1 次修改。我回事務所立刻照他的指示重新設計，當我 3 天後送去草稿後，他立刻召見我，這是第 2 次改圖，他的意見在圖上用紅筆規劃出來，已將會議室放大為 1,200 人容量，1 樓、2 樓均為文官、武官辦公用。

在初步設計完成後，預算為新臺幣 1,500 萬元，總統指示本案的經費應由國家出錢，不要國防研究院畢業的學生出。但 1959 年國家經濟窮困，一時無法籌措興建費用，因此工程就停止進行。直到 1965 年秋天，研究院辦公室主任張其昀致電修澤蘭，告知蔣中正召見修澤蘭再談中山樓設計一事，中山樓的興建才重啟進行。1965 年為國父孫中山先生的百歲誕辰的前一年，同年也是中國大陸即將啟動文化大革命的前一年，因此中山樓重啟興建主要是為了紀念孫中山先生百年誕辰暨復興中華文化（鄭昭民、吳南葳）。

成立興建委員會

1965 年經總統蔣中正指示，組織「紀念國父百年誕辰中山樓興建委員會」承辦此案。主任委員趙聚鈺（行政院退輔會主任委員）、副主任委員潘其武（陽明山管理局局長），委員張其昀（國防研究院主任）、謝耿民（行政院秘書長）、郝柏村（侍衛長）、徐柏園（中央銀行總裁）、谷鳳翔（中央黨部秘書長）、黃朝琴（中央黨部中央常務委員）、馬紀壯（國防部副部長）、盧毓駿（考試委員）、陳聲簧（臺灣省政府交通處長）、李曜林（立法委員）。其中只有盧毓駿是建築專長，另聘同時期設計臺北故宮博物院建築師黃寶瑜為顧問。行政院退輔會榮工處承建。中山樓由修澤蘭設計並綜理建築及裝潢全般事宜。

施工經過

　　整地部分於 1965 年 4 月 21 日開工，7 月 31 日完成。建築部分於 1965 年 10 月 2 日舉行破土典禮。因工程開挖後發現有硫磺氣冒出，為解決硫磺氣對建築物與基地的影響，工程延期至同年 11 月 17 日才開始，又因受到陽明山地區多雨施工不易，變更設計等因素，1966 年 11 月 6 日完工，共耗時 13 個月又 4 天，實際工作天為 240 餘天，完成包含中山樓本體、兩側面寬 8 公尺，總長為 860 公尺的道路、陸橋與牌樓（王惠君）。

　　樓址原為一座小山丘，工地正於硫磺坑上，由於土質軟硬混集，硫磺氣又不斷向外噴洩，溫度高達攝氏 98 度〔地熱逼人，空氣惡劣〕，稍有不慎，施工人員隨時有性命的危險，再加上當時建築機具簡陋，越發增加工程進行的困難。〔受限於工期〕，不分晝夜 24 小時〔3 班〕輪番趕工，每日出工量多達 1,200 人次，可謂歷盡艱辛。工期之短，創下空前紀錄。（曾一士）

　　中山樓外觀宏偉，結構層層疊疊，屋頂舖蓋綠色琉璃瓦，飛簷翹角，紅簷白牆，更顯壯闊，室內陳設精心雕琢的樑柱、屏風、宮燈、古典家具，除了華麗，更是精緻。經修澤蘭檢驗實證發現不鏽鋼、鋁、木材、混凝土、柏油等，是較不受硫磺侵蝕的好建材，於是大膽採用，室內家具、裝潢也大量運用有抗硫化能力的金、玉、陶、瓷、木、石等材料來製作。桌椅都只用榫頭而不以鐵釘固定，甚至建築模板也直接用杉木柱和杉木板製成。（劉嘉韻）。

　　1966 年 5、6 月，中山樓興建委員會提出工程預算修正至 79,184,392 元，最後工程決算為 74,265,651 元興建。（總統府）

落成啟用

　　1966 年 11 月 12 日，由蔣總統親臨中山樓中華文化堂主持國父孫中山先生百年晉一誕辰暨中山樓落成典禮，發表紀念文，同時明定國父紀念誕辰為中華文化復興節。落成典禮後，中山樓於 11 月 13 日至 16 日對外開放，估 10 萬人次參訪。

成立管理單位

中山樓落成開幕後，1967 年 7 月 1 日行政院成立中山樓管理處，隸屬於行政院，由陽明山管理局局長兼任管理處主任；並設副主任 3 人，分由陽明山管理局總務科長、建設科長、財政科長兼。下轄警衛組、總務組、通信組，組長分由前特警組副組長、公園管理局副主任、前侍衛室通訊參謀兼，及設會計組。其後經數次的組織改組。

1974 年 1 月 1 日陽明山管理局改制，中山樓管理處因而改編為臺北市中山樓管理組，隸屬於臺北市陽明山管理局，主管機關是臺北市政府。1979 年 1 月 1 日臺北市陽明山管理局改制為臺北市陽明山管理處，中山樓管理組因而改編為陽明山管理處第一組。1980 年 1 月 1 日臺北市陽明山管理處遭裁撤，陽明山中山樓直屬於臺北市政府民政局，而陽明山管理處第一組則改編為臺北市中山樓管理所。

1986 年 7 月陽明山中山樓主管機關改為教育部，管理單位由臺北市中山樓管理所改編為陽明山中山樓管理所，隸屬於國立國父紀念館。其間，2000 年 9 月，國民大會基於議事的需要，要求政府將中山樓移撥作為其專屬會場之用，並已辦妥土地及建物管理機關移撥手續，至於組織法的修訂及人員移撥等事項尚未及辦理，因國民大會虛級化，不再定期召開會議，需用原因消滅，復將管理權移回國父紀念館。

行政院組織改造，2012 年 5 月 20 日國立國父紀念館移撥文化部，該館原所屬陽明山中山樓管理所於同日起卻由臺灣分館接管，自 5 月 20 日至 12 月 31 日期間由臺灣分館督管。2012 年度預算由國父紀念館執行，臺灣分館另於暫接管過渡期間相關經費的需求，則擬訂計畫陳報教育部申請補助。5 名職員由自然科學博物館納編派職，2013 年 1 月 1 日組改生效後正式納入編制。2013 年 9 月臺灣圖書館派主任秘書吳明玨兼陽明山中山樓所長。

（二）古蹟及空間活化

臺北市市定古蹟

　　陽明山國家公園於 1985 年 9 月 16 日正式成立。依內政部 2013 年 7 月 4 日公告、7 月 15 日起實施的「陽明山國家公園（第 3 次通盤檢討）計畫書」，中山樓屬國家公園園區土地劃分的「第 1 種一般管制區用地計畫的『中山樓特定用地』」。此特定用地包括原中山樓、青邨幹訓班、新北市公務人員訓練班所在的機關用地、住宅用地及部分道路用地變更，劃設面積為 11.07 公頃，約占第 1 種一般管制區計畫區的 30.30%。允許可使用項目有文教設施的研習訓練及會場展覽場所、遊憩及服務設施。應以整體規劃開發，保存國家歷史發展意義為原則。

　　陽明山中山樓於 1999 年 12 月 31 日臺北市政府公告為「臺北市市紀念性建築物」。復於 2005 年 6 月 14 日臺北市政府公告指定為「臺北市市定古蹟」，並述及未來該處進行規劃及開發行為時，有關中山樓主體建築物的維護與再利用，應依《文化資產保存法》等相關法令規定辦理。

　　臺灣圖書館所管理的範圍僅為中山樓的主體建築及戶外樓前噴水池處。該池「有幅雕塑家楊英風（1926－1997）於 1996 年應修澤蘭邀請，以殷商與周代鼎形器的饕餮文、肥遺文、夔鳳文等加上稜脊變化組構成而創作的巨型琉璃浮雕，俗稱九龍壁（吳明珏）。」

　　中山樓附近的館樓早於中山樓之前即已設立，先後作為革命實踐研究院、國防研究院及國防部總政戰部青邨幹部訓班的重要建築羣。2013 年 11 月 20 日臺北市政府公告「中山樓周邊園區文化景觀」為「臺北市文化景觀」；青邨國建館、青邨圓講堂為「臺北市歷史建築物」。重要景觀元素包括梨洲樓、舜水樓、松柏村、介壽堂、八卦升旗台等建築。

　　青邨幹訓班建築羣，多於 1956 年興建。自 2007 年原主管機關國防部釋出，交還財政部國有財產署後，即處於閒置狀態。因長久缺乏管理，現已一片荒蕪，猶如廢墟。尤其是介壽堂屋已頹敗部分塌陷，天花板大量散落

又漏水，已是廢棄的建築物。

行政院轉型規劃

　　陽明山中山樓主管機關對於中山樓暨周邊區域的再利用，尋求民間參與，前後有兩次。

　　第 1 次始自 2003 年 9 月 9 日行政院召開「促進民間參與公共建設推動委員會第 9 次會議」決議略以：「有關陽明山中山樓及青邨幹部訓練班整體規劃並依促參法引進民間參與部分，請工程會邀集相關單位組成專案小組，積極推動」。其後，行政院工程會主導，由教育部及國防部 3 部會共同成立「民間參與陽明山莊（中山樓、青邨訓練班）會展訓練相關設施專案小組」，經邀集相關單位、學者專家討論。考量中山樓具有「溫泉」、「古蹟」、「憲政故事」3 大特色，結合青邨訓練功能及資源，初步規劃研議將陽明山莊轉型為「國家級國際會議訓練中心」，採 BOT 委託民間經營。

　　第 2 次始自 2010 年 3 月 10 日「行政院國有土地清理及活化督導小組」（2009 年 12 月 2 日成立，任務編組）第 3 次會議，經建會提「陽明山中山樓及青邨幹訓班整體規劃初步構想」案，決議，「請內政部儘速於 2010 年 9 月底前擬具整體推動計畫陳報行政院，並於奉核後積極推動辦理。」（財政部國有財產署）內政部（營建署）基於陽明山公園保育、研究與教育的精神，以國際環境教育中心為定位，以全區低衝擊規劃，避免造成環境及視覺衝擊為原則。並考量提供國內優質環境教育場所的需要，規劃以環境教育設施及會議研習設施為主，並包含必要的服務設施，包含服務性住宿設施。採 OT 為委外方式。

　　內政部終未能完全符合行政院（國家發展委員會）國有土地活化政策及財務利益最大化的方向，行政院於 2013 年 11 月 28 日核定內政部免繼續主辦本案，改交國有土地主要權責機關財政部統籌活化運用。惟迄今尚無具體措施。

　　劉翼慈撰「民間參與國家公園文化資產活化執行經驗分析──陽明山及金門國家公園的案例比較」（碩士論文；指導教授林建元），針對政府規

劃陽明山中山樓暨周邊區域促進民間參與再利用案，提及：

> 囿於各式限制，12 年兩次大型規劃過程中，兵家必爭的中山樓整
> 體規劃案始終無法取得各界共識，使得此區域仍持續為中低度之
> 使用狀況，同時更是逐年消耗政府預算，卻無法提升與大眾之溝
> 通與親近性，甚為可惜。

活化古蹟規劃

　　中山樓在使用上定位為國家開會、接待國賓的場所。1972 年 12 月第 1 屆國民大會第 5 次會議移此舉行，自此之後，中山樓成為國民大會專屬議場。早期總統接見外賓，或慰勉對國家有特殊貢獻人士均常在此，以茶會嘉勉。每年教師節全國優良教師頒獎典禮等重要集會及總統國宴也均在此舉行。

　　2012 年 5 月 20 日臺灣圖書館接管陽明山中山樓。2013 年 1 月 30 日教育部邀集內政部、國防部及教授林谷芳（佛光大學）、副教授李乾朗（臺北大學）、張崑振（臺北科技大學）、經理林昌平（臺北教師會館）等學者專家，召開「活化陽明山中山樓古蹟方案」會議，獲致 5 點結論，其中第 5 點，「以『活化資產，增加收益』的方向來規劃未來中山樓開放、經營的模式。」2013 年 12 月 25 日臺灣圖書館依據會議結論揭示的活化中山樓政策目標，初擬 11 項活化策略：1.整體意象的設計；2.文創商品的開發；3.教育場域的運用（畢業典禮、校外教學、環境教學）；4.周邊活動的結合；5.古蹟動產的維護；6.導覽專業的培訓；7.會議展覽的媒合（常設展覽、特別展、兩岸友館交流展與學術研討會議、國際精品商展）；8.輕食經營的委外；9.交通路線的引入；10.行銷策略的管道；11.溫泉區域的評估，以達成「活化資產　增加收益」的發展願景。（國立臺灣圖書館，〈中山樓活化策略〉）

陽明山中山樓 OT 案前置作業計畫案

　　2016 年 3 月 25 日該館「陽明山中山樓 OT 案前置作業計畫採購案」公開招標，由鼎漢國際工程顧問公司得標。2016 年 11 月 27 日下午假中山樓會議廳舉行「陽明山中山樓 OT 案前置作業計畫公聽會」，由館長鄭來長主持。與會者有北投區湖山里里長李秋霞、立委吳思瑤辦公室助理許家睿、郭俊廷、陽明山國家公園管理處課長林計妙、學者專家教授王惠君、律師吳敬恆等。李秋霞發言：「本園區真正破落處並不是位於後方的中山堂，而是位於前方的青邨。近年來館方在營運上是相當優質，將古蹟維護得非常好，導覽解說等各方面都做得很好。我想中山樓整個區域如果沒有整體開發，是無法達到活絡的目的，對民間廠商而言，最大誘因應該是前面的青邨。」郭俊廷提到：「目前中山樓及青邨用地的管理權限並未統一。整個青邨範圍應朝向整體規劃，才能發揮園區最大效益。建議館方和陽管處再多思考。」鼎漢公司回應頗多，本文僅就相關法令及聯外交通摘錄：「本案以 OT 方式委託民間營運，工程施工多屬室內裝修工程範疇，不涉及開發行為之環境影響評估審議。惟中山樓係屬市定古蹟，相關室內裝修工程，應遵循古蹟再利用與修復計畫之指導，並依據國家公園法及相關建管法令規定，辦理室內裝修審查。交通為陽明山聯外很重要的課題，後續招商階段將要求民間機構於投資計畫書中，研擬交通影響分析與交通改善對策。」（〔國立臺灣圖書館〕，〈公聽會會議紀錄〉）

　　2016 年 11 月 21 日立法院第 9 屆第 2 會期教育及文化委員會第 12 次全體委員會議，審查 2017 年度中央政府總預算案有關教育部及所屬單位預算案，委員吳思瑤質詢：（略以）（立法院秘書處，2016.12.19）

　　一個辦公廳基地設在中和的臺灣圖書館來管遠在天邊的陽明山中山樓，這是不是怪怪的？會不會鞭長莫及啊？

　　本席從來不以觀光客的人數或者營運是賺錢還是賠錢來看這個文化資產的營運方向。你們考慮要將它 OT 出去，本席期期以為不

可。前車之鑑，內政部主管前方整個大園區，管理 5、6 個歷史建築，也要 OT，結果被打臉，因為在陽明山公園保護區裏頭，在國家公園的範圍內是不得有任何促參的新增案例，我不曉得為什麼教育部可也？內政部被打臉一個很主要理由是，中山樓應該跟它的周邊一併思考成立一個園區，而不是頭痛醫頭，腳痛醫腳，把它切割成一塊塊，再一個個 OT 出去，總結之，內政部的 OT 案夭折了。

停看聽，這麼多珍貴的文化資產，事權不統一，各唱各的調，所以應該要整合。我再問一次部長，鞭長莫及的臺灣圖書館適合管理這個場所嗎？甚至教育部適合管理這個場所嗎？或者可以把它移交給其他部會，讓內閣總體思考，不是嗎？

我要求，中山樓要有長期的發展，中山樓活化再利用案應該要與整體園區的長遠定位、保存、發展合併思考。短期的檢討，臺灣圖書館鞭長莫及，現在活化使用的狀況是不行的，應該要檢討提升。你們現有一筆 1 億 5 千萬元的預算要用來做大博物館計畫的〔案：指「智慧服務　全面樂學──國立社教機構科技創新服務計畫」，期經由數位學習的方式，帶給學生和民眾透過教育部所屬圖書館暨博物館等 10 個機構所提供的資源永續學習〕，這可以把中山樓納入，提升它的位階〔意指：教育部所屬 3 級或 4 級機構〕，這也是一個選項。

最後一個要求，在這些問題沒有盤點清楚之前，OT 案請暫緩，OT 案請停看聽，OT 案要擴大與民間的多元對話。

陽明山中山樓 OT 案因里長和民代的質疑和反對而停止進行。「改為『政策上自己活化』，盡量吸引民眾到訪，並讓場地廣為利用。除了每年定期舉辦寫生、展覽、頒獎典禮（如師鐸獎）等活動外，設計了學習單，爭取成為校外教學場地，更引進『虛擬實境』（VR）和『擴增實境』（AR）技術，幫

參觀加值。」（陳至中）

甄選中山樓 LOGO 標誌

2014 年初，該館為了讓更多的民眾認識中山樓，並行銷中山樓，特別透過公開甄選方式，廣徵各界創作「中山樓 LOGO 標誌」。LOGO 標誌力求簡單、深寓意涵，且兼具視覺美感，使民眾能清楚辨識該館中山樓，並提升中山樓品牌形象。請以該館中山樓典藏、展示、教育推廣和服務內容等為主題，並創作出具創意且辨別度高的 LOGO 標誌。2014 年 3 月 31 日截止收件。南華大學創意產品設計學系學生王健宇獲得陽明山中山樓 LOGO 標誌文創商品第 1 名。

（三）參觀導覽服務

開放參觀及場地利用

自 2005 年 6 月 7 日國民大會功成身退，走入歷史，中山樓即局部開放民眾參觀。2013 年 8 月 26 日起實施參觀導覽門票收費。依 2020 年 12 月 30 日公告的收費標準，分全票 100 元，各種優待票價 80 元、60 元、50 元及免票等票種。每日固定開放 4 個時段（09：00、10：30、13：30、15：00）提供民眾（10 人以下散客）參觀導覽服務。每場次參觀上限人次為 300 人，不開放自由參觀，須於上開時段跟隨導覽行程。10 人以上團體，採預約制，5 日（含）前預約，專人安排導覽服務。針對中山樓的歷史、人文、地理、建築等特色，提供國、臺、客、英、日等 5 種語言解說。另一種 AR（擴增實境）/VR（虛擬實境）多媒體參觀，採預約制，目前僅提供國語解說，穿戴器具，使用 VR 頭罩時，須全程配戴衛生眼罩。收費 80 元，憑該票券購買中山樓自製文創商品折抵 50 元。

中山樓目前提供 1 樓文化堂、會議廳，3 樓大餐廳（可容納 2,000 人）、廚房及配菜間、全樓等場地使用服務。一日分 3 場次：08：30－12：30、13：30－17：30、18：00－22：00。收費標準（每場次）：文化堂 2 萬元、

會議廳 5 千元、大餐廳 2 萬元、配菜間 1 萬元，全樓包括上開場地外，還有 1 樓圓廳、正門外及核准的公共區域，（08：30－22：00）14 萬元，均另加百分之 5 營業稅。

另開放民眾進行婚紗暨平面攝影，每日可使用時段分為 9：30－11：30、13：30－15：30、15：30－17：30，每時段費用 1 仟元。

辦理「科技創新展示暨宣導推廣計畫」

經由教育部 2017 年度的補助，辦理「中山樓科技創新展示暨宣導推廣計畫」，推出「數位科技特展」。其目的在彰顯中山樓兼具觀光、文化、憲政、建築、歷史及教育等多面向價值，期透過跨領域與跨平臺的整合，包括數位化科技技術、內容數位化的虛實整合運用，將中山樓 50 年來的憲政、人文、藝術與近代史實，以全新科技導覽體驗，賦予中山樓創新的展示面貌，使深入瞭解中山樓之美。包括「中山樓故事展」（2017），以高科技的 VR、AR 等與多媒體互動科技整合影像、聲音與文字，重新詮釋中山樓建築美學、憲政歷史及藝術珍藏；「中山樓創藝之旅 四季互動特展」（2019），以陽明山公園內四季特色為主題，透過剪影藝術與多媒體數位互動裝置，呈現中山樓春櫻、夏蝶、秋楓、冬雪風情；「憲政歷史的長廊」，有系統呈現中山樓民主憲政發展過程及史實。

籌辦展覽

每年籌辦特展吸引民眾入樓遊賞，如1.「悠郵中山樓郵票展」（2014），分 5 大主題，展出「歷史印記——中山樓」（6 套）、「永懷領袖」（5 套）、「行憲紀念」（5 套）、「總統就職」（6 套）、「歡慶建國」（6 套），共計 28 套珍貴郵票。2.「天目熒星——天目燒陶藝特展」（2015），邀陶藝家、臺灣工藝家吳宗義展出所創的天目釉瓷百餘件，取「熒」的本意為眩惑的火花，說明天目釉的變化如同無盡的星空，光彩奪目，變化無窮。3.「多媒體互動展覽裝置」（2016），設有「中山樓的歷史風華」、「中山樓之美」、「資訊櫥窗」、「拍照留影」等互動體驗功能，及「影音櫥窗」電視牆輪播中山樓相

關史料影片，與中山樓原有燈箱並列展覽。4.「來去中山樓喝茶趣去暑」，提供「從臺灣茶喝出中華文化特展」暨相關體驗活動（2016）。

　　中山樓另設常設展覽，如 1.「國父史蹟建築模型展」（2 樓走廊），係 2006 年逢中山樓落成啓用 40 週年，將各地孫中山紀念館所贈送的各館建築模型集合展出，共 17 件，包括臺北、北京、南京、上海、廣州等地。2.「憲政發展史展」（1 樓大廳），以中山樓原製作燈箱展示，展出精挑珍貴照片。3.「王秀杞雕塑展」（3 樓走廊），共 14 件，材質為玻璃纖維強化塑膠（Fiberglass Reinforced Plastics），以關公雕塑為主。

（四）教育場域的運用

　　開創適合年輕學子的參觀學習計畫，如「畢業典禮 in 中山樓」、「校外教學 in 中山樓」、「環境教育 in 中山樓」，鼓勵各級學校於中山樓辦理校外教學及畢業典禮，推動中山樓成為環境教育設施場所。（國立臺灣圖書館，〈中山樓活化策略〉）

辦理「小小文青夏令營」

　　自 2014 年首次辦理中山樓暑期夏令營活動「趣遊中山樓暑期體驗營」，第 2 年起確定活動名稱為「小小文青夏令營」，年年舉辦迄今。如 2016 年「夏日探險尋寶趣」、2017 年「快樂 fun 暑假」、2020 年「小小文青・英語小尖兵」。2022 年 7「小小文青・魔法森林夏令營」分 3 梯次，每梯次 2 天（不過夜），以國小中高年級學童為主要對象，每梯次 35 人。活動內容有認識在中山樓周遭的築巢昆蟲、解密中山樓的建築材料和素材、藉「我是小小建築師」講說來培養兒童觀察力及團隊精神、中山樓模型 DIY、在森林中學習簡易英法語兒歌、踏查中山樓周邊硫磺地質與觀察自然生態等。其他每年舉辦的活動還有「國際生物多樣性日嘉年華」（2016 年起）、「樂遊中山樓 偏鄉學校及弱勢學生戶外教育活動」（2018 年起）。

辦理「國際生物多樣性日嘉年華」活動

　　「國際生物多樣性日嘉年華」係響應聯合國推動的保育活動。1992 年 6 月 5 日在巴西里約熱內盧的地球高峰會各國簽署了《生物多樣性公約》（*Convention on Biological Diversity*；全 42 條）。為增進民眾對本議題的關注，進而達到推動生物多樣性的保護、永續利用及公平分享 3 大目標，訂定 5 月 22 日為「國際生物多樣性日」（International Biodiversity Day）。中山樓為配合這個國際性的日子，及教育部環境教育推廣政策和中山樓活動計畫，自 2016 年起，每年舉辦「國際生物多樣性日嘉年華 人文·生態之旅」活動，旨在使一般民眾及學生能夠愛護自然環境及認識中山樓。

辦理祖父母節活動

　　2017 年 8 月 26 日配合教育部全國祖父母節活動，辦理「代代相傳·中山樓幸福好時光」活動，以三代同堂或祖孫（隔代教養）家庭為對象（每家庭參加人數為 2－5 人）。分上下午兩梯次，活動項目有「湖山嬉遊記暨全體大合照」、DIY 禪繞畫和娟印製作、全家大合照等，期盼使祖孫、父母、子女間的家庭關係更緊密，進而達到世代傳承的永續經營精神，營造一般幸福美好的時光。

辦理「偏鄉學校及弱勢學生戶外教育活動一日遊」

　　「樂遊中山樓 偏鄉學校及弱勢學生戶外教育活動」由中山樓設計涵蓋國小至高中 5 個學習階段的活動課程及學習單；學習資源分為「名家藝術珍品」、「建築與裝飾」、「自然環境」、「歷史沿革」、「統整學習」5 大類及周邊環境生態教育課程。活動內容：1.主題導覽：「中山樓樓內導覽——5 大學習資源」、「中山樓周邊環境教育」（2 擇 1，課程時間 60 分鐘）；2.DIY 活動（3 擇 1，課程時間 30－40 分鐘），包括影繪宮燈、娟印體驗及黏土御鉛筆。以學校或團體為申請對象，計 15 梯次。每梯人次以最多 36 位同學及 4 位帶領人員；最少 20 位學生參與。館方補助交通費，北北基桃竹縣（市）10 梯次，每梯次補助上限 6,500 元；其他地區 5 梯次，補助上限 9,500 元。各梯

次活動後要繳交成果報告（表格式）至少 3 則，內容為參與目的及動機、活動成果、心得分享、建議事項、活動照片、其他（影片或學習單）的相關電子檔或原始檔案。2021 年本活動因疫情影響延至 2022 年 4 月 30 日辦理。並為串聯陽明山軸帶文化館，學校若自行規劃第 2 日學習行程，建議 4 種活動方案：1.科學人文生態之旅：科教館、陽明書屋；2.自然人文之旅：竹子湖、二仔坪；3.文青知性之旅：華岡博物館／歐豪年美術中心、林語堂故居；4.硫金歲月，硫金年代：小油坑。

開辦「英語劇場教師研習營」

2022 年 7 月開辦「中山樓創意與 5Q 獸英語劇場教師研習營」，研發以中式建築屋簷的走獸裝飾所演變成 5Q 獸——好學龍、火爆鳳、淘氣獅、帥氣馬、正直鷹（中山樓吉祥物）的角色與故事，發展適合 1 至 6 年級國小學童的英文教案，讓學童能在有趣的故事與遊戲之中，增進英文的能力和對中山樓的瞭解。本研習營分 2 梯次各 1 天，每梯次 50 人。以幼兒園及國小 1 至 6 年級教師為對象，期盼能活用本教案資源於學校雙語教學。

結合周邊活動

中山樓持續與陽明山國家公園管理處、臺北市政府等單位聯合辦理多項活動，如陽明山花季、海芋季、蝴蝶季及陽明山國際路跑賽等活動；他如「中山樓 228 花鐘響起音樂會」（2014）、「花漫中山樓，一日閱讀導覽行」（2015）等。

媒合會議活動

國內外國際大型會議與活動選在中山樓舉行，如「NGO 國民大會 III－NGO 的雲端暨公益組織望年會」（2014）、「中華民國圖書館學會年會」（2014）、「法國馬爹利酒莊 300 週年慶」（2015）、「法拉利臺灣第 7 屆拉力賽及新車發表會」（2015）、「亞洲廣告會議臺北大會」（2015）、「國民黨第 19 屆全代會第 4 次會議」（2016）等。

2016 年中山樓入選臺北市政府觀光傳播局 20 大會展旅遊場地推薦

（MICE；Meeting、Incentive、Conference、Exhibition），讓各具特色的場地凸顯不同活動的意義。臺北市政府鼓勵會展旅遊業者在臺北市舉辦國際會議、展覽及獎勵旅遊，並提供優惠獎勵措施。

（五）展演活動

舉辦音樂舞會

2018 年 4 月 28 日舉辦「『華麗邂逅 舞力全開』音樂舞會及搖滾音樂節」，自 15：00 起假 3 樓國宴廳舉行。先是大型交響管樂團（53 位演奏家及指揮）演奏及搭配現場佛朗明哥舞蹈表演。次以舞會的形式進行，10 隊國標舞者演出，同時邀請現場觀眾在舞者帶領下一起共舞。末以時下流行舞曲，開放觀眾一起飆舞尬舞。同年 9 月 15 日 13：30－20：30 又舉辦「中山樓搖滾音樂節」，邀頂尖樂團接力唱。惟因颱風，由戶外廣場移大會堂辦理。現場結合上開「中山故事展」、「中山市場」（文創小物和美食）、「中山練字房」（文房四寶揮毫）等活動。

辦理 3 季展演音樂舞會

2019 年舉行春夏秋 3 季展演音樂舞會，分別是 3 月 16 日舉辦「Rock in 中山樓 舞力全開」，自 14：00 起假戶外廣場舉行。邀請臺北市政府花季「閃耀櫻花舞蹈」熱舞比賽獲獎的前 10 名隊伍，及東吳大學、臺大椰風搖滾社等演出。除表演外，特別規劃「彩繪廣場區」供民眾塗鴉、「二手書贈閱」，並進駐數部胖卡餐車販賣各式餐點。7 月 27 日舉辦「中山樓夏季『民歌新唱』音樂會」，自 14：30－17：30 假 3 樓國宴廳舉行，為民眾帶來懷舊的民歌演唱，演出前 1 小時規劃彩繪廣場區、泡泡奇蹟區、氣球達人區活動及胖卡餐車輕食區。10 月 5 日舉辦「白晝之夜 in 中山樓 阿根廷探戈探源慶典」，自 18：30－22：00 假國宴廳舉行。邀請外國大師級國寶級陣容蒞臨演出，並開放臺灣民眾報名體驗阿根廷探戈舞風。

舉辦音樂會

2020 年 8 月 29 日舉辦「中山樓夏日風情『恰似你的溫柔』音樂會」，自 14：00 起假國宴廳舉行。邀請名歌手演出，帶來民歌、臺灣歌謠、國語流行金曲、著名世界名歌等。另「戶外親子活動」安排胖卡餐車、古早柑仔店，及翻花牌、踩高蹺、打陀螺、踢毽子、泡泡機等互動遊戲。

舉辦熱舞比賽

2022 年 2 月 20 日下午舉行「中山樓飛 YOUNG 青春熱舞比賽」，分大專、高中職兩組，採組團 2 至 8 人比賽，先於 2 月 9 日經審查參加競賽者提供 2-3 分鐘比賽舞蹈影片，初選各 5 隊隊伍頒發獎狀並進入決賽；2 月 20 日入圍隊伍 13：00－17：00 假戶外廣場進行決賽，每隊比賽時間限 5-8 分鐘，評分標準：舞蹈技巧（30%）、造型創意（30%）、音樂融合度（20%）、臺風（20%），兩組各取 3 名，除頒發獎狀乙幀外，另致前 3 名獎助學金各為 30,000、20,000、10,000 元。比賽結果大專組及高中職組第 1、2、3 名，分別是臺北市立大學（SINGLE）、臺北市立大學（非學校型態實驗教育）、中國文化大學（文化大學帥氣鎖匠）及臺北市立華江高中（HRC Beast Lady）、南強工商（Damelo）、華岡藝校（奶油小生）。

（六）中山樓 50 週年慶

2016 年中山樓慶 50 週年，以「中山樓精彩 50 重現風華」為主軸，首自 10 月 1 日至 11 月 19 日假中山樓中華文化堂舉辦「中山樓 50 週年慶系列講座」，計有關中山樓的建築、藝術、歷史與生態等主題 10 場，分由李乾朗、王鑫、李福鐘、凌春玉、林煥盛、陳甫強、楊仁江、李婉慧、李培芬、王秀杞主講。

2016 年 11 月 12 日當日中山樓全面開放，免費參觀。並假中山樓 3 樓國宴廳舉行陽明山「中山樓 50 週年樓慶典禮」暨茶會及系列活動。典禮中頒獎：中山樓興建建築師修澤蘭（1925－2016）暨〔工程師〕傅積寬以表

彰當年建樓功績（由傅積寬及子傅德修領取）、季康家人〔案：2014 年 9 月 8 日季康孫女季瑞麟以電子郵件致函中山樓所長希捐款修復仕女屏風〕捐款修復季康仕女屏風與花鳥屏風畫作、葉貞吟捐款贊助中山樓整修及樓慶活動。並舉辦「憶往萌新——中山樓老照片文物特展」，「季康屏風畫作修復紀錄片首映暨專題演講」，邀請本修復拍攝計畫的凌春玉介紹計畫始末及畫作欣賞。

其他系列活動還有 2 樓「元首休息室限定開放參觀」（平時並不開放），包括蔣中正總統辦公室、蔣夫人宋美齡休息室、蔣經國總統休息室、兵棋推演室等。1 樓文化堂「國民大戲院」，放映 4 場：1.風華無限——中山樓介紹影片；2.跫音 50 新局——中山樓 50 週年紀念影像；3.季康屏風畫作修復紀錄片；4. 中山樓興建影像。1 樓文化堂川堂特設紀念郵戳臨時郵局。

戶外廣場還有「嘉年會園遊會」、「中山樓之美寫生彩繪比賽」兩項活動。前者邀請鄰近里民及民眾參加，展示攤位包括認識國立臺灣圖書館及中山樓、闖關贈書活動、50 週年紀念文創品銷售、DIY 手作坊等；後者的主題為「中山樓建築及周邊景觀」，分成國中組、國小高中低年級組、幼兒組進行。

該日還發行《跫音五十開新局：陽明山中山樓 50 週年紀念特刊》乙冊，分「建樓偉業」、「見證歷史」、「國民大會」、「建築工藝」、「憶往萌新」等 5 章，末附「大事記」。

（七）典藏和維護

典藏當代名家作品

走進中山樓大門，1 樓圓廳中央，映入眼簾的是國父孫中山先生的座像。1988 年中山樓透過公開徵選，由林木川（1937－　）入選。他以法國朗度斯基（Paul Maximilien Landowski，1875－1961）所雕塑的南京中山陵國父座像（1930.11.12 揭幕）為原型，為避免琉磺侵蝕，以玻璃纖維製作。座

後左右兩邊白色大理石牆壁懸掛何金海、張志湯（1893－1971）繪圖並由景德鎮燒製春（96x43x1.6cm）、夏（96.5x42.2x1.5cm）、秋（96.2x42.5x1.5cm）、冬（96.5x43.2x1.5cm）4 季淺絳山水風景瓷畫，係 1936 年江西省民祝賀時任國民政府軍事委員會委員長蔣中正五秩壽誕的壽禮，原懸掛於士林官邸。該瓷畫是景德鎮百年來的傑作之一，為中山樓書畫類鎮館之寶。另 1 樓會議廳還有許九麟（1915－）繪國父肖像油畫，是難得的人物肖像作品。

　　中山樓各廳室有當代名家的巨幅字畫，或為屏風，或為懸掛壁上。包括（依年計序）、鮑少游（1892－1985，名紹顯；雨中春樹萬人家）；馬壽華（1893－1977；墨竹圖、梅花柱石）；汪亞塵（1894－1983，名松茂；紫藤游魚）；黃君璧（1898－1991，名韞之；松蔭觀瀑、山雲）；林玉山（1907－2004，名英貴；雙鹿松濤）；高逸鴻（1908－1982；雄姿英發、荷花圖、牡丹雙貓）；胡克敏（1909－1991；牡丹）；季康（1911－2007；仕女屏風，3 聯 8 扇屏風，118x41cm）；（書畫屏風）由季康畫（正面主屏八駿圖、後面主屏四季花鳥畫）、王壯為書（1909－1998，名沅禮；後面主屏蘇軾梅花詩）；李曼石（1911－ ；牡丹蜂蝶）；曾后希（1916－1999；子貢連騎圖）；孫雲生（1918－2000；霍山瑞靄）；陳丹誠（1919－2009，名衷；高視萬方）；江兆申（1925－1996；山水屏風）；胡宇基（1927－ ；荷花圖）；李汝匡（1927－ ；孔雀）；歐豪年（1935－ ；柳鷺圖、老鷹浪濤、獅吼、一鳴天下白、山高水長、松鳥、荷花、駿馬圖等）；及為總統蔣中正八秩華誕祝壽，分別由馬壽華（松竹梅三清）、劉延濤（1908－1998；山水）、邵幼軒（1915－2009；花鳥）、張穀年（1905－1987，名莘；山水）、季康（麻姑獻壽）、傅狷夫（1910－2007，名抱青；古木靈芝）、江兆申（海屋添籌）、陳丹誠（梅石圖）8 人完成八聯屏畫後，再交付新竹玻璃公司以細緻的噴砂技術製作的（祝壽玻璃屏風）等等。（林淑女）

維護動產及古蹟

　　中山樓典藏當代名家作品，有瓷版畫、油畫、水墨書畫。「入藏的水墨

書畫落款時間，集中於 1967 年至 1970 年 4 年間（吳明珏、樓文甯）。」其中經過文化資產主管機關指定登錄為「珍貴動產」的藝術珍品共 20 件，如包括何金海、張志湯〈四季瓷版畫〉、許九麟〈國父肖像油畫〉各 1 件，及水墨作品 18 件，如馬壽華〈墨竹圖〉，汪亞塵〈紫藤游魚〉，黃君璧〈松蔭觀瀑〉，林玉山〈雙鹿松濤〉，高逸鴻〈牡丹雙貓〉，季康〈仕女屏風〉，季康、王壯為〈書畫屏風〉，曾后希〈子貢連騎圖〉，江兆申〈山水屏風〉，胡宇基〈荷花圖〉，歐豪年〈一鳴天下白〉等等知名畫作，全都是具有文化性、歷史性、藝術性或稀有性的重要文化資產。（吳明珏）因為空間環境與硫磺氣不利保存，業於 2014 年 12 月經獲科技部經費，邀請書畫修復師與專家完成「陽明山中山樓珍貴動產數位化及仿製品製作計畫」，除歐豪年作品仍維持真跡原樣掛置外，其餘予以複製方式呈現，真跡原件都入藏臺灣圖書館。（吳明珏、藍玉琦）2015 年至 2016 年邀修復師林煥盛團隊，費時 18 個月，完成修復及紀錄季康〈仕女屏風〉、〈書畫屏風〉，妙手回春，重現原畫原貌。（吳明珏）

由於長年受大屯火山羣硫磺侵襲，又曾經歷數起強烈地震，亟需尋求財源，將主體建築物結構予以修護補強。中山樓古蹟維護已完成「『屋頂防水防漏工程』、『前棟建築物結構修復補強暨 1 樓廚房及牌樓修復工程』等多項建物整修及重新彩繪工程。」（吳明珏）

（八）開發文創產品

中山樓自 2014 年底，完成上開「陽明山中山樓珍貴動產數位化及仿製品製作計畫」，便開始自行開發設計製作文創品。「用創新設計手法，讓中山樓『建築美學』及『珍貴畫作』，變身為結合文化底蘊的創新設計並結合相關商品的設計策略，保存並注入創新的成功方程式，融入美學的文化，讓文創深耕於生活美學實用商品」。（吳明珏、樓文甯）

中山樓已開發的產品，依館藏主題可分為「建築之美系列」、「彩繪美

學系列」、「季康大師仕女、花鳥畫作系列」，以中山樓外部（外貌）、內部裝潢明清兩代圖案彩繪、古典家具、宮燈、金箔寶相花、季康〈仕女屏風〉中的圖樣，應用於製作馬卡龍 T-Shirt、帽子、文青小書包、文青兩用側背包、御簽筆組、書籤、筆記本、零錢包、寶相花桌墊、絲巾、咖啡杯盤組、屏風 L 夾（組）、個人化郵票組等文創產品。

（九）召募志工

中山樓管理所人力有限，仰賴導覽志工協助解說導覽服務。該所召募年滿 20 歲以上或大專以上在學學生，提供其職前及在職訓練，包括認識中山樓歷史與文物、認識中山樓建築藝術、中山樓古蹟的維護、認識中山樓 6 大主題展示、說話的藝術、中山樓業務簡介、中山樓導覽觀摩，及邀請實務界專家學者辦理各類志工學習成長的研習課程。並編訂《山中傳奇——陽明山中山樓導覽手冊》，供參考應用。

此外，為配合校外教學、環境教育等教育場域的提供，亦須召募具教育活動設計專業的志工，設計活潑有趣的課程，使各校師生在「寓教於樂」的活動中認識中山樓的憲政歷史、建築美學及及自然生態與景觀。（國立臺灣圖書館，〈中山樓活化策略〉）

（十）出席學術研討會及參訪

出席學術研討會及參訪

2015 年 11 月 23 日－28 日該館派主任秘書兼陽明山中山樓所長吳明玨、編審余思慧、組員王松弘，出席在重慶舉辦的「第 27 次孫中山宋慶齡紀念聯席會議暨國際學術研討會」，及參訪南京中山陵、南京孫中山紀念館、南京圖書館、上海孫中山紀念館、上海圖書館、上海少年兒童圖書館。（吳明玨、余思慧、王松弘）

　　2016 年 11 月 22 日－26 日該館派曾添福和約僱人員樓文甯，出席在廣東中山市舉辦的「第 28 次孫中山宋慶齡紀念聯席會議暨國際學術研討會」，並參訪中山市翠亨村孫中山故居紀念館，及北京宋慶齡故居紀念館、香山碧雲寺、北京青少年圖書館、國家圖書館。（曾添福、樓文甯）

參訪孫中山紀念館

　　2019 年 8 月 7 日－11 日該館派閱覽典組組員賴怡君和人事室李秀緣，參訪上海孫中山先生故居紀念館、上海宋慶齡故居紀念館、上海圖書館、南京總統府、南京中山陵、南京圖書館、金陵圖書館。（賴怡君、李秀緣）8 月 21 日－25 日復派主任秘書吳明珏、編輯許玟瓊、約僱廖靜杏，參訪馬來西亞檳城的孫中山檳城基地紀念圖書館、檳城孫中山紀念館、光華日報社、檳城數碼圖書館（Penang Digital Library）、孔聖廟中華學校圖書館、檳城蝴蝶公園。（吳明珏、許玟瓊、廖靜杏）

徵引及參考文獻書目

二畫－四畫

（日）又吉盛清著、潘淑慧譯，〈臺灣教育會雜誌──再版記及內容介紹（上）〉，《國立中央圖書館臺灣分館館刊》3：2（1996.12），頁67－88。

（日）又吉盛清著、潘淑慧譯，〈臺灣教育會雜誌──再版記及內容介紹（下）〉，《國立中央圖書館臺灣分館館刊》3：3（1997.03），頁76－90。

于國華、吳靜吉，〈臺灣文化創意產業的現狀與前瞻〉，《二十一世紀雙月刊》133（2012.10），頁82－88。

王振鵠，〈國立中央圖書館臺灣分館建館九十週年誌慶〉，載於：國立中央圖書館臺灣分館編，《根的回響──慶祝建館九十週年論文集》（臺北縣中和市：編者，2005.08），頁7－8。

王振鵠，〈我國圖書館事業之現狀與展望〉，載於：國立中央圖書館編，《中華民國圖書館年鑑》（臺北：編者，1981.12），頁11－17。

王振鵠，〈現代圖書館的功能〉，《幼獅月刊》46：5（1977.11），頁38－40。

王振鵠，〈三十年來的臺灣圖書館事業〉，《圖書館學與資訊科學》1：2（1975.10），頁41－69。

王振鵠，〈暑期研習班之回顧與前瞻──第11屆圖書館工作人員研習會報告〉，《中國圖書館學會會報》19（1967.12），頁23－28。

王振鵠、胡歐蘭、鄭恒雄、劉春銀，《臺灣圖書館事業百年發展》（臺北：文華圖書館管理資訊公司，2014.07）。

王淑儀，〈圖書館員推動兒童閱讀之角色探討──兼論本館推動兒童閱讀的問題與期許〉，載於：李玉瑾、孟文莉編，《歷久彌新──新館營運週年特刊》（臺北縣中和：編者，2005.12），頁203－219。

王淑儀、吳奕祥，〈分齡分眾與多元的終身學習新園地〉，載於：《我與圖書館的故事——國立臺灣圖書館更名紀念專輯》（新北市中和：該館，2013.02），頁 304－321。

王會均，〈海南暨南海學術研討會〉，《國立中央圖書館臺灣分館館刊》2：2（1995.02），頁 115－117。

王惠君，《解開中山樓建築之謎》（新北市中和：國立臺灣圖書館，2018.12）。

王愛珠，〈國立中央圖書館臺灣分館參考服務之現狀與願景〉，載於：國立中央圖書館臺灣分館編，《根的回響——慶祝建館九十週年論文集》（臺北縣中和：編者，2005.08），頁 409－430。

王麗蕉、黃燕秋、李依陵，〈臺灣現存日治時期圖書館舊藏概況及其數位典藏發展〉，《國家圖書館館刊》2012：1（2012.06），頁 1－21。

中央通訊社、李怡瑩等，〈公共出借權試辦首年只發了 40 萬，出版社疾呼簡化流程〉，《數位專題》，上網日期：2022.02.14。
http://cna.com.tw/project/20211222public-lending-right/

五畫

立法院秘書處，《立法院公報》1（1929.01）－130（1944.03），月刊，南京。1（1951.07.30）－2/3（1951.09.30），月刊，臺北；第 1 會期第 1 期（1953.04.05）－第 39 會期第 7 期（1967.06.02），月刊，臺北；56：1（1967.06.03）－迄今，半週刊，臺北。
〈審查「國立中央圖書館臺灣分館組織條例」草案〉，66：1（1977.01.01），頁 12－23。
〈審查「國立中央圖書館臺灣分館組織條例」草案〉，66：4（1977.01.12），頁 16－32。
〈教育部蔣彥士部長報告國立編譯館、國立中央圖書館、國立教育資料館工作概況〉，66：10（1977.02.02），頁 33。

蔡勝邦，〈建議維持中央圖書館臺灣分館〉，76：101（1987.12.19），頁 75
－76。

〈教育首長率同國立中央圖書館（含臺灣分館）等單位首長列席報告業
務概況〉，82：71（上）（1993.12.15），頁 249－341。

〈立法院第 3 屆第 1 期第 10 次會議議事錄：質詢事項，本院委員柯建銘
等 21 人臨時提案〉，85：20（上）（1996.05.11），頁 567。

〈立法院第 4 屆第 5 會期第 3 次會議紀錄質詢事項：本院謝委員啓大：
「國家圖書館臺中館」必須維持其為中央 3 級機關，以符名實〉，90：9
（2001.03.14），頁 231－232。

〈行政院函送謝委員啓大就國家圖書館臺中館之機關層級問題所提質詢
之書面答復〉，90：26（三）（2001.05.19），頁 27－28。

〈立法院第 5 屆第 1 會期法制、教育及文化委員會第 1 次聯席會議紀錄：
併案審查立委陳景峻等擬具及行政院函請審議文建會組織條例部分條文
修正草案暨各附屬機構組織章程草案〉，91：49（上）（2002.07.17），頁
49－109。

〈立法院第 6 屆第 2 會期教育及文化委員會第 8 次全體委員會議紀錄〉，
94：68（二）（2005.11.25），頁 447－449。

〈立法院第 6 屆第 2 會期教育及文化委員會第 11 次全體委員會議紀錄〉，
94：74（二）（2005.12.13），頁 291－344。

〈立法院第 7 屆第 2 會期第 12 次會議紀錄：臨時提案，立法委員林鴻池、
盧秀燕、費鴻泰等提案〉，97：71（2008.12.18），頁 308－309。

〈立法院第 7 屆第 4 會期司法及法制委員會第 5 次全體委員會會議紀錄〉，
98：52（2009.10.08），頁 451。

〈併案審查行政院、考試院函請審議「中央政府機關總員額法草案等」立
法委員盧秀燕質詢〉，98：52（2009.10.08），頁 492－494。

〈審查行政院函請審議「教育部組織法修正草案」及部屬 10 個機關
（構）組織法草案等 11 案〉，100：30（2011.04.28），頁 1－6。

〈審查行政院函請審議「教育部組織法修正草案」及部屬 10 個機關（構）組織法草案等 11 案〉，100：30（2011.04.28），頁 64、73、125、131、134－137。

〈併案審查「教育部組織法修正草案」等──協商後處理〉，100：49（三）（2011.06.22），頁 1332－1333、1343－1348。

〈立法院第 7 屆第 7 會期第 9 次會議議事錄：林德福等連署提案〉，100：31（二）（2011.05.03），頁 134。

〈國立臺灣圖書館組織法草案──完成三讀〉，101：1（2012.01.31），頁 91－92、98－100、97－99。

〈立法院第 7 屆第 8 會期第 1 次臨時會第 1 次會議議事錄〉，101：1（2012.01.31），頁 119－120。

〈教育部國立中央圖書館臺灣分館組織條例──通過廢止〉103：3（一）（2014.01.07），頁 353－182。

〈立法院第 8 屆第 5 會期第 10 次會議紀錄：圖書館法部分條文修正草案──交黨團協商〉，103：37（三）（2014.05.27），頁 194－206。

〈立法院第 8 屆第 6 會期黨團協商會議紀錄〉，104：09（2015.01.05），頁 177－206。

〈立法院第 9 屆第 2 會期教育文化委員會第 12 次全體委員會議紀錄〉，105：99（2016.12.19），頁 155－254。

六畫

行政院公報編印中心，《行政院公報》011：001（2005.01.03）－迄今。日刊。2005 年 1 月 3 日行政院整合 18 各部會公報為《行政院公報》，2016 年 1 月起停止紙本，改為「行政院公報資訊網」，以電子報方式提供線上閱覽。

〈教育部令訂定《教育部國教署處務規程及編制表等 15 種》〉，《行政院公報》019：003（2013.01.04），頁 939－943、968－971、960－963。

七畫

沈寶環,〈自序〉,載於:沈寶環,《徘迴集》(臺北:臺灣學生書局,2004.03),頁 I—IV。

沈寶環,〈無限的懷念,虔誠的祝福〉,載於:國立中央圖書館臺灣分館推廣組編,《國立中央圖書館臺灣分館建館 78 週年暨改隸中央 20 週年紀念論文集》(臺北:編者,1993.10),頁 1-12。

沈寶環、袁美敏,〈人物專訪 圖書館界的巨擘——訪臺灣大學圖書館學系暨研究所沈寶環教授〉,《臺北市立圖書館館訊》3:3(1986.03),頁 60-63。

沈寶環,〈序〉,載於:嚴文郁,《中國圖書館發展史——自清末至抗戰勝利》(臺北:中國圖書館學會,1983.06),頁 9—19。

宋建成,〈公共圖書館事業發展〉,載於:陳雪玉主編,《公共圖書館》(中華民國圖書館事業百年回顧與展望;04)(臺北:五南圖書出版公司,2014.12),頁 3-43。

宋建成,〈我國近代圖書館事業發展〉,載於:黃元鶴、陳冠至主編,《圖書館人物誌》(中華民國圖書館事業百年回顧與展望;12)(臺北:五南圖書出版公司,2014.01),頁 4-46。

宋建成,〈徹骨寒爭得撲鼻香〉,載於:《我與圖書館的故事——國立臺灣圖書館更名紀念專輯》(新北市中和:該館,2013.02),頁 130-133。

宋建成,〈百年來臺灣公共圖書館事業紀要〉,《臺灣學通訊》56(2011.08),頁 2-3。

宋建成,〈臺灣公共圖書館史〉,《圖書與資訊學刊》63(2007.11),頁 36-46。

宋建成,〈臺灣的公共圖書館史〉,載於:政治大學圖書資訊與檔案學研究所編,《臺灣圖書館事業與教育史研討會論文集》(臺北:編者,2007.05),頁 45-56。

宋建成，〈繼往開來 承先啟後〉，載於：國立中央圖書館臺灣分館編，《根的回響──慶祝建館九十週年論文集》（臺北縣中和市：編者，2005.08），頁 11－14。

宋建成，〈百年來臺灣公共圖書館事業紀要〉，《臺灣學通訊》56（2011.08），頁 2－3。

宋建成，〈建立網路學習資源 迎接電子圖書館新紀元〉，《國家圖書館館訊》87：1（1998.02），頁 1－8。

宋建成，〈國立中央圖書館臺灣分館所見臺灣文獻〉，載於：國立中央圖書館臺灣分館推廣組編，《慶祝國立中央圖書館臺灣分館建館 78 週年暨改隸中央 20 週年紀念館藏與臺灣史研究論文發表研討會彙編》（臺北：編者，1994.04），頁 9－37。

宋建成，〈國立中央圖書館臺灣分館沿革史〉，《國立中央圖書館臺灣分館館訊》1（1990.06），頁 3－7。

宋建成，〈三十年來的公共圖書館〉，《中國圖書館學會會報》35（1983.12），頁 20－32。

宋建成，〈近代我國圖書館事業的發軔〉，《教育資料與圖書館學》20：1（1982.09），頁 65－93。

宋建成，〈近三十年來我國的公共圖書館〉，《教育資料集刊》6（1981.06），頁 345－372。

宋建成，〈圖書館的公眾服務〉，《國立中央圖書館館刊》13：2（1980.12），頁 65－70。

宋建成，〈談縣市鄉鎮圖書館的經營〉，《大學雜誌》103（1976.12），頁 19－22。

宋雪芳，〈國內圖書館視障服務發展〉，載於：國家圖書館編，《中華民國 104 年圖書館年鑑》（臺北：編者，2016.07），頁 3－14。

杜正勝，〈建構臺灣學推動臺灣主體意識〉，《臺灣學通訊》96（2016.11），頁 5－7。

李少萍,〈國立中央圖書館臺灣分館親子資料室的發展與展望〉,載於:國立中央圖書館臺灣分館編,《根的回響——慶祝建館九十週年論文集》(臺北縣中和:編者,2005.08),頁 443-464。

李玉瑾,「參訪韓國與臺灣學相關的機構與圖書館」(出國報告)(新北市中和:國立臺灣圖書館,2012.12)。

李玉瑾、孟文莉,〈閱讀札根 夢想成真——閱讀推廣與館藏充實計畫成果〉,載於:《我與圖書館的故事——國立臺灣圖書館更名紀念專輯》(新北市中和:該館,2013.02),頁 322-333。

李玉瑾、孟文莉,「參加 2011 年美國圖書館學會(ALA)年會並參訪公共圖書館出國報告」(新北市中和:國立臺灣圖書館,2011.09)。

李玉瑾、蔡蕙頻,「赴日本臺灣學研究機構及公共圖書館考察報告」(出國報告)(新北市中和:國立臺灣圖書館,2013.12)。

李世暉,〈近代戰爭下的日本與臺灣地緣經濟學的觀點〉,《臺灣國際研究季刊》13:2(2017 夏),頁 67-90。

李志銘,《裝幀臺灣:臺灣現代書籍的誕生》(臺北:聯經出版事業公司,2011.12)。

李宗慈,〈臺灣史料研究中心——國立中央圖書館臺灣分館〉《中華文化復興月刊》23:6(1990.06),頁 41-44。

李秀鳳主編、吳明珏、吳瑛玲、鄭嘉雯編,《國立臺灣圖書館失智友善服務——基礎篇》(新北市中和:該館,2022),〔40〕頁。

呂姿玲,〈創造典藏文獻新價值——國家圖書館的文創開發與加值運用〉,《佛教圖書館館刊》65(2019.06),頁 44-57。

呂春嬌,〈兄弟緣 姐妹情——臺圖與國資圖的情緣〉,載於《我與圖書館的故事——國立臺灣圖書館更名紀念專輯》(新北市中和:該館,2013.02),頁 134-141。

吳文星,〈我一輩子的寶庫——國立臺灣國書館〉,載於《我與圖書館的故事——國立臺灣圖書館更名紀念專輯》(新北市中和:該館,2013.02),

　　頁 40－41。

吳宇凡，《印『相』中的讀冊年代──日治時期臺灣教育寫真簿冊特色與文
　　化意義》（新北市中和：國立臺灣圖書館，2021.01）。

吳明珏主編、陽明山中山樓管理所策畫執行，《跫音五十開新局：陽明山中
　　山樓 50 週年紀念專刊》（新北市：國立臺灣圖書館，2016.11）。

吳明珏，「參加美國圖書館學會（ALA）2016 年會暨參訪圖書館出國報告」
　　（新北市中和：國立臺灣圖書館，2016.09）。

吳明珏、余思慧、王松弘，「參訪大陸上海、南京等地區國父孫中山紀念館
　　（地）及圖書館出國報告」（新北市中和：國立臺灣圖書館，2015.12）。

吳明珏、許玟瓊、廖靜杏，「參訪馬來西亞國父孫中山紀念地及圖書館出國
　　報告」（新北市中和：國立臺灣圖書館，2019.11）。

吳明珏、樓文甯，〈國立臺灣圖書館文化特色商品設計實例分享〉，《佛教圖
　　書館館刊》65（2019.06），頁 58—70。

吳明珏、藍玉琦，〈中山樓 50 年，璀璨獨領先！所長吳明珏導覽‧珍貴書畫
　　大曝光〉（臺北，2016.11.15），上網日期：2022.02.14。
　　artouch.com/art-views/content-3496.html

吳奕祥，〈防疫期間的圖書館行銷──以國立臺灣圖書館為例〉，《臺北市立
　　圖書館館訊》35：3（2020.06），頁 77—89。

吳奕祥、潘云薇，〈熱情逐夢的吳奕祥 勤耕圖書館志業 16 年〉，《書香遠
　　傳》121（2015.09），頁 18—21。

吳奕祥，〈新移民使用公共圖書館之行為探析〉，《臺北市立圖書館館訊》
　　30：2（201212），頁 30－37。

吳密察，〈民進黨執政八年的文化建設施政〉，發表於：「勤政為民 壯大臺
　　灣：臺灣民主進步黨八年執政研討會」，會議時間：2013.08.23－09.14，
　　會議地點：臺北：集思臺大會議中心蘇格拉底廳，會議論文，16 頁。

余思慧，〈首枚圖書館郵票──國立臺灣圖書館百年紀念郵票發行〉，《臺灣
　　學通訊》83（2014.09），頁 31。

余思慧，〈圖書館與我──雙和四校藝術創作特展〉，載於：《我與圖書館的
　　故事──國立臺灣圖書館更名紀念專輯》（新北市中和：該館，
　　2013.02），頁 23－27。

余思慧，「樂齡者圖書館學習需求之探討」（臺北：中國文化大學農學院生
　　活應用科學系碩士論文，2012.06)。

余慧賢，〈國立中央圖書館臺灣分館書庫搬遷始末〉，載於：李玉瑾、孟文
　　莉 編，《歷久彌新──新館營運週年特刊》（臺北縣中和：編者，
　　2005.12），頁 121－136。

何培夫，〈臺灣碑碣概覽（下）〉，《國立中央圖書館臺灣分館館刊》8：4
　　（2002.12），頁 38－62。

何培夫，〈臺灣碑碣概覽（中）〉，《國立中央圖書館臺灣分館館刊》8：3
　　（2002.09），頁 81－107。

何培夫，〈臺灣碑碣概覽（上）〉，《國立中央圖書館臺灣分館館刊》8：2
　　（2002.06），頁 68－86。

何培夫，〈臺灣的碑碣史料〉，《國立中央圖書館臺灣分館館刊》6：4
　　（2000.06），頁 107－113。

何輝國，〈國立中央圖書館臺灣分館視聽室今昔〉，載於：李玉瑾、孟文莉
　　編，《歷久彌新──新館營運週年特刊》（臺北縣中和：編者，2005.12），
　　頁 105－120。

何輝國，〈臺灣分館館務篇 新出版品簡介)，《國立中央圖書館館訊》16：4
　　（1994.11），頁 32－33。

八畫

孟文莉，〈國立中央圖書館臺灣分館推廣輔導十年之回顧與發展〉，載於：
　　國立中央圖書館臺灣分館編，《根的回響──慶祝建館九十週年論文集》
　　（臺北縣中和：編者，2005.08），頁 291－388。

孟文莉，〈圖書維護的功臣 追懷陳師傅宏寬先生〉，《國立中央圖書館臺灣

分館館刊》2：3（1996.03），頁 54－56。

孟文莉、彭麗珠，〈圖書館報紙的管理及利用〉，《國立中央圖書館臺灣分館館刊》5：1（1998.09），頁 90－99。

邵經明、張圍東，〈淺論圖書館與盲人服務〉，《國立中央圖書館臺灣分館館刊》6：1（1999.09），頁 42－48。

林文睿，〈感恩、祝福與企盼〉，載於：《我與圖書館的故事——國立臺灣圖書館更名紀念專輯》（新北市中和：該館，2013.02），頁 142－143。

林文睿，〈國立中央圖書館臺灣分館工作概況〉，載於：中國社會教育學社編，《社會教育年刊》（臺北：編者，2002.04），頁 165－172。

林文睿，〈建構跨世紀數位公共圖書館——以國立臺灣圖書館新館建築為例〉，《國立中央圖書館臺灣分館館刊》7：2（2001.06），頁 1－7。

林文睿，〈建構跨世紀的自動化圖書館服務系統——智慧型圖書館建築思考〉，《文苑》44（2000.04），頁 40－47。

林文睿，〈國立臺灣圖書館規劃特色〉，《圖書館學與資訊科學》22：2（1996.10），頁 53－72。

林文睿，〈公元二○○○年國立臺灣圖書館規劃之新展望〉，《國立中央圖書館臺灣分館館刊》2：2（1995.12），頁 1－26。

林文睿，〈四十年來的公共圖書館〉，《中國圖書館學會會報》51（1993.12），頁 33－38。

林文睿、杜陳文隆，〈從與讀者、圖書館、學術界、出版社及媒體之互動論圖書資源管理與利用〉，《國立中央圖書館臺灣分館館刊》8：1（2002.03），頁 1－16。

林水波、任可怡，〈中央公教住宅政策變遷之研究〉，《人事月刊》53：5（2011.11），頁 19－35。

林巧敏，《圖書館身心障礙讀者服務》（臺北：元華文創公司，2021.06）。

林巧敏，《圖書館身心障礙讀者服務指引》（新北市中和：國立臺灣圖書館，2016.05）。

林光美，〈圖書館界先驅・分類法推手──賴永祥〉，《臺灣學通訊》56（2011.08），頁 16。

林芊慧，〈從法制途徑論後疫情時代公共圖書館的閱覽與推廣服務〉，《臺北市立圖書館館訊》36：1（2021.06），頁 47－59。

林芊慧，〈國立公共圖書館創新經營典範探討──以公共出借權為核心〉，《臺北市立圖書館館訊》35：3（2020.06），頁 13－23。

林芊慧，〈國立臺灣圖書館組織地位的再檢討：行銷觀點〉，《臺北市立圖書館館訊》35：1（2019.06），頁 1－8。

林芊慧，〈試論 NTL 菁英培育計畫的歷史意義〉，載於：李玉瑾、孟文莉編，《歷久彌新──新館營運週年特刊》（臺北縣中和，國立中央圖書館臺灣分館，2005.12），頁 195－202。

林明地，〈國立臺灣圖書館整體發展規劃草案簡介〉，《國立中央圖書館臺灣分館館訊》1（1990.06），頁 10－13。

林美齡，〈臺灣省政府贈書鄉鎮圖書館工作回顧〉，《書苑季刊》39（1999.01），頁 35－44。

林淑女，〈中山樓之美──書畫名跡欣賞〉，《歷史館刊》24（2013.12）。上網日期：2021.01.13。yatsen.gov.tw/information_156_94018.html

林淑婷，「臺灣地區公共圖書館發展之研究（1977－2000）」（臺北：國立臺灣大學圖書資訊學研究所碩士學位論文，2000）。

林雯瑤，「臺灣地區公共圖書館的社會角色與功能之研究」（臺北：淡江大學教育資料科學研究所碩士學位論文，1999）。

林惠娟，〈穿梭三世紀──悠遊臺灣古地圖《臺灣番社圖》的活化與應用〉106：1（2017.06），頁 133－152。

林嘉枚，〈觸動資訊新視界──視障資料中心介紹〉，載於：《我與圖書館的故事──國立臺灣圖書館更名紀念專輯》（新北市中和：該館，2013.02），頁 258－269。

林瑞雯、宋琪超，〈公共圖書館之組織定位與經費編列：從公共圖書館改制

文化所事件談起〉，《臺灣圖書館管理季刊》3：3（2007.07），頁 17－30。

林慶弧，《近代臺灣公共圖書館的發展（1895－1981）》（臺灣文化系列 69）
　　（新北市：稻香出版社，2016.09）。

林慶弧，「近百年臺灣圖書館發展之研究（1895－1981）——以公共圖書館
　　為中心」（臺中：國立中興大學歷史學系博士學位論文，2014.12）。

周倩如，〈最早走進兒童生活的圖書館：國立中央圖書館臺灣分館親子資料
　　中心〉，《臺北市立圖書館館訊》27：3（2010.03），頁 61－74。

周倩如，〈銀髮族的幸福生活從公共圖書館開始〉，《臺灣圖書館管理季刊》
　　5：3（2009.07），頁 59－67。

周淑惠，「參加 2012 年國際圖書館協會聯盟（IFLA）年會與參訪圖書館報
　　告」（出國報告）（新北市中和：國立臺灣圖書館，2012.11）。

周淑惠，〈建構優質研究場域——臺灣學研究中心空間改善紀實〉，《臺灣圖
　　書館管理季刊》6：4（2010.10），頁 1－8。

周淑惠、黃婉婷、邱振綸，「參訪大陸地區重要身心障礙者服務圖書館報
　　告」（出國報告）（新北市中和：國立臺灣圖書館，2016.06）。

周雅君，〈本館盲人資料中心簡介〉，《國立中央圖書館臺灣分館通訊》2
　　（1990.10），頁 18－21。

周德望，〈生於中國之外——當代日本認同中的國族起源論〉，《遠景基金會
　　季刊》9：4（2008.10），頁 135－167。

邱輝塘，〈國立中央圖書館臺灣分館館史簡誌〉，《臺灣風物》40：3
　　（1990.09），頁 149－160。

邱燮友主編，《臺灣人文采風錄》（臺北：萬卷樓，2008.08）。

九畫

柯俊如，〈國立臺灣圖書館支援高級中等學校自主學習課程之服務初探〉，
　　《公共圖書館研究》16（2022.11），頁 117－138。

柯俊如，〈以資訊服務站之電子書與互動遊戲強化特藏利用業務——以國立

臺灣圖書館為例〉,《公共圖書館研究》12（2020.11），頁 90－110。

柯俊如,〈利用創新密室逃脫遊戲推廣國立臺灣圖書館特藏資源〉,《臺北市
　　立圖書館訊》35：3（2020.06），頁 24－42。

俞維澐、賴麗香,〈臺灣公共圖書館以自動化系統為基礎的館際合作現
　　況〉,《公共圖書館》1（2015.04），頁 4-1－15。

十畫

高志彬,〈臺灣方志之纂修及其體例流變述略〉,《臺灣文獻》49：3
　　（1998.09），頁 187－205。

高志彬,〈臺灣文獻守護神劉金狗先生事略〉,《國立中央圖書館臺灣分館館
　　訊》12（1993.04），頁 11－12。

高志彬,〈國立中央圖書館臺灣分館特藏漢學資料介紹〉,載於：漢學研究
　　中心編,《臺灣地區漢學資源選介》（臺北：編者，1988.11），頁 205－
　　224。

高碧烈、郭堯斌,〈圖書館與我——訪高碧烈先生〉,《國立中央圖書館臺灣
　　分館館訊》1（1990.06），頁 14－15。

高碧烈、陳世芳、郭婷玉,〈高碧烈 服務臺圖半世紀〉,《臺灣學通訊》82
　　（2014.07）頁 6－8。

凌宗魁著、鄭培哲繪,《紙上明治村 2 丁目：重返臺灣經典建築》（新北：遠
　　足文化事業公司，2018.06）。

孫德彪,〈珍惜歷史開拓未來——祝福央圖臺灣分館 80 週年館慶〉,載於：
　　國立中央圖書館臺灣分館推廣輔導組編,《慶祝建館八十週年論文集》
　　（臺北：編者，1995.10），頁 13－16。

夏學禮,《展演機構營運績效管理》（臺北：五南圖書出版公司，2011.06）。

夏學禮、鄭美華等編著,《藝術管理》（臺北：五南圖書出版公司，2002）。

財政部國有財產署,〈國有土地清理及活化督導小組第 3 次會議議程及紀
　　錄〉,上網日期：2022.07.01。https://www.frp.gov.tw＞ singlehtml

徐尚溫，〈本館民俗器物室簡介〉，《國立中央圖書館臺灣分館館訊》1
　　（1990.06），頁 34。

徐美文（2023.10.06）。「臺灣的《古蘭經》修復之旅——尋紙與染紙」。「臺
　　灣圖書及檔案保存維護研討會（嘉義場）」發表之論文。國立臺灣圖書
　　館。

徐美文（2023.09.15）。「國立臺灣圖書館修復《古蘭經》始末」。「臺灣圖書
　　及檔案保存維護研討會（臺北場）」發表之論文。國立臺灣圖書館。研討
　　會會議手冊，頁 135－145。

徐美文、王梅玲，〈日治時期迄今圖書修護三部曲：以臺灣圖書醫院為案
　　例〉，《歷史臺灣‧國立臺灣歷史博物館館刊》，21（2021.05），頁 129－
　　157。

徐美文、歐淑禎，「參訪大陸地區圖書文物典藏修護等重點保護單位」（出
　　國報告）（新北市中和：國立臺灣圖書館，2017.10）。

徐美文，〈面面俱到——近現代書籍裝幀藝術展〉，載於《我與圖書館的故
　　事——國立臺灣圖書館更名紀念專輯》（新北市中和：該館，2013.02），
　　頁 28－29。

十一畫

章以鼎，〈回顧臺灣分館邁向獨立建制的艱辛路——臺灣分館改制為專業圖
　　書館規劃報告初稿〉，載於：國立中央圖書館臺灣分館編，《根的回響
　　——慶祝建館九十週年論文集》（臺北縣中和市：編者，2005.08），頁 15
　　－20。

章以鼎，〈胡安彝〉，載於：黃元鶴、陳冠志主編，《圖書館人物誌》（臺
　　北：五南圖書出版公司，2014.01），頁 222－225。

郭冠麟，「臺灣總督府圖書館館藏政策之研究」（臺北：輔仁大學圖書資訊
　　學系碩士論文，2001）。

郭堯斌、高碧烈，〈圖書館與我——訪高碧烈先生〉，《國立中央圖書館臺灣

分館館訊》1（1990.06），頁 14－15。

曹永和、陳世芳、曾令毅，〈曹永和 臺灣史研究巨擘〉，《臺灣學通訊》82
　　（2014.07）頁 6－8。

曹永禮，〈國立中央圖書館臺灣分館圖書除酸設備系統簡介〉，載於：李玉
　　瑾、孟文莉編，《歷久彌新──新館營運週年特刊》（臺北縣中和：編
　　者，2005.12），頁 161－170。

曹永禮，〈國立中央圖書館臺灣分館新館之籌建、規劃設計、施工及搬遷營
　　運〉，載於：國立中央圖書館臺灣分館編，《根的回響──慶祝建館九十
　　週年論文集》（臺北縣中和：編者，2005.08），頁 465－482。

曹春玲、胡素華譯；（日）神田喜一郎著，〈羅斯文庫〉，《海南師範大學學
　　報（社會科學版）》2011：5（2010.10），頁 153－155。

基隆市立圖書館編，《基隆市立圖書館要覽》（基隆，編者，1937）。

基隆市立圖書館編，《基隆市立圖書館要覽》（基隆，編者，1936）。

（日）堀口昌雄，《南洋協會十年史》（東京：南洋學會，1923）。

教育廳 見 臺灣省政府教育廳

張月珠，〈讀書會忘情書海〉，《國立中央圖書館臺灣分館館刊》8：1
　　（2002.03），頁 115－118。

張月珠，〈黃金屋，書當枕，知古今──「書友會成人文學班」邁向第 4
　　年〉，《國立中央圖書館臺灣分館館刊》6：6（2000.12），頁 67－72。

張月珠，〈「讀書會」締造寶島書香──第 3 屆全國讀書會博覽會二日采
　　錄〉，《國立中央圖書館臺灣分館館刊》5：3（1999.03），頁 87－88。

張炎憲，〈臺灣分館與我〉，載於《我與圖書館的故事──國立臺灣圖書館
　　更名紀念專輯》（新北市中和：該館，2013.02），頁 52－53。

張炎憲，〈整理臺灣資料奉獻一生的劉金狗先生〉，《臺灣風物》37：1
　　（1987.03），頁 115－117。

張悅薾，〈國立中央圖書館臺灣分館視障資料中心的展望與發展〉，載於：
　　國立中央圖書館臺灣分館編，《根的回響──慶祝建館九十週年論文集》

（臺北縣中和市：編者，2005.08），頁 497－522。

張悅薾，〈本館盲人讀物資料中心的推廣及展望〉，《國立中央圖書館臺灣分館館刊》2：3（1996.03）頁 106－107。

張悅薾，〈盲人圖書館及錄音書刊簡介〉，《國立中央圖書館臺灣分館館訊》101992.10）頁 25－27。

張博雅，〈國立中央圖書館臺灣分館巡禮——館舍空間配置及命名意涵概述〉，載於：李玉瑾、孟文莉編，《歷久彌新——新館營運週年特刊》（臺北縣中和，國立中央圖書館臺灣分館，2005.12），頁 73－92。

張燕琴、蔡靜怡，「參加 2016 年美國亞洲研究學會年會、觀摩書展暨圖書館參訪報告」（出國報告）（新北市中和：國立臺灣圖書館，2016.07）。

張燕琴，〈愛臺灣——歡慶更名系列活動〉，載於《我與圖書館的故事——國立臺灣圖書館更名紀念專輯》（新北市中和：該館，2013.02），頁 32－33。

陳世芳、曾令毅、曹永和，〈曹永和 臺灣史研究巨擘〉，《臺灣學通訊》82（2014.07）頁 6－8。

陳世芳、郭婷玉、高碧烈，〈高碧烈 服務臺圖半世紀〉，《臺灣學通訊》82（2014.07）頁 6－8。

陳世榮，「參加 AAS（亞洲研究協會 2017 年會及參訪圖書館出國報告」（新北市中和：國立臺灣圖書館，2017.05）。

陳至中，〈50 年中山樓拚活化 設計學習單開放辦尾牙〉（臺北：中央社，2017.12.05）上網日期：2021.01.13。tw.sports.yahoo.com/news/50 年中山樓拚活化-設計學習單開放辦尾牙-084342080.html

陳怡妏、劉彥愷，〈我國國公共圖書館試辦公共出借權政策之探討〉，《臺灣出版與閱讀》110：4（2021.12），頁 12－18。

陳昭珍，〈我國國家圖書館新組織體系與營運及其發展策略探討〉，《國家圖書館館刊》96：2（2007.12），頁 1－30。

陳昭珍、賴麗香，〈臺灣省縣市公共圖書館自動化、網路化及數位化之現況

與問題探討〉,《國家圖書館館刊》89：2（2000.12），頁 173－189。

陳昭珍,〈網路時代公共圖書館的資訊服務〉,《圖書館學與資訊科學》23：1（1997.04），頁 20－32。

陳雪玉、張映涵,「參加 2014 年第 80 屆國際圖書館協會聯盟（IFLA）年會暨海報展及參訪圖書館出國報告」（新北市中和：國立臺灣圖書館，2014.08）。

陳雪玉、孟文莉,「參加 2013 年美國圖書館學會（ALA）年會暨參訪圖書館出國報告」（新北市中和：國立臺灣圖書館，2013.09）。

國立中央圖書館編,《國立中央圖書館及臺灣分館概況》（臺北：編者，1974.08）。

國立中央圖書館、文化中心圖書館工作手冊編輯小組編,《文化中心圖書館工作手冊・典藏與閱覽》,（臺北：中央圖書館，1987.12）。

國立中央圖書館臺灣分館,《閱讀扎根 夢想成真——2009-2012 年閱讀推廣與館藏充實實施計畫成果》（新北市中和：該館,〔2013〕）。

國立中央圖書館臺灣分館,《i 閱讀：閱讀植根與空間改造：2009－2012 年圖書館創新服務發展計畫成果手冊》（新北市中和：該館，2012）。

國立中央圖書館臺灣分館,《閱讀扎根 夢想成真：2009 及 2010 年補助公共圖書館閱讀推廣與館藏充實計畫成果專輯》（新北市中和：該館，2011）。

國立中央圖書館臺灣分館,〈館務篇 新出版品簡介〉,《國立中央圖書館館訊》16：4（1994.11），頁 32－33。

國立中央圖書館臺灣分館,〈業務動態〉,《國立中央圖書館臺灣分館館訊》12（1993.04），頁 88－89。

國立中央圖書館臺灣分館,〈國立中央圖書館臺灣分館 1979 年工作概況〉,載於：中國社會教育學社編,《社會教育年刊・第 33 屆年會特輯》（臺北：編者，1979.12），頁 41－52。

國立中央圖書館臺灣分館（1946.08.01-1946.09.30）。（清理處移交冊）。國發

　　會檔案局，檔號：A309020100E/0035/移交/1。

國立中央圖書館臺灣分館推廣組，《國立中央圖書館臺灣分館推廣活動案例彙編》（臺北：編者，2000.09）。

國立中央圖書館臺灣分館典藏閱覽組、〔宋建成〕，《國立中央圖書館臺灣分館讀者手冊》（臺北：編者，1984）。

國立中央圖書館臺灣分館參考組，〈國立中央圖書館臺灣分館參考室指引〉，《國立中央圖書館臺灣分館館刊》7：1（2001.03），頁 123－126。

國立中央圖書館臺灣分館參考組，〈國立中央圖書館臺灣分館參考服務工作手冊〉，《國立中央圖書館臺灣分館館刊》6：3（2000.03），頁 121－126。

國立中央圖書館臺灣分館閱覽組，〈開創視障服務之先河：認識國立中央圖書館臺灣分館視障資料中心〉，《臺灣圖書館管理季刊》6：2（2010.04），頁 i－viii。

國立中央圖書館臺灣分館閱覽組，〈本館樂齡服務活動報導〉，《臺灣圖書館管理季刊》5：3（2009.07），頁 i－viii。

國立中央圖書館臺灣分館閱覽組，〈悅讀城堡 閃亮登場── 親子資料中心再出發〉，《臺灣圖書館管理季刊》5：2（2009.04），頁 1－8。

國立中央圖書館臺灣分館館藏發展政策修訂小組，《國立中央圖書館臺灣分館館藏發展政策》（新北市中和：該館，2007.05）。

國立中央圖書館臺灣分館採編組編輯；該館館藏發展委員會審訂，《國立中央圖書館臺灣分館館藏發展政策》（新北市中和：該館，1997.03）。

國立中央圖書館臺灣分館輔導組編，《慶祝建館 80 週年論文集》（臺北：該館，1995.10）。

國立教育廣播電台，〈國臺圖卸新任館長交接 持續發揮公共與研究圖書館任務〉，2022.09.12，上網日期：2022.12.25。http://www.stock.yahoo.com/news/國臺圖卸新任館長交接─持續發揮公共與研究圖書館任務─0322422480.html.

〔國立臺灣圖書館〕，「陽明山中山樓 OT 案前置作業計畫公聽會紀錄」（2016.11.27），上網日期：2019.11.25。https://www.ntl.edu.tw＞public＞

Attachment.

國立臺灣圖書館編，《國立臺灣圖書館 2016 年度工作報告》（新北市中和：編者，2017.12）。

國立臺灣圖書館編，《國立臺灣圖書館 2017 年度工作報告》（新北市中和：編者，2018.06）。

國立臺灣圖書館編，《國立臺灣圖書館 2018 年度工作報告》（新北市中和：編者，2019.09）。

國立臺灣圖書館編，《國立臺灣圖書館 2019 年度工作報告》（新北市中和：編者，2020.11）。

國立臺灣圖書館編，《國立臺灣圖書館 2020 年度工作報告》（新北市中和：編者，2021.12）。

國立臺灣圖書館編，《2013－2016 年「閱讀推廣與館藏充實」實施計畫成果》（新北市中和：該館，2017.12）。

國立臺灣圖書館編，《超閱視界共創精彩：2012－2015 年「強化視障者電子畫圖書資源中程計畫」成果專輯》（新北市中和：編者，2015.12）。

〔國立臺灣圖書館〕，〈中山樓活化策略〉，上網日期：2021.02.10。https：ws.moe.rdu.tw

國立臺灣圖書館企劃推廣組編，《創意閱讀開麥 Library Talk‧2021：公共圖書館閱讀推廣優良文案》（新北市中和：編者，2022）。

國立臺灣圖書館企劃推廣組編，《2018 年創意閱讀開麥 Library Talk：公共圖書館閱讀推廣優良文案》（新北市中和：編者，2018.12）。

國立臺灣圖書館企劃推廣組編，《閱讀推廣智庫=Idea Bank》（新北市中和：編者，2015.12）。

國立臺灣圖書館整體發展規劃作業小組編，《國立臺灣圖書館整體發展規劃草案》（新北市中和：編者，1990）。

國立臺灣圖書館館藏發展政策修訂小組，《國立臺灣圖書館館藏發展政策》（新北市中和：該館，2013.01 及 2023.05）。

國家圖書館、林珊如，《臺灣老年讀者圖書資訊服務指引》（臺北：該館，
　　2019.11）。

十二畫

溫台祥，《裝幀源流——傳世聚珍談裝幀特展》（新北市中和：國立臺灣圖
　　書館，2016.07）

曾一士，〈金碧飛閣　國之瑰寶－中山樓風華再現〉，《歷史館刊》15
　　（2014.01），上網日期：2019.11.21。https://www.yatsen.gov.tw >
　　information_147_93787.html。

曾添福，「圖書館志工人力資源管理之研究——以國立中央圖書館臺灣分館
　　為例」（基隆：海洋大學航運管理係碩士論文，2008）。

曾添福，〈國立中央圖書館臺灣分館搬遷概述〉，載於：李玉瑾、孟文莉
　　編，《歷久彌新——新館營運週年特刊》（臺北縣中和，國立中央圖書館
　　臺灣分館，2005.12），頁137－141。

曾添福，〈知識寶庫‧歷久彌新——館史資料特展〉，載於：國立臺灣圖書
　　館編，《我與圖書館的故事——國立臺灣圖書館更名紀念專輯》（新北市
　　中和：該館，2013.02），頁21－22。

曾添福，「參加2012年第64屆美國亞洲學會年會與書展並參訪圖書館出國
　　報告」（新北市中和：國立臺灣圖書館，2012.06）。

曾添福、樓文甯，「參訪大陸廣東省、北京等地區國父孫中山紀念館（地）
　　及圖書館出國報告」（新北市中和：國立臺灣圖書館，2016.12）。

曾淑賢，〈各國圖書館發展政策及補助計畫之探討（下）〉，《國家圖書館館
　　刊》2013：2（2013.12），頁173－209。

曾淑賢，〈各國圖書館發展政策及補助計畫之探討（上）〉，《國家圖書館館
　　刊》2013：1（2013.06），頁51－74。

黃文新，《盲人教育與盲人圖書館》，（臺北：文史哲出版社，1981）。

黃世雄、胡歐蘭，《國立圖書館整併案研究報告》（行政院文建會委託計

畫）（臺北：國立臺中圖書館，2001.01）。

黃昊翔、林信成，〈十年來暑期研習班課程要覽：2003－2012〉，載於：中華民國圖書館學會出版委員會編，《中華民國圖書館學會六十周年特刊》（臺北：編者，2013.12），頁 354－395。

黃秀政總主持、黃淑苓著，《臺灣全志・卷 8 教育志・社會教育篇》（南投：國史館臺灣文獻館，2009）。

黃秀政總主持、陳登武著，《臺灣全志・卷 12 文化志・文化事業篇》（南投：國史館臺灣文獻館，2009）。

黃秀政，〈論臺灣史的分期與臺灣史料的利用〉，載於：黃秀政等，《臺灣史論叢》（臺灣研究叢刊；1）（臺北：五南圖書出版公司，1999.06），頁 383－415。

黃秀政，〈臺灣史研究與史料收藏概況〉，《臺灣文獻》30：4（1979.12），頁 1－13。

黃秀政、曾鼎甲，〈論近五十年來臺灣方志之纂修——以《臺灣省通志稿・人物志》為例〉，載於：黃秀政等，《臺灣史論叢》（臺灣研究叢刊；1）（臺北：五南圖書出版公司，1999.06），頁 255－288。

黃美娥〈那一年走進臺灣分館的心情〉，載於：國立臺灣圖書館編，《我與圖書館的故事——國立臺灣圖書館更名紀念專輯》（新北市中和：該館，2013.02），頁 56－58。

黃秀梅，〈臺灣省公共圖書館建設工作報告〉，《書苑季刊》39（1999.01），頁 81－90。

黃國正，〈臺灣文獻典藏重鎮——慶祝「國立臺灣圖書館」誕生〉，《中華民國圖書館學會會訊》20：2=159（2012.12），頁 59－62。

黃國正，〈公共圖書館與終身學習課程的推動——以國立中央圖書館臺灣分館為例〉，《中華民國圖書館學會會訊》20：1=158（2012.06），頁 27－30。

黃國正，〈圖書館創新服務探討——記國立中央圖書館臺灣分館的創新服務

（2007－2010）〉，《中華民國圖書館學會會訊》19：1=156（2011.06），頁
65－69。

黃國正，〈用老照片閱讀臺灣歷史——國立中央圖書館臺灣分館藏寫真帖之
利用價值〉，《臺灣學研究》3（2007.06），頁57－65。

黃國正，〈臺灣文獻資訊網之現狀與發展〉，《國家圖書館館訊》95：3
（2006.08），頁15－18。

黃國正，〈九十年來國立中央圖書館臺灣分館出版品概況與介紹〉，《臺灣圖
書館管理季刊》1：1（2005.01），頁19－32。

黃雯玲，〈建築及空間典範：國立中央圖書館臺灣分館〉，載於：陳雪玉主
編，《公共圖書館》（中華民國圖書館事業百年回顧與展望；04）（臺北：
五南圖書出版公司，2014.12），頁520－525。

黃雯玲、李玉瑾，「日本臺灣學研究機構參訪報告書——兼述與中京大學締
約紀實」（出國報告）（新北中和：該館，2010.12）。

黃雯玲、陳祥麟，〈黃雯玲：臺灣圖書館願景與展望〉，《臺灣學通訊》56
（2011.08），頁12－13。

黃雯玲、陳麗君，〈閱讀扎根夢想成真：從閱讀植根成果探討公共圖書館閱
讀推廣策略〉，《臺北市立圖書館館訊》30：2（201212），頁41－56。

黃靖慧，「公共圖書館展覽服務功能之研究——以國立臺灣圖書館、國立公
共資訊圖書館及高雄市立圖書館為例」（臺南官田：國立臺南藝術大學博
物館學與古物研究所碩士論文，2015.01）。

黃淵泉，〈賴永祥教授的學術生涯〉（2001.12），上網日期：2019.11.21。
http://www.laijohn.com/life/NG,IC'View.htm

黃淵泉，〈圖書館員的典範——《自學典範：臺灣史研究先驅曹永和》讀後
感〉，《全國新書資訊月刊》1999：8（1999.08），頁5－7。

彭錦鵬，〈中央政府機關總員額法制度之理想與實踐〉，發表於：「2011 民主
治理與公共事務發展國際研討會」，會議時間：2011.05.24，會議地點：臺
北：臺北大學公共事務學院，會議論文，17頁。

彭麗珠,〈地區性館際合作網及資源共享圖——以國立中央圖書館臺灣分館為例〉,載於:李玉瑾、孟文莉編,《歷久彌新——新館營運週年特刊》(臺北縣中和,國立中央圖書館臺灣分館,2005.12),頁 185－194。

陽明山中山樓管理所策畫執行,《跫音五十開新局:陽明山中山樓 50 週年紀念專刊》(新北市:國立臺灣圖書館,2016.11)。

程良雄,〈文化中心(局)的設立與改制〉,載於:國家圖書館編,《中華民國圖書館年鑑‧2000》(臺北:該館,2005.08),頁 39－41。

程藍萱,〈打造圖書館文創品牌——以國立臺灣圖書館為例〉,《臺北市立圖書館館訊》36:3(2022.06),頁 13－26。

程藍萱,〈百年記憶 現代創藝:國立中央圖書館臺灣分館加值應用商品介紹〉,《臺灣圖書館管理季刊》6:1(2010.01),頁 i－viii。

程藍萱,〈圖書館的識別系統設計與應用:以國立中央圖書館臺灣分館為例〉,《臺灣圖書館管理季刊》5:1(2009.01),頁 84－96。

十三畫

楊時榮,〈圖書維護體系建構上的期盼〉,《書苑》55(2009.04),頁 70－81。

楊時榮、鄭秀圓,〈圖書修護祖師爺 心繫傳承與教育〉,《書香遠傳》99(2012.01),頁 36－37。

楊時榮,《圖書文獻保存性修護》,(臺北:南天書局,2008.03)。

楊時榮,〈圖書綴訂的方式與步驟〉,《臺灣圖書館管理季刊》4:1(2008.01),頁 95－112。

楊時榮,〈圖書水淹處理與光害防治〉,《佛教圖書館館刊》43(2006.06),頁 50－81。

楊時榮,〈國立中央圖書館臺灣分館在圖書文獻維護職責上的延續與使命〉,載於:國立中央圖書館臺灣分館編,《根的迴響——慶祝建館九十周年論文集》(臺北縣中和:該館,2005.08),頁 269－277。

楊時榮,〈「圖書館與我」全國漫畫比賽暨徵文比賽活動得獎漫畫展〉,《國立中央圖書館臺灣分館館刊》1：3（1995.03）,頁 103-104。

楊時榮,〈「圖書館與我」全國漫畫暨徵文比賽活動〉,《國立中央圖書館臺灣分館館刊》1：1（1994.09）,頁 121。

楊時榮,〈「活到老,學到老」全國漫畫比賽得獎作品巡迴展〉,《國立中央圖書館臺灣分館館刊》1：1（1994.09）,頁 120。

楊時榮,《圖書維護作業研究》,（臺北：南天書局,1993.11）。

楊時榮,〈國立中央圖書館臺灣分館圖書維護作業淺談〉,《書苑季刊》18（1993.10）,頁 73-81。

楊時榮,〈巧手善醫 化朽返原——簡介本館圖書修補裝訂之技法〉,《國立中央圖書館臺灣分館館訊》8（1992.04）,頁 29-74。

十四畫

廖又生,《臺灣圖書館經營史略》（臺灣圖書館經營叢書；2）（臺北縣中和：國立中央圖書館臺灣分館,2005.12）。
　　〈九、沈寶環與國立中央圖書館臺灣分館〉,頁 111-122。
　　〈十五、紅磡看文化津梁——劉昌博館長的真情告白〉,頁 181-190。

廖又生,〈反求諸己：寫本館現代史頁的的一年〉,《臺灣圖書館管理季刊》1：4（2005.10）,頁 1-6。

廖又生,〈開館大典升旗的法律意涵〉,《臺灣圖書館管理季刊》1：2（2005.04）,頁 1-6。

廖又生,〈國立臺灣圖書館與中和市是生命共同體：2004 年 10 月 27 日首次列席中和市民代表會感言〉,《臺灣圖書館管理季刊》1：1（2005.01）,頁 6-13。

廖又生,〈迎接國立臺灣圖書館躍進年代的來臨：就職國立中央圖書館臺灣分館館長感言〉,《臺灣圖書館管理季刊》1：1（2005.01）,頁 1-5。

廖又生,〈閱讀無所不在,寫作傳遞聖火：賀臺灣圖書館管理季刊誕生〉,

《臺灣圖書館管理季刊》1：1（2005.01），發刊詞。

廖又生,〈高碧烈先生：臺灣圖書館事業的守門人〉,《圖書館管理學報》3（1997.06）,頁 111－116。

廖又生計畫主持、國立中央圖書館臺灣分館推廣輔導組編,《臺灣地區公共圖書館經營管理現況調查研究（三）鄉鎮市立圖書館》（臺北：該館,1997）。

廖又生計畫主持、國立中央圖書館臺灣分館推廣輔導組編,《臺灣地區公共圖書館經營管理現況調查研究（二）縣市立文化中心暨圖書館》（臺北：該館,1997）。

廖又生計畫主持、國立中央圖書館臺灣分館推廣輔導組編,《臺灣地區公共圖書館經營管理現況調查研究（一）省（市）立圖書館暨社會教育館附設圖書室》（臺北：該館,1996）。

廖又生,〈經營公共圖書館 建立人間新淨土——從組織變遷的軌跡探討國立臺灣圖書館發展的歷程〉,載於：國立中央圖書館臺灣分館編,《慶祝建館八十周年論文集》（臺北：該館,1995.10）,頁 133－175。

廖文碩,〈寓教於覽——戰後展覽活動與「臺灣博覽會」（1945－1948）〉,《臺大文史哲學報》74（2011.05）,頁 181－222。

趙瑜婷,〈服務半世紀的資深館員高碧烈〉,《臺灣學通訊》32（2009.08）,頁 13。

臺灣省政府令（1973.09.21）,「轉發『國立中央圖書館臺灣分館暫行組織規程』暨『國立中央圖書館臺灣分館暫行編制表』並廢止『臺灣省立臺北圖書館組織規程』」,《臺灣省政府公報》,62 秋 75（1973.09.26）,頁 2、5－6。

臺灣省政府令（1973.09.03）,「抄發修正『臺灣省立臺中圖書館編制表』、『臺灣省立臺中圖書館組織規程』」,《臺灣省政府公報》,62 秋 60（1973.09.08）,頁 7、11－12。

臺灣省政府函（1988.07.13）,「檢送『臺灣省各級圖書館輔導要點等』,《臺

灣省政府公報》77 秋 20（1988.07.23），頁 13－14。

臺灣省政府委員會議（1972.09.04）。「教育廳簽為省議會審查本年度地方總預算對臺北圖書館附帶決議，擬建議行政院將省立臺北圖書館移撥教育部接辦，改為國立臺灣圖書館一案，提請府會討論案」，〈臺灣省政府首長會議第 1163 次會議〉，《臺灣省政府委員會議》，國史館臺灣文獻館，典藏號 00501116304。

臺灣省政府首長會議（1972.08.07）。「教育廳提案為省府 61.7.18 主一字第 77393 號令為省議會審查本年度地方總預算對臺北圖書館附帶決議，檢附省立圖書館遷移案節略，擬具處理意見報備裁示，以憑辦理由」，〈臺灣省政府首長會議第 292 次會議〉，《臺灣省政府委員會議》，國史館臺灣文獻館，典藏號 00502029205。

臺灣省議會秘書處，《臺灣省議會公報》1：1（1959.06.30）－84：16（1998.12.15），週刊。

　　〈臺灣省議會第 4 屆第 9 次大會第 7 次會議紀錄：繼續審議臺灣省 1973 年度地方總預算案（第 2 讀會）（1972.06.20）〉，《臺灣省議會公報》27：8（1972.07.04），頁 122－123。

　　〈臺灣省議會第 4 屆第 3 次大會第 24 次會議教育廳「口頭質詢及答覆」（1969.07.15）〉，《臺灣省議會公報》21：24（1969.10.28），謝青雲質詢，頁 1161－1162；陳根塗質詢，頁 1192－1193；張富質詢，頁 1199。

　　〈臺灣省議會第 3 次臨時會大會第 1 次會議紀錄「書面質詢及答覆」，《臺灣省議會公報》21：19（1969.09.23），賴榮松質詢，頁 786－787。

　　〈臺灣省議會第 2 屆第 6 次大會第 17 次、第 18 次會議教育質詢（1963.01.07-08，臺灣省議會公報），8：21（1963.03.26），梁許春菊質詢，頁 608、609；陳愷質詢，頁 621、623。

臺灣省議會秘書處編，〈為貴會審查本年度地方預算，對臺北圖書館之附帶決議研擬處理辦法，函請審議見復案〉（1972.09.26），《臺灣省議會第 4 屆第 10 次臨時大會特輯》，（臺中縣霧峯：編者，〔1972〕），頁 69－70、

758。

臺灣省議會秘書處編,〈為省北館擬處分經管臺北市溫州街 12 巷 6 號等 4 筆
省有房地案」,函請審議見復案〉(1972.09.26),《臺灣省議會第 4 屆第 10
次臨時大會特輯》,(臺中縣霧峯:編者,〔1972〕),頁 50−51。

臺灣省議會秘書處編,《臺灣省議會第 4 屆第 3 次大會專輯(四)》,(臺中縣
霧峯:編者,1969)。

　　葉黃鵲喜質詢,頁 3134−3136。

　　賴榮松質詢,頁 3571−3572。

臺灣省議會秘書處編,《臺灣省議會第 2 屆第 2 次大會專輯(上)》,(臺中縣
霧峯:編者,1961)。

　　陳愷,〔提案〕,頁 240。

翟人倫,〈國立中央圖書館臺灣分館大事紀要〉,《圖書與圖書館》2
(1976.12),頁 91−100。

翟人倫,〈改制一年來的國立中央圖書館臺灣分館〉,《中國圖書館學會會
報》26(1974.12),頁 26−30。

臺灣省政府委員會議(1972.09.04)。「教育廳簽為省議會審查本年度地方總
預算對臺北圖書館附帶決議,擬建議行政院將省立臺北圖書館移撥教育
部接辦,改為國立臺灣圖書館一案,提請府會討論案」,〈臺灣省政府首
長會議第 1163 次會議〉,《臺灣省政府委員會議》,國史館臺灣文獻館,典
藏號 00501116304。

臺灣省政府首長會議(1972.08.07)。「教育廳提案為省府 61.7.18 主一字第
77393 號令為省議會審查本年度地方總預算對臺北圖書館附帶決議,檢附
省立圖書館遷移案節略,擬具處理意見報備裁示,以憑辦理由」,〈臺灣
省政府首長會議第 292 次會議〉,《臺灣省政府委員會議》,國史館臺灣文
獻館,典藏號 00502029205。

臺灣省政府首長會議(1971.11.01)。「新聞處處長周天固提為省北圖設置
「省政資料陳列櫥窗」設置情形,報請鑒察由」,〈臺灣省政府首長會議

第 261 次會議〉,《臺灣省政府委員會議》,國史館臺灣文獻館,典藏號
00502026108。

臺灣省政府教育廳（1958.06.16）。「請撥臺北圖書館房屋案
（1958.08.02）」,〈各機關請借用房屋（0047/017.1/6/3）〉,《臺灣省級機
關》,國史館臺灣文獻館,卷典藏號 004－26910,件典藏號
0040171026910005。典藏者：檔案管理局。

臺灣省政府教育廳（1950.12.15）。「為貴部借用臺北圖書館建地合約應行修
正部份仍請轉飭總務局惠予照辦由（1951.05.04）」,〈各機關請撥地
（0039/155.2/4/1）〉,《臺灣省級機關》,國史館臺灣文獻館,卷典藏號 004
－12179,件典藏號 00401552012179010。典藏者：檔案管理局。

臺灣省參議會秘書處編,《臺灣省參議會第 1 屆第 6 次大會特輯》（臺北：編
者,1948.12）。

劉傳來,〔詢問〕,頁 85。

劉傳來,〔提案〕,頁 191。

臺灣省參議會教育文化組,〔提案〕,頁 195。

臺灣省參議會秘書處編,《臺灣省參議會第 1 屆第 7 次大會特輯》（臺北：編
者,1949）。

蘇惟梁,〔詢問〕,頁 29－30。

黃純青,〔詢問〕,頁 89。

十五畫

潘文忠,〈教育部對於「本土教育資源中心」推動本土教育的期許與展
望〉,《在地》1（2021.03）,頁 6－7。

潘云薇、吳奕祥,〈熱情逐夢的吳奕祥 勤耕圖書館志業 16 年〉,《書香遠
傳》121（2015.09）,頁 18－21。

潘云薇,〈達人出招 病書妙手回春〉,《書香遠傳》99（2012.01）,頁 39－
41。

潘淑慧，〈國立臺灣圖書館資料中心簡介〉，《臺灣學研究通訊》1
　　（2006.10），頁 103－107。

鄭來長，〈數位科技運用於古籍活化與傳布——以國立臺灣圖書館為例〉，
　　《國家圖書館館刊》108：2（2019.12），頁 23－34。

鄭來長，〈發刊詞　為臺灣文史教育扎根〉，《臺灣學通訊特刊》1
　　（2019.07），頁 3。

鄭來長，〈談圖書館跨界合作——以國立臺灣圖書館創新服務為例〉，《國家
　　圖書館館刊》2018：1（2018.06），頁 53－56。

鄭秀圓、楊時榮，〈圖書修護祖師爺　心繫傳承與教育〉，《書香遠傳》99
　　（2012.01），頁 36－37。

鄭秀圓，〈臺灣圖書醫院　讓書籍更健康〉，《書香遠傳》99（2012.01），頁 30
　　－31。

鄭明玳，〈傳遞知識與話題　國立臺灣圖書館終結句點王〉，《書香遠傳》162
　　（2022.07），頁 40－43。

鄭美華，「我國文化行政組織機制調整之研究」，（臺北：國立政治大學公共
　　行政學系博士論文，2002）。

鄭恒雄，〈館藏清末至民國 38 年中文期刊資料管窺〉，《國立中央圖書館臺灣
　　分館館訊》2（1990.10），頁 9－10。

鄭恒雄，〈中華民國 66、7 年新編參考書選介（上）〉，《圖書館學與資訊科
　　學》5：1（1979.04），頁 111－126。

鄭恒雄，〈國立中央圖書館臺灣分館的採訪工作〉，《圖書與圖書館》2
　　（1976.12），頁 47－54。

鄭恒雄，〈中央圖書館臺灣分館珍藏研究資料及特色〉，《幼獅學誌》13：1
　　（1976.11），頁 184－190。

鄭政誠，〈史料的回應〉，載於：國立臺灣圖書館編，《我與圖書館的故事
　　——國立臺灣圖書館更名紀念專輯》（新北市中和：該館，2013.02），頁
　　60－61。

鄭昭民、吳南葳，「陽明山中山樓市定古蹟調查研究及再利用」（文化部文化資產局委託研究報告）（臺北：中國文化大學，2020.05）。

鄭嘉雯，〈淺談國立臺灣圖書館「飛越高牆：用閱讀點亮世界的美好——送給隨母入監孩子一份閱讀禮」合作計畫〉，《公共圖書館研究》11（2020.05），頁 113－135。

鄭嘉雯，〈由閱讀推廣與館藏充實計畫成果談臺灣公共圖書館的成長〉，《公共圖書館研究》6（2017.11），頁 5-1－5-18。

鄭嘉雯，「參加 2016 年世界圖書館與資訊會議（WLIC）：第 82 屆國際圖書館協會聯盟（IFLA）年會及會員大會」（出國報告）（新北中和：國立臺灣圖書館，2016.10）。

歐陽芬，〈春城無處不飛書 記臺灣的一書一城〉，《全國新書資訊月刊》137（2010.05），頁 7－9。

蔣偉寧，〈部長序〉，載於：國立臺灣圖書館編，《我與圖書館的故事——國立臺灣圖書館更名紀念專輯》（新北市中和：該館，2013.02），頁 6－7。

蔡天怡、中國圖書館學會，「樂齡讀者閱讀需求行為暨服務滿意度調查研究期末報告」（國立臺灣圖書館 2021 年委託研究計畫）（臺北縣中和，國立臺灣圖書館，2022.04）。

蔡承穎〈教育部閱讀植根與空間改造：2013－2016 年圖書館創新服務發展計畫成果〉，載於：國家圖書館編，《中華民國 106 年圖書館年鑑》（臺北：編者，2018.06），頁 37－58。

蔡美蒨、莊易儒，「參訪日本東京地區重要身心障礙服務圖書館報告」（出國報告）（新北中和：國立臺灣圖書館，2018.07）。

蔡美蒨、徐美文，「日本圖書文獻機構紙質文物修復機制考察訪問交流」（出國報告）（新北中和：國立臺灣圖書館，2011.09）。

蔡靜怡、張燕琴，〈孩子快樂成長的悅讀樂園——親子資料中心〉，載於：國立臺灣圖書館編，《我與圖書館的故事——國立臺灣圖書館更名紀念專輯》（新北市中和：該館，2013.02），頁 288－303。

蔡燕青,〈臺灣圖書醫院的發軔與展望——建構全國圖書文獻維護中心〉,
　　載於：國立臺灣圖書館編,《我與圖書館的故事——國立臺灣圖書館更名
　　紀念專輯》(新北市中和：該館,2013.02),頁 270－287。

蔡燕青,〈圖書館提供新移民服務的規畫與展望：以國立中央圖書館臺灣分
　　館為例〉,《臺北市立圖書館館訊》30：2(201212),頁 16－29。

蔡燕青,〈老店營運的新紀元：談臺灣圖書醫院蛻變史〉,《臺灣圖書館管理
　　季刊》6：3(2010.07),頁 1－8。

蔡燕青,〈國立中央圖書館臺灣分館委外經營管理案之執行經驗與建議〉,
　　載於：李玉瑾、孟文莉編,《歷久彌新——新館營運週年特刊》(臺北縣
　　中和,國立中央圖書館臺灣分館,2005.12),頁 171－184。

蔡燕青、蔡清隆,〈全國視障資訊網、實踐多媒體圖書館〉,《教育部圖書館
　　事業委員會會訊》29(1999.02),頁 7－8。

蔡燕青,〈全國視障資訊網簡介〉,《教育部電子計算機中心簡訊》8705
　　(1998.11),頁 7。

蔡燕青,〈本館自動化現況與展望〉,《國立中央圖書館臺灣分館館訊》15
　　(1994.01),頁 68－75。

蔡蕙頻、程藍萱,〈念「舊」新潮流——國立臺灣圖書館舊籍行銷策略探
　　究〉,《公共圖書館》1(2015.05),頁 5-1－5-17。

蔡蕙頻,〈走向世界的臺灣學——臺灣學研究中心〉,載於：國立臺灣圖書
　　館編,《我與圖書館的故事——國立臺灣圖書館更名紀念專輯》(新北市
　　中和：該館,2013.02),頁 240－257。

蔡蕙頻,〈直經橫緯・縮地千里——館藏地圖展〉,載於：國立臺灣圖書館
　　編,《我與圖書館的故事——國立臺灣圖書館更名紀念專輯》(新北市中
　　和：該館,2013.02),頁 30－31。

蔡蕙頻,〈日治時期臺灣文獻全文影像系統簡介及啟用典禮報導〉,《臺灣圖
　　書館管理季刊》5：1(2009.01),頁 1－8。

劉昌博,〈當前圖書館的任務和作法〉,《中外雜誌》23：6(1978.06),頁

117－122。

劉岱欣、吳奕祥，〈COVID－19 防疫期間圖書館電子資源計次服務數據分析
與閱讀推廣——以國立臺灣圖書館為例〉，《臺北市立圖書館館訊》36：1
（2021.06），頁 28－46。

劉春銀，〈費士卓〉，載於：黃元鶴、陳冠志主編，《圖書館人物誌》（臺
北：五南圖書出版公司，2014.01），頁 370－375。

劉屏，《臺灣圖書館的故事》（臺北縣中和，國立中央圖書館臺灣分館，
2009.08）

劉嘉韻，〈擺脫歷史包袱，中山樓再現〉，《專案經理雜誌》33（2017.06），
上網日期：2019.11.21。http://pm-mag.net/Article-Content.aspx?Tid=181

劉嘉馨、宋雪芳，〈視障者使用網際網路之研究〉，《臺灣圖書館管理季刊》
1：2（2005.04），頁 85－98。

劉翼慈，「民間參與國家公園文化資產活化執行經驗分析——陽明山及金門
國家公園的案例比較」，（臺北：國立臺灣大學工學院建築與城鄉研究所
碩士論文， 2015.06）。

十六畫

賴永祥；中研院臺史所許雪姬、張隆志、陳翠蓮訪問，《坐擁書城——賴永
祥先生訪問紀錄》（口述歷史專刊；3）（臺北： 遠流出版公司，
2007.08）。

賴怡君、李秀緣，「參訪大陸上海、南京地區國父孫中山紀念館（地）及圖
書館出國報告」（新北中和：國立臺灣圖書館，2018.09）。

十七畫

謝依秦，〈本館電腦資訊檢索服務簡介〉，《國立中央圖書館臺灣分館館刊》
1：1（1994.09），頁 50－56。

謝灼華，《中國圖書和圖書館史》（修訂本）（武漢：武漢大學出版社，

2005.10）。

戴寶村，〈臺灣分館引領臺灣史研究之路〉，載於：國立臺灣圖書館編，《我
　　與圖書館的故事——國立臺灣圖書館更名紀念專輯》（新北市中和：該
　　館，2013.02），頁 70－72。

聯合線上公司，〈臺圖致推身心障礙者 e 化圖書計畫　今發表 4 年成果充實精
　　彩〉，《聯合新聞網》2019.12.18。檢索日期：2021.05.04。
　　http://udn.com/news/story/12660/4233774

聯合報社，〈沒有書蟲只有有蚊子　新店檳榔路圖書館荒廢 10 年〉《聯合報》
　　2012.10.15，B1 版。

總統府，〈國父紀念館及中山籌建與管理／為興建陽明山中山樓經費籌劃事
　　宜〉，國家發展委員會檔案管理局檔案，典藏號 A200000000A/0054/80101/
　　0003/001/010。

鍾淑敏，〈與臺灣分館一起成長〉，載於：國立臺灣圖書館編，《我與圖書館
　　的故事——國立臺灣圖書館更名紀念專輯》（新北市中和：該館，
　　2013.02），頁 74－76。

十八畫

簡後聰，〈國內圖書館藏臺灣史料與數位計畫初探〉，《國家圖書館館刊》
　　2002：2（2002.12），頁 105－128。

簡耀東，《中日韓三國圖書館法規選編》（臺北：文華圖書館管理資訊公
　　司，1994.10）。

十九畫

羅經貴總編輯、楊時榮編輯，《臺灣圖書館為民服務白皮書》（臺灣圖書館
　　經營叢書；3）（臺北縣中和市，國立中央圖書館臺灣分館，2006.08）。

羅經貴，〈化戾氣為祥和的破冰之旅〉，載於：李玉瑾、孟文莉編，《歷久彌
　　新——新館營運週年特刊》（臺北縣中和，國立中央圖書館臺灣分館，

2005.12），頁 45－47。

羅經貴，〈各單位典藏報告，七、國立中央圖書館臺灣分館〉，載於：臺灣
　　分館編，《臺灣文獻資料合作發展研討會議報告》（臺北，該館，
　　1991.05），180－189。

羅經貴，〈國立中央圖書館臺灣分館臺灣文獻蒐藏報告〉，載於：臺灣分館
　　編，《臺灣文獻資料合作發展研討會——各單位館藏報告彙編議報告》
　　（臺北，該館，1990.11），101－110。

羅經貴，〈升火揚帆、開創新猷　本館館舍整修工程報導〉，《國立中央圖書
　　館臺灣分館館訊》3（1991.01）頁 3－4。

二十畫－二十一畫

嚴鼎忠，〈圖書館輔導要點與營運基準的擬訂〉，載於：國家圖書館編，《中
　　華民國九十一年圖書館年鑑》（臺北：編者，2013.03），頁 15－22。

嚴鼎忠，〈行政院研考會推動我國圖書館機構法制化作業〉，載於：國家圖
　　書館編，《中華民國九十七年圖書館年鑑》（臺北：編者，2008.12），頁 28
　　－29。

蘇俊豪，〈本館的組織與編制〉，載於：《臺灣圖書館為民服務白皮書》（臺
　　灣圖書館經營叢書；3）（臺北縣中和，國立中央圖書館臺灣分館，
　　2006.08），頁 41－70。

蘇倫伸，〈資訊化社會的基礎建設——數位典藏概況〉，載於《我與圖書館
　　的故事——國立臺灣圖書館更名紀念專輯》（新北市中和：該館，
　　2013.02），頁 228－239。

蘇倫伸，〈日治時期日文臺灣文獻數位典藏計畫概述〉，《臺灣圖書館管理季
　　刊》4：4（2008.10），頁 75－81。

蘇倫伸，〈國立中央圖書館臺灣分館 2005 年度志工業務推展工作概況〉，載
　　於：李玉瑾、孟文莉編，《歷久彌新——新館營運週年特刊》（臺北縣中
　　和：國立中央圖書館臺灣分館，2005.12），頁 93－104。

蘇倫伸,〈建立本土化與國際化的公共學術圖書館為成立「國立臺灣圖書館」催生〉,《臺灣圖書館管理季刊》1：1（2005.04）,頁14－18。

蘇倫伸、陳恒毅,「參加2018年ALEPH圖書館自動化系統國際使用者組織（IGeLU）年會報告」（出國報告）（新北中和：國立臺灣圖書館,2018.11）。

蘇德祥,〈責任與挑戰：臺灣學研究中心的歷史任務〉,《臺灣圖書館管理季刊》3：3（2007.07）,頁1－3。

蘇德祥,〈發刊詞〉,《臺灣學通訊》1（2007.06.01）,頁1。

國家圖書館出版品預行編目(CIP) 資料

蛻變：國立臺灣圖書館故事：發展.茁壯期/宋建成
　著. -- 初版. -- 臺北市：元華文創股份有限公司,
　2023.11
　　面；　公分

　ISBN 978-957-711-337-5 (平裝)

　1.CST: 國立臺灣圖書館　2.CST: 圖書館史

026.233/103　　　　　　　　　　　112015554

蛻變：國立臺灣圖書館故事——發展‧茁壯期

宋建成　著

發 行 人：賴洋助
出 版 者：元華文創股份有限公司
聯絡地址：100 臺北市中正區重慶南路二段 51 號 5 樓
公司地址：新竹縣竹北市台元一街 8 號 5 樓之 7
電　　話：(02) 2351-1607　　傳　　真：(02) 2351-1549
網　　址：www.eculture.com.tw
E - m a i l：service@eculture.com.tw
主　　編：李欣芳
責任編輯：立欣
行銷業務：林宜葶
出版年月：2023 年 11 月 初版
定　　價：新臺幣 520 元

ISBN：978-957-711-337-5 (平裝)

總經銷：聯合發行股份有限公司
地 址：231 新北市新店區寶橋路 235 巷 6 弄 6 號 4F
電 話：(02)2917-8022　　　　傳 真：(02)2915-6275